Coordenação editorial

Cristiane Rayes

Orientação Familiar

nas situações desafiadoras e na saúde mental

vol. 4

Literare Books
INTERNATIONAL
BRASIL · EUROPA · USA · JAPÃO

PRESIDENTE DO CONSELHO
Maurício Sita

PRESIDENTE
Alessandra Ksenhuck

VICE-PRESIDENTES
Julyana Rosa e Claudia Pires

DIRETORA DE PROJETOS
Gleide Santos

CONSULTORAS DE PROJETOS
Amanda Leite e Daiane Almeida

EDITOR
Anselmo Vasconcelos

EDITORA JÚNIOR
Júlia Almeida

ASSISTENTE EDITORIAL
Emerson Xavier

CAPA E DIAGRAMAÇÃO
Gabriel Uchima

REVISORES
Paulo Mello e Renata Siqueira

IMPRESSÃO
Printi

Dados Internacionais de Catalogação na Publicação (CIP)
(Câmara Brasileira do Livro, SP, Brasil)

Orientação familiar : nas situações desafiadoras e na saúde mental vol. 4 / coordenação editorial Cristiane Rayes. -- São Paulo : Literare Books International, 2025.

Vários autores.
Bibliografia.
ISBN 978-65-5455-405-5

1. Aconselhamento familiar 2. Conflitos familiares 3. Família - Aspectos psicológicos 4. Orientação Aspectos psicológicos 5. Saúde mental I. Rayes, Cristiane.

25-266860 CDD-158.24

Índices para catálogo sistemático:

1. Família : Psicologia aplicada 158.24

Aline Graziele Benitez - Bibliotecária - CRB-1/3129

LITERARE BOOKS INTERNATIONAL LTDA.

Alameda dos Guatás, 102
Vila da Saúde — São Paulo, SP. CEP 04053-040
+55 11 2659-0968 | www.literarebooks.com.br
contato@literarebooks.com.br

Coordenação editorial
Cristiane Rayes

Orientação Familiar

nas situações desafiadoras e na saúde mental

vol. 4

Literare Books
INTERNATIONAL
BRASIL · EUROPA · USA · JAPÃO

SUMÁRIO

A CHEGADA DA CRIANÇA

ALIMENTAÇÃO

APRENDIZAGEM

SEXUALIDADE

LUTO E FINITUDE

DEDICATÓRIA

Como em todos os meus livros e ao longo de toda a minha vida, dedico meus projetos à minha família, com um coração repleto de gratidão e amor. Aos meus amados pais, que me transmitiram valores sólidos e com infinito carinho me deram as bases para crescer, sonhar e realizar. Aos meus irmãos, à minha cunhada e aos meus sobrinhos, Lucas e Matheus, cuja jornada de crescimento, conquistas e desafios é uma fonte de inspiração.

Aos meus amados marido, Márcio, e filhos, Mariana e Vitor, que são a essência do meu amor, meu porto seguro e a força motriz por trás de cada realização. Com paciência, compreensão e apoio, vocês compreendem minhas ausências, celebram minhas vitórias e estão comigo em cada passo dessa caminhada. Vocês são minha maior fonte de inspiração e a razão pela qual todos os meus esforços ganham sentido. Este trabalho é, antes de tudo, para vocês.

AGRADECIMENTOS

De todo o meu coração, agradeço a todos os coautores deste livro, queridos colegas de trabalho e amigos, cuja parceria e dedicação admiro profundamente. Vocês, que me acompanham fielmente em tantos projetos, são uma fonte constante de motivação, inspirando-me a seguir com ainda mais amor e comprometimento nesta jornada de 25 anos na orientação familiar. Recebam minha sincera gratidão.

Às famílias que me confiam a responsabilidade de ajudá-las a iluminar seus caminhos, dedico meu reconhecimento e respeito. Vocês são a base dos desafios que me impulsionam a buscar constantemente o desenvolvimento pessoal e profissional.

Um agradecimento muito especial às queridíssimas Alessandra e Claudinha, e ao honrado Sr. Maurício, da Editora Literare Books, que desde o início acreditaram em meus projetos. Vocês compartilharam meus sonhos, apoiaram meus desejos e fizeram parte da realização de cada um deles.

Aos profissionais da Literare Books envolvidos neste projeto, minha gratidão pelo empenho, profissionalismo e disponibilidade.

Às minhas colaboradoras de trabalho Thalia e Débora, que estão sempre ao meu lado.

A todos aqueles que, de perto ou a distância, torcem por mim!

INTRODUÇÃO

Todos nós enfrentamos situações desafiadoras, que colocam à prova nossa capacidade de adaptação, resiliência e superação, podendo afetar a dinâmica de nossas relações. Conflitos, mudanças bruscas, desafios escolares ou profissionais, questões relacionadas à saúde mental e intercorrências no desenvolvimento dos filhos são apenas algumas das adversidades que podem fragilizar os vínculos e afetar o bem-estar.

Este livro vem com uma missão especial: trazer temas desafiadores abordando dicas de saúde mental para que possamos passar pelas adversidades, talvez com mais leveza. O livro reúne contribuições de profissionais experientes nas áreas de Psicologia, Medicina e Educação.

Como exemplo, há um capítulo sobre entrevistas preliminares que mostra como a anamnese e o genograma são ferramentas essenciais para iniciar o processo terapêutico, auxiliando os psicoterapeutas e destacando a escuta ativa, o vínculo e a exploração de dinâmicas familiares como base para o autoconhecimento e a transformação.

Além disso, diversos capítulos incluem temas sobre aprendizagem, como o impacto do transtorno do déficit de atenção e hiperatividade (TDAH) no cotidiano familiar, crenças limitantes e os desafios escolares enfrentados por pais e filhos. Também são explorados tópicos como altas habilidades e suas particularidades, além de transtornos opositores e explosivos, com propostas práticas para lidar com crianças desafiadoras.

Questões ligadas à chegada da criança são exploradas em contextos diversos, como a gravidez não planejada e os desafios vivenciados pelos pais em situações inesperadas ou em contextos mais delicados, como cuidados intensivos neonatais. A adoção, com suas singularidades e desafios, também é abordada, destacando o papel do acolhimento e da empatia no fortalecimento das relações entre pais e filhos, construindo laços sólidos em meio a processos emocionais transformadores.

Outros temas importantes abrangem a saúde física e emocional, incluindo dificuldades alimentares na infância, os impactos emocionais da obesidade, a busca pelo corpo perfeito e os desafios do uso da tecnologia no desenvolvimento infantil e na comunicação familiar, trazendo orientações claras para as famílias. Você também poderá explorar os desafios familiares relacionados aos efeitos emocionais diante de um diagnóstico, da rigidez cognitiva, da desorganização familiar, do cuidado com os idosos e da negligência parental, com dicas valiosas para promover um melhor equilíbrio emocional e favorecer relações mais harmoniosas.

O livro também aborda questões ligadas à adolescência, como a fase pré-vestibular e os desafios de comunicação, a dor do não pertencimento e a ansiedade social, destacando a importância de estratégias e práticas de enfrentamentos que promovam o fortalecimento da autoestima e o desenvolvimento de habilidades sociais.

Os impactos do bullying são amplamente discutidos, com reflexões sobre como isso afeta a vítima e a dinâmica familiar, gerando estresse, insegurança e conflitos. O texto abrange o papel dos profissionais na orientação das famílias, auxiliando na conscientização de suas atitudes, no fortalecimento dos vínculos e no enfrentamento de desafios.

A sexualidade, um tema complexo e muitas vezes delicado, é abordada considerando os desafios intergeracionais da orientação sexual e o impacto da compulsão sexual no contexto familiar, com suas dores e superações.

Temas relacionados à saúde mental, como sobrecarga profissional, ansiedade, depressão, transtorno obsessivo-compulsivo, estresse pós-traumático e dependência emocional, são amplamente explorados, fornecendo estratégias para lidar com os desafios emocionais. Ao abordar situações de emergência e desastres, o livro oferece práticas para profissionais, ajudando-os a fornecer suporte adequado e empático em momentos de crise.

Os capítulos sobre luto e finitude fornecem uma abordagem sensível, com reflexões profundas sobre acolhimento e resiliência diante de perdas significativas.

Nossa intenção é oferecer um guia acessível e abrangente, por meio de orientações práticas para educadores, psicólogos, profissionais da saúde e para as famílias que buscam se fortalecer e encontrar equilíbrio em meio aos desafios e às adversidades que a vida nos traz.

Que cada página seja um convite à transformação, oferecendo aprendizados, força para superar desafios e a oportunidade de fortalecer não apenas a si mesmo, mas também todos ao seu redor.

Com o carinho de todos os coautores.

E a orientação familiar, tema central deste livro?

Este tema é fundamental nas situações desafiadoras, não é mesmo? Então sigo, como nos livros anteriores, citando mais sobre a orientação, com base nos pilares do Programa AMORES, que deu origem ao tema e à coletânea de livros.

O Programa AMORES é uma metodologia abrangente, que integra orientação familiar, saúde mental e desenvolvimento de habilidades socioemocionais e cognitivas, sendo aplicável em diversos contextos, como clínico, escolar e institucional. Suas bases são conceitos de psicologia, neurociência, educação e desenvolvimento humano. Seus pilares são: Autoconhecimento, Manter-se em equilíbrio, Olhar para si, Resolução de problemas, Expressão e comunicação e Sociabilidade.

O que é orientação familiar e treinamento de pais?

A orientação familiar é uma abordagem mais ampla, que olha tanto para as histórias dos pais quanto para as interações, dinâmicas familiares e papéis desempenhados dentro do núcleo familiar. Considera a família como um sistema, em que as ações e emoções de cada membro afetam diretamente os outros, abrangendo questões tanto pessoais como interpessoais. Por meio de práticas e estratégias, auxilia os pais a revisitarem suas histórias parentais, compreender crenças e padrões transgeracionais e enfrentar os desafios cotidianos. Favorece também o conhecimento sobre o desenvolvimento humano.

Dentre seus objetivos estão: autodesenvolvimento pessoal e das funções parentais, criação de um ambiente familiar saudável e resiliente, fortalecimento dos vínculos e desenvolvimento de habilidades como comunicação assertiva, autorregulação emocional e resolução de problemas. Além disso, oferece uma visão mais clara das dinâmicas familiares, capacitando os pais a tomarem decisões mais assertivas e conscientes, contribuindo para o bem-estar de todos os membros da família; além disso, atua de forma preventiva. Os pais podem participar de sessões de orientação familiar com profissionais especializados de forma autônoma, ou seja, mesmo que seus filhos não estejam em psicoterapia.

A orientação engloba o treinamento de pais, uma abordagem prática e direcionada, que tem como objetivo capacitar os responsáveis a lidar de maneira assertiva e eficaz com os desafios do cotidiano na criação dos filhos. Esse treinamento favorece o conhecimento sobre o desenvolvimento infantojuvenil. Ele abrange áreas fundamentais como o estabelecimento de limites, ensinando os pais a definirem regras claras e consistentes, o reforço de comportamentos positivos, estratégias para incentivar atitudes desejáveis e fortalecer a autoestima dos filhos, além da gestão de conflitos, capacitando os responsáveis a lidarem com tensões de forma saudável, prevenindo escaladas de desentendimentos.

No Programa AMORES, os Passos Essenciais da Orientação Familiar apresentam uma metodologia estruturada e eficaz para apoiar famílias em diversos contextos. Cada sessão é planejada para oferecer recursos práticos e reflexivos, auxiliando tanto os pais quanto os profissionais a promoverem o bem-estar e o desenvolvimento integral de todos os membros da família.

A Anamnese Parental é o ponto de partida. Trata-se de uma coleta detalhada de informações sobre o histórico familiar, comportamental e de desenvolvimento da criança. Esse processo tem como objetivo compreender os estilos parentais, as práticas educativas e a dinâmica familiar, elementos que influenciam diretamente o desenvolvimento emocional, social e cognitivo da criança. O Programa AMORES oferece recursos exclusivos que tornam essa etapa prática, interativa e extremamente eficaz, facilitando o entendimento das necessidades específicas de cada família.

As Sessões de Psicoeducação são outro elemento essencial. Nelas, pais e profissionais têm acesso a conhecimentos fundamentais sobre o desenvolvimento da infância ou adolescência, personalidade, comunicação assertiva, entre outros. Essas informações ajudam as famílias a entender melhor os comportamentos e as necessidades dos filhos, promovendo práticas parentais mais conscientes e alinhadas ao contexto familiar.

O Desenvolvimento do Autoconhecimento e da Confiança dos Pais é outra etapa relevante do programa. Por meio de reflexões sobre suas histórias, crenças e padrões, os pais são incentivados a revisitar suas experiências passadas e compreender como elas influenciam suas práticas parentais atuais. Esse processo, junto com o reforçamento de suas habilidades, fortalece a autoconfiança, permitindo maior equilíbrio e assertividade na tomada de decisões.

Além disso, é essencial o Levantamento de Fatores Adversos, que identifica questões como dificuldades de comunicação, tensões transgeracionais, padrões disfuncionais ou eventos estressores que possam comprometer o equilíbrio familiar. Essa etapa é necessária para maior clareza dos casos e para orientar intervenções efetivas em busca de mudanças significativas.

A Observação Familiar, realizada com todos os membros da família, traz a observação consistente das interações durante sessões específicas, permitindo que o profissional identifique padrões de comportamento e dinâmicas que afetam as relações. Já o recurso terapêutico Dinâmica Familiar e Comunicação Familiar é uma ferramenta que possibilita a visualização da representação gráfica da dinâmica da família, promovendo reflexões profundas sobre papéis exercidos, aspectos de comunicação, emoções frequentes e interações. Juntas, essas abordagens oferecem uma visão abrangente e detalhada do funcionamento familiar, possibilitando estratégias mais eficazes.

A seguir, vem o Direcionamento de Sessões, que organiza os dados obtidos nas etapas anteriores em um plano de ação estruturado. As metas são definidas de forma colaborativa com os pais, garantindo que o trabalho avance de maneira progressiva, consistente e respeitosa, promovendo o fortalecimento das relações familiares e o desenvolvimento saudável.

Após esses passos e com planejamento definido, é possível realizar os atendimentos utilizando diferentes linhas de atuação.

Com uma abordagem estruturada, o Programa AMORES também oferece recursos exclusivos, como jogos, histórias terapêuticas, cadernos de atividades e exercícios práticos. Esses materiais permitem que as intervenções sejam ajustadas às necessidades específicas, abordando temas como divórcio, bullying, luto e transições escolares, garantindo um suporte de acordo com as necessidades de cada família.

Além das sessões individuais, o programa se expande para workshops e grupos de pais, criando espaços seguros para a troca de experiências e o fortalecimento de redes de apoio. Essas dinâmicas coletivas promovem aprendizado, permitindo que os participantes compartilhem desafios e encontrem soluções conjuntas.

Concluindo, a orientação familiar é uma prática indispensável. Para você, profissional que trabalha com crianças, adolescentes e adultos, trata-se de uma abordagem abrangente que enriquece sua atuação e aprimora a qualidade dos atendimentos. Como apresentado, a orientação contribui significativamente para a educação e o desenvolvimento na infância e na adolescência, além de proporcionar aos adultos uma oportunidade valiosa de revisitar suas histórias de vida, promover o autoconhecimento e alcançar um desenvolvimento pessoal mais profundo.

Cristiane Rayes

DESAFIOS NAS DINÂMICAS FAMILIARES

Entre as gerações, as histórias se entrelaçam e se transformam, moldando a dinâmica familiar e os desafios que a acompanham. O bullying, muitas vezes silencioso, reverbera nas relações, deixando marcas profundas que atravessam o tempo. A construção do entendimento sobre a vida familiar começa com uma anamnese cuidadosa, na qual cada detalhe revela a complexidade das relações e os impactos invisíveis, como a rigidez cognitiva ou a desorganização da rotina, que afetam o bem-estar de todos. A busca pela alta performance materna, por vezes uma exigência externa, se mistura ao medo de causar danos aos filhos, enquanto a negligência parental se revela como um vazio que prejudica o desenvolvimento saudável. Em algumas famílias, filhos tornam-se cuidadores de pais negligentes, e a tão sonhada imigração traz novas tensões e adaptabilidades para aqueles que cruzam fronteiras, em busca de um novo lar. Nesse caminho de desafios e descobertas, refletiremos sobre os impactos de cada realidade, buscando compreender e acolher as diferentes formas de lidar com as complexidades das relações familiares.

1

OS IMPACTOS DO BULLYING NA FAMÍLIA

Este capítulo aborda os impactos do bullying, mostrando como ele afeta não apenas as vítimas, mas também toda a dinâmica familiar. Por meio de uma história real, é possível perceber como essas experiências podem atravessar gerações. O conteúdo traz ainda estratégias direcionadas a profissionais que atuam em Orientação Familiar, com o objetivo de ajudar as famílias a superarem esses desafios e alcançarem maior equilíbrio emocional.

CRISTIANE RAYES

Cristiane Rayes

CRP 06/40025

Contatos
cristianerayes@gmail.com
Instagram: @crisrayes
11 98573 0444
Clínica: 11 96346 6078 e 11 5071 1331

Mãe dos amados Mariana e Vitor. Psicóloga clínica e educacional, há 32 anos atua no atendimento a crianças, adolescentes, adultos e na orientação de famílias. Especialista em Orientação Familiar e Processos Psicoterapêuticos; Terapia Cognitivo-Comportamental e Mediação de Conflitos. Formação em Neuropsicologia e EMDR. Idealizadora do Programa AMORES de orientação familiar e habilidades socioemocionais e saúde mental. Desenvolvimento de projetos de habilidades socioemocionais e treinamento de professores. Coordenadora do curso de especialização em Orientação Familiar e Educação Parental no Instituto de Terapia Cognitivo-Comportamental (InTCC) Rio. Professora das pós-graduações de Educação Parental e Comportalmente, InTCC e ESEPAS. Coordenadora dos livros *Orientação familiar: teoria e prática* volumes 1, 2 e 3 (Literare Books). Organizadora e coordenadora dos 1°, 2°, 3° e 4° Congressos de Orientação Familiar. Idealizadora de jogos e materiais terapêuticos: Prumo das Emoções, Jogo da Coragem e Confiança, Coleção Feelings, Dinâmica e Comunicação Familiar, Luva 5 AS, Eu Sou, Eu Posso Ser, Mais Sobre Minha História, Cultivando as Relações, Baralho do Divórcio, entre outros. Autora dos baralhos *Animação* e *Corujas em Ação* e dos livros *Autoestima de A a Z* e *Superando os medos de A a Z* (Literare Books).

Entre gerações: os reflexos do bullying na parentalidade

Começo este capítulo contando sobre Francisco, um homem de 48 anos, alto e magro, que chegou em meu consultório trazendo Theo, seu filho de 12 anos. Preocupado com os hábitos alimentares do filho, temia que ele desenvolvesse obesidade ou outros problemas de saúde. Theo era um garoto robusto, alegre e com hábitos alimentares semelhantes aos de muitas crianças da sua idade. A mãe, dedicada e protetora, não compartilhava das mesmas preocupações excessivas do marido, mas participava das sessões de forma cordata.

A angústia de Francisco em relação à saúde de Theo parecia ir além das evidências observadas. Durante uma sessão de orientação familiar, utilizei o recurso terapêutico de investigação e autoavaliação Mais Sobre Minha História, a fim de que o pai pudesse revisitar sua própria adolescência. Assim, apresentei as cartas *Relacionamentos* abordando os temas pai e mãe, sendo Francisco pontual na sua fala de rigidez paterna e proteção materna; em seguida, apresentei a carta *Bullying*, questionando se ele havia passado por isso. Francisco manteve-se por minutos em silêncio, ficou corado, engoliu seco e relembrou que havia sofrido bullying aos 12 anos, exatamente a idade atual de Theo. Como um garoto alto e magro, ele havia sofrido provocações constantes na escola, e pôde relembrar na sessão algo que havia reprimido por anos.

Como muitas pessoas que sofrem bullying, Francisco não contou para ninguém e passou a se isolar socialmente. Sua mãe, sempre atenta, percebeu mudanças em seu comportamento e descobriu o que estava acontecendo por meio dos relatos de um amigo próximo. Angustiada e a contragosto de Francisco, comunicou o fato à escola, que não tomou maiores atitudes. Diante dos fatos, a mãe passou a protegê-lo de maneira intensa, ficando angustiada com as relações sociais do filho e reforçando seu cuidado e vínculo afetivo por meio da alimentação. O pai, por outro lado, via o sofrimento do filho como "mimimi", incentivando-o a ser mais agressivo para resolver o problema. As divergências nos comportamentos dos pais geraram conflitos familiares, que levaram ao isolamento social de Francisco e ao desenvolvimento de obesidade, que trouxe anos de uma adolescência isolada.

Anos depois, ao sair da faculdade, Francisco passou a se cuidar e emagreceu, mas o crescimento de Theo desencadeou uma preocupação quase obsessiva com o peso e os hábitos alimentares do filho. Ao participar da sessão, suas reflexões trouxeram a clareza sobre suas reais preocupações: o bullying e o fato de que desenvolveu a obesidade como forma de proteção, repressão e evitação de suas dores e dores familiares. Francisco entendeu que sua preocupação não era exatamente com as questões alimentares, mas com o medo de que o filho também sofresse bullying. Percebeu que sua história impactava diretamente sua parentalidade e o relacionamento com Theo. Foi um processo de autodescoberta doloroso, mas muito esclarecedor: sua preocupação excessiva com o filho era, na verdade, um reflexo de suas próprias dores não resolvidas.

A história de Francisco é apenas uma entre muitas que encontro no consultório. Compreender as dinâmicas familiares e oferecer suporte adequado é fundamental para que todos possam lidar com os impactos do bullying de maneira equilibrada. E foi por esse e muitos outros atendimentos que já acompanhei e tenho acompanhado que resolvi escrever sobre esse tema. Assim, além da história verídica (com nomes fictícios) de Francisco, reuni também relatos de diversos pais que passaram ou estão passando por situações de bullying com seus filhos. Deixo aqui mais um alerta de outro tema essencial a ser trabalhado com urgência: a comunicação entre adolescentes no ambiente escolar, onde encontro com frequência, nas sessões de investigação, relações com comunicação violenta, críticas e humilhações que favorecem a prática do bullying. A seguir, entenda mais sobre o bullying e suas dores pessoais e familiares, podendo relacionar dados à história de Francisco e a muitas outras que você conhece ou vivencia.

O bullying

Bullying é definido como um comportamento agressivo, intencional e repetido, destinado a humilhar, intimidar ou prejudicar outra pessoa. Ele pode ocorrer em diferentes formas:

- **Verbal:** insultos, apelidos pejorativos, zombarias.
- **Físico:** empurrões, agressões corporais.
- **Social:** exclusão, difamação, espalhar boatos.
- **Psicológico:** manipulações mentais, ameaças constantes.
- ***Cyberbullying:*** humilhações em redes sociais ou aplicativos.
- **Sexual:** comentários inapropriados, assédio ou toques indesejados.

As dores do bullying

O bullying, especialmente entre crianças e adolescentes, é uma experiência emocionalmente devastadora, que deixa marcas duradouras na saúde psicológica, física e social das vítimas. Pesquisas têm demonstrado que os impactos do bullying vão além das ofensas momentâneas, afetando profundamente o desenvolvimento emocional, a autoestima e até mesmo a saúde física das vítimas, com repercussões que podem se estender pela vida adulta. A seguir, serão discutidas algumas de suas consequências.

Impacto emocional e psicológico

O sofrimento causado pelo bullying não é apenas emocional, mas também possui um componente físico. Estudos como o de Eisenberger, Lieberman & Williams (2003) mostram que a exclusão social e as agressões verbais ativam no cérebro as mesmas áreas relacionadas à dor física, como o córtex cingulado anterior. Assim, o bullying pode ser vivenciado como uma "dor" real, com impactos significativos na saúde mental.

A conexão entre o bullying e o surgimento de transtornos psiquiátricos é particularmente visível em crianças e adolescentes que apresentam predisposições genéticas ou possuem condições psiquiátricas preexistentes, como o transtorno bipolar (TB) ou o transtorno obsessivo-compulsivo (TOC) (Silveira *et al.*, 2024).

Além disso, as vítimas frequentemente apresentam sintomas de ansiedade, depressão, distúrbios alimentares, dificuldades de aprendizagem e até transtorno de estresse pós-traumático (TEPT). Esses efeitos são agravados quando o comportamento agressivo é contínuo e acompanhado de isolamento social, como demonstram Baumeister & Leary (1995). A exclusão social e a falta de pertencimento intensificam a sensação de rejeição e geram um vazio emocional profundo, que afeta o senso de identidade e o valor pessoal da vítima. Esse sentimento de desconexão com os outros reforça a desesperança, dificultando a construção de vínculos e ampliando o impacto do sofrimento ao longo da vida.

Efeitos na autoestima e na identidade

A repetição do bullying afeta diretamente a autoestima e a formação da identidade. Crianças e adolescentes que passam por essas experiências frequentemente internalizam as críticas e ofensas, desenvolvendo uma autoimagem negativa. Estudos de Mynard e Joseph apontam que muitas vítimas começam a acreditar que não merecem respeito ou que há algo errado com elas, o que prejudica a construção de uma identidade saudável. Essas experiências negativas podem impactar a autoestima e a capacidade de estabelecer relacionamentos saudáveis, tornando o processo de socialização mais desafiador (Braga, Braga & Saturnino, 2023).

A sensação de impotência associada ao bullying está alinhada à teoria do desamparo aprendido de Seligman (2004). Pessoas expostas a eventos negativos repetidos podem desenvolver uma atitude passiva diante da vida, dificultando a superação de adversidades.

Esquiva emocional

A esquiva emocional é uma estratégia frequentemente utilizada por vítimas de bullying para evitar enfrentar diretamente emoções dolorosas ou desconfortáveis. Embora possa oferecer um alívio momentâneo, essa prática geralmente intensifica os sentimentos negativos e gera ciclos viciosos de evitação. Esse comportamento prejudica a capacidade de lidar de forma saudável com as emoções, resultando em consequências emocionais e sociais de longo prazo.

De acordo com a Terapia de Aceitação e Compromisso (ACT), evitar ou suprimir emoções negativas impede o crescimento emocional e a busca por uma vida significativa. A ACT sugere que aceitar e vivenciar emoções é fundamental para promover o bem-estar e alinhar as ações aos valores pessoais. Já a Terapia Cognitivo-Comportamental (TCC) destaca que a esquiva emocional reforça padrões de pensamento disfuncionais e comportamentos compensatórios, como a procrastinação e o retraimento social, que podem aliviar temporariamente o sofrimento, mas perpetuam o ciclo de dor emocional.

Além disso, a teoria de regulação emocional de James Gross explica que a esquiva é uma estratégia ineficaz de regulação, prejudicando o processamento saudável das emoções e criando barreiras para o desenvolvimento da resiliência emocional.

Entre as principais consequências da esquiva emocional estão a desconexão emocional, a dificuldade de resolver questões mais profundas e a limitação do crescimento pessoal. Emoções suprimidas podem desencadear comportamentos impulsivos e compensatórios. Para romper esse ciclo, é preciso adotar estratégias adaptativas que priorizem a aceitação dos próprios sentimentos e enfrentamentos.

Não validação das emoções

A não validação das emoções é uma prática que ocorre quando as experiências emocionais de uma pessoa são desconsideradas, ignoradas ou minimizadas por terceiros, como familiares, professores ou colegas. Para as vítimas de bullying, a falta de validação emocional agrava os sentimentos de rejeição e isolamento já presentes na experiência de exclusão social.

Segundo a teoria de invalidação emocional de Linehan, essa prática contribui para o desenvolvimento de desregulação emocional, aumentando a vulnerabilidade a transtornos como ansiedade, depressão e transtornos de personalidade, como o *borderline*. Quando as emoções das vítimas não são reconhecidas ou valorizadas, elas podem internalizar a ideia de que seus sentimentos não têm importância, o que gera impacto negativo na autoestima e na percepção de pertencimento.

Crianças expostas à invalidação emocional frequentemente apresentam dificuldades de expressar seus sentimentos e tendem a desenvolver comportamentos autodestrutivos, como automutilação ou ideação suicida. Além disso, Baumeister e Leary (1995) destacam que a falta de validação emocional gera sensações de desamparo e desconexão, dificultando a construção de relacionamentos saudáveis e perpetuando o isolamento social.

A não validação das emoções pode criar um ciclo de sofrimento emocional que reforça os impactos do bullying. Para romper esse padrão, é necessário que as vítimas encontrem ambientes que validem suas experiências, promovendo apoio emocional e oportunidades de expressão e acolhimento.

Consequências físicas e neurobiológicas

Os impactos do bullying não se limitam à saúde mental. Estudos de Copeland *et al.* (2013) mostram que o estresse contínuo associado ao bullying pode elevar os níveis de cortisol, afetando o sistema nervoso e o desenvolvimento cerebral. Áreas como a amígdala e o hipocampo, essenciais para o processamento emocional, podem ser prejudicadas, aumentando a vulnerabilidade a transtornos como ansiedade e depressão. Além disso, o estresse crônico pode se manifestar fisicamente, causando alterações no sono, dores crônicas e outros problemas psicossomáticos que comprometem a saúde geral das vítimas.

Impactos a longo prazo

Segundo Souza & Carvalho (2015), o bullying sofrido durante a infância e a adolescência pode afetar a vida adulta de maneira significativa, influenciando as capacidades de estabelecimento de relacionamentos saudáveis e as oportunidades profissionais. Além disso, as experiências de bullying podem resultar em dificuldades no desempenho acadêmico ou limitar o acesso a melhores oportunidades de trabalho e, portanto, perpetuar um ciclo de desafios e limitações. Os efeitos do bullying, portanto, se estendem muito além da infância, afetando a saúde mental e o bem-estar emocional ao longo da vida.

Impactos negativos do bullying na dinâmica familiar

O bullying não apenas afeta as vítimas diretamente envolvidas, mas também transforma a dinâmica familiar, alterando interações, emoções e comportamentos de pais, filhos, irmãos e outras pessoas próximas. A seguir, são abordados os principais impactos desse problema nas famílias, com ênfase nas mudanças emocionais, comportamentais e comunicacionais.

Sentimentos dos pais

Os pais de uma criança vítima de bullying frequentemente experimentam uma gama intensa de sentimentos, que vão de angústia a culpa, raiva, impotência, medo e uma ansiedade constante. Quando descobrem que o filho está sofrendo, muitos pais se sentem devastados, como se tivessem falhado em proteger o filho, mesmo que não tenham notado os sinais previamente, ou trazem a sensação de culpa alegando que poderiam ter feito mais ou agido mais cedo. Além disso, a ansiedade dos pais se intensifica e eles começam a se preocupar excessivamente com os contatos sociais e o bem-estar do filho, temendo que o fato se repita, assim como os efeitos duradouros do bullying, como traumas, problemas de autoestima e rejeição social. Essa preocupação constante pode gerar uma sensação de impotência, já que muitas vezes os pais não sabem como resolver a situação.

A raiva também é um sentimento comum, não direcionado apenas aos agressores, mas também à escola, que pode não ter agido de maneira apropriada para proteger seu filho. Essa raiva pode se estender à falta de compreensão por parte de outros pais ou da sociedade em geral sobre a gravidade do bullying, levando a um desânimo com a humanidade.

A ansiedade e o estresse podem afetar a forma como os pais se relacionam com a criança ou o adolescente, tornando-os mais inseguros em suas decisões e mais propensos a ceder às demandas do filho, dificultando a resolução do problema de forma eficaz.

O medo da exposição também é uma emoção presente. Muitos pais deixam de falar sobre o ocorrido, escondendo dos próprios familiares por temer que a criança seja rotulada por isso.

Esses diversos sentimentos geram uma montanha-russa emocional para os pais, que, embora busquem fazer o melhor para apoiar seu filho, também enfrentam a dificuldade de lidar com seus próprios medos, frustrações e inseguranças.

Mudanças no estilo parental

O bullying pode levar os pais a adotarem mudanças significativas em seus estilos parentais na tentativa de proteger o filho e também para lidarem com suas dores, tendo impactos negativos na dinâmica familiar e no bem-estar da criança ou adolescente. Os principais estilos incluem:

- **Superproteção e controle excessivo:** alguns pais, movidos pelo desejo de proteger o filho, criam ambientes excessivamente controlados, restringindo sua autonomia, liberdade e privacidade. Isso pode incluir monitoramento constante de amizades, redes sociais e atividades escolares. Embora a intenção seja oferecer segurança, acabam por limitar o desenvolvimento emocional, as relações interpessoais e a capacidade de enfrentar desafios, além de aumentarem a ansiedade familiar.
- **Negligência:** em outros casos, os pais podem minimizar o problema, não validar as emoções de seu filho ou evitar falar sobre o bullying. A negligência dos pais pode fazer com que a criança se sinta isolada, não compreendida e desamparada, agravando seu sofrimento psicológico.
- **Rigidez:** pais rígidos podem se tornar mais autoritários na tentativa de proteger o filho. Eles podem impor regras mais duras sobre como o filho deve se comportar, como responder ao bullying ou até mesmo restringir interações sociais para tentar controlar a situação. O estilo rígido dificulta a comunicação aberta e a confiança entre pais e filhos, criando um ambiente de tensão no qual a criança ou adolescente sente que suas necessidades e emoções não estão sendo compreendidas ou aceitas, podendo gerar distanciamento na relação entre pais e filhos.

Alterações nas respostas emocionais

As respostas emocionais dos pais ao bullying tendem a ser intensas e, muitas vezes, reativas, o que pode afetar diretamente a tomada de decisões e a relação com seu filho. Entre as principais alterações estão:

- **Reações impulsivas:** movidos pela ansiedade e pelo desejo de proteger, alguns pais tomam decisões precipitadas, como mudar a criança de escola sem considerar todas as implicações emocionais e psicológicas dessa mudança, e sem ao menos ouvir a criança ou o adolescente, não resolvendo assim o problema de forma eficaz e até aumentando a insegurança do filho.
- **Exigências excessivas:** alguns pais, acreditando que estão ajudando, podem exigir que o filho "aguente" ou "enfrente" o bullying sozinho, na tentativa de fortalecê-lo, aumentando assim o estresse emocional e dificultando seu processo de superação.
- **Negação do problema:** alguns pais, por dificuldade em aceitarem a gravidade do bullying ou por não quererem enfrentar a realidade dolorosa, podem negar que o problema exista ou minimizar a situação, prejudicando a comunicação e o suporte familiar.

Mudanças na comunicação familiar

O bullying tem um impacto significativo na dinâmica de comunicação dentro da família. Muitas vezes, a criança vítima sente vergonha, medo ou insegurança, o que dificulta sua abertura para compartilhar o que está acontecendo. Por outro lado, os pais, ao saberem da situação, podem não compreender a gravidade do problema ou não saber como agir, o que pode gerar ansiedade frequente ou distanciamento.

A ansiedade e a preocupação sobre a segurança do filho podem trazer uma comunicação sobrecarregada, com perguntas sobre seus relacionamentos, vigília e atenção excessiva, desencadeando também a ansiedade na criança ou adolescente.

Em algumas famílias, o bullying se torna o tema principal das conversas, levando os pais a serem excessivamente presentes e atentos. Por outro lado, nas situações em que a comunicação não flui, os pais podem adotar posturas inadequadas, como negação do problema, falta de compreensão ou minimização do fato, o que intensifica a falha na comunicação e no apoio adequado, dificultando a resolução do problema. Uma comunicação agressiva devida ao estado emocional mais irritado e mal-humorado dos pais pode estar presente tanto nas interações com os profissionais do ambiente escolar quanto no convívio social ou familiar, agravando os conflitos.

Conflitos e sobrecarga entre os pais

As divergências nas práticas educativas, no relacionamento com o filho e diferenças na abordagem de como lidar com o bullying podem gerar tensões entre os pais. Enquanto um pode optar por soluções imediatas, como mudar de escola, o outro pode preferir uma abordagem mais gradual, o que pode levar a discussões e aumento do estresse conjugal. Além disso, o foco e a preocupação constante nas necessidades da criança podem levar os pais a negligenciarem a conexão emocional entre eles, resultando em distanciamento, frustração e até isolamento no relacionamento conjugal.

Alterações nas prioridades familiares

O bullying muitas vezes altera as prioridades dentro da família, com pais focando quase exclusivamente em soluções como apoio psicológico ou mudanças de escola. Essa centralização pode desconsiderar as necessidades emocionais de outros membros da família, gerando um ambiente de desequilíbrio entre os filhos. Muitos irmãos da vítima podem sentir frustração por não poderem proteger o irmão, ou podem até mesmo se sentir negligenciados devido à centralização das atenções nos fatos ocorridos.

Impactos a longo prazo

Se não tratado de forma adequada, o bullying pode provocar mudanças duradouras na dinâmica familiar. Os traumas emocionais podem impactar profundamente a saúde mental de seus membros, prejudicando a capacidade de estabelecer relacionamentos saudáveis e de enfrentar desafios cotidianos. Além disso, a tensão constante gerada por essa situação pode comprometer a comunicação, a disciplina e as interações interpessoais dentro do núcleo familiar, criando um ciclo de sofrimento que afeta a todos e dificulta a superação do problema.

Dados de pesquisa que realizei com pais de crianças e adolescentes vítimas de bullying

O impacto do bullying nas dinâmicas familiares: análise e reflexão

O bullying tem se mostrado uma realidade preocupante na vida de muitas famílias, afetando não apenas as vítimas diretas, mas também seus lares e as relações interpessoais. Por meio de um questionário aplicado aos pais, observamos como o bullying impacta a dinâmica familiar, a saúde emocional das crianças e a forma como os pais lidam com essas situações delicadas.

Perfil dos respondentes e contexto familiar

Os dados coletados indicam que 100% dos respondentes foram mães. A faixa etária dos filhos varia entre 7 e 21 anos. O bullying, segundo os relatos, ocorreu com maior incidência de relatos envolvendo crianças de 9 a 14 anos.

Razões e tipos de bullying

As mães apontaram diferentes razões que podem ter levado à prática de bullying com seus filhos, embora não haja justificativa para isso. Em alguns casos, dificuldades de aprendizagem, autismo, diferenças na aparência (como cabelo cacheado, altura ou anomalias nos dentes) e transtornos como TOC, transtorno do déficit de atenção e hiperatividade (TDAH) e ansiedade foram destacados. Em contrapartida, algumas mães não souberam identificar claramente o motivo, mas mencionaram que seus filhos eram vistos como "diferentes" ou "desinibidos".

O tipo de bullying sofrido pelos filhos foi predominantemente social ou relacional (80%), envolvendo exclusão, boatos e manipulação. Em 20% dos casos, o bullying foi físico, incluindo agressões e empurrões.

Descoberta do bullying e mudanças comportamentais

A descoberta do bullying aconteceu principalmente por meio de mudanças no comportamento das crianças. Algumas mães relataram que seus filhos passaram a apresentar isolamento, queda no rendimento escolar, pesadelos, dores inexplicáveis e recusa em frequentar a escola. Em casos mais graves, foi relatado que sinais como tristeza profunda, agressividade ou comportamentos autodestrutivos foram determinantes para que as famílias percebessem o problema. Em algumas situações, foram outros pais que informaram sobre episódios de bullying ocorridos na escola.

Ações tomadas pelas famílias

Ao identificarem o bullying, as famílias tomaram medidas para proteger e acolher seus filhos. As ações mais frequentes incluíram diálogo constante, busca por apoio escolar e psicológico, terapia e, em casos extremos, mudança de escola. Em algumas situações, a intervenção psiquiátrica foi necessária, indicando a gravidade do impacto emocional.

Mudanças no estilo parental

O bullying levou muitas famílias a repensarem suas práticas parentais. A maioria das mães relatou que se tornaram mais presentes, acolhedoras e sensíveis às necessidades emocionais dos filhos. Houve uma intensificação na comunicação, e o suporte emocional foi reforçado. Para algumas famílias, o bullying reforçou a importância de manter um diálogo constante e um ambiente seguro e empático em casa.

Preocupações atuais

A experiência de lidar com o bullying destaca o sentimento de impotência e culpa que muitos pais enfrentam ao perceberem que não conseguiram proteger seus filhos. O medo de represálias, aliado ao impacto emocional duradouro – como traumas, ansiedade e baixa autoestima –, reforça a importância do acompanhamento psicológico e do diálogo constante com a escola.

As preocupações de mães e pais concentram-se, em grande parte, na saúde emocional e social dos filhos. Ansiedade, depressão e dificuldades nas interações sociais estão entre os maiores temores, impulsionando uma atenção contínua à construção da confiança e identidade pessoal das crianças. A prioridade é prevenir impactos negativos que possam reverberar ao longo da vida.

Os relatos evidenciam a necessidade de uma vigilância atenta ao comportamento dos filhos, pois o silêncio, muitas vezes, pode ser um sinal de sofrimento oculto. A escuta ativa e a observação cuidadosa tornam-se ferramentas essenciais na prevenção e no enfrentamento do bullying.

Conclusão da pesquisa

A pesquisa certifica que o bullying afeta profundamente não apenas as crianças ou adolescentes vítimas, mas também suas famílias, exigindo um esforço coletivo para enfrentar seus impactos. É essencial que os pais criem um ambiente seguro e acolhedor, priorizando o diálogo aberto e o suporte emocional, enquanto trabalham em parceria com escolas e profissionais de saúde para superar os desafios impostos pelo bullying. A continuidade do cuidado é fundamental para garantir que as crianças cresçam com autoestima fortalecida e um senso de pertencimento sólido, prevenindo efeitos negativos a longo prazo e promovendo relações familiares mais saudáveis.

Foco nas mudanças positivas

Embora o bullying cause sofrimento significativo, a pesquisa também destacou mudanças positivas na dinâmica familiar. Muitas famílias relataram que a experiência as aproximou, aumentando a sensibilidade dos pais às necessidades emocionais dos filhos e fortalecendo o vínculo familiar. Houve um reforço na comunicação, com os pais adotando uma abordagem mais acolhedora e empática, criando um ambiente em que as crianças se sentiram seguras para compartilhar suas experiências.

Além disso, a adaptação dos estilos parentais, marcada pelo aumento do suporte emocional e pela busca ativa por apoio profissional, como terapias psicológicas e psiquiátricas, contribuiu para a recuperação das vítimas. Esses esforços não apenas ajudaram na superação do bullying, mas também promoveram a resiliência familiar, transformando uma experiência desafiadora em uma oportunidade para repensar práticas parentais e construir um lar mais seguro, com maior conexão emocional e acolhimento.

Orientação Familiar baseada no Programa AMORES

Se você leu a introdução deste livro, certamente já entendeu os passos essenciais da Orientação Familiar e a possibilidade de direcionamentos específicos. Portanto, diante dos impactos do bullying, podemos concluir que a superação requer psicoterapia para vítima e orientação para família, além de esforço coletivo e contínuo. Cito aqui alguns tópicos que podem ser abordados por profissionais:

- **A (autoconhecimento)**: a orientação familiar ajuda os pais a reconhecerem como o bullying afeta a todos, incluindo suas próprias emoções e a forma como essas relações e estilos parentais influenciam a dinâmica familiar. Pais que compreendem suas próprias emoções, padrões de comportamento, crenças, valores, habilidades e capacidades tornam-se mais preparados para lidar com suas próprias questões, assim como com as demandas emocionais dos filhos.

- **M (manter-se em equilíbrio)**: como vimos anteriormente, os impactos emocionais causados pelo bullying em um filho desencadeiam sentimentos diversos. Essas emoções precisam ser gerenciadas para que os pais não comprometam o equilíbrio emocional da família e para que não ajam de maneira impulsiva ou negligente. Cabe aos profissionais favorecer o reconhecimento de emoções e técnicas de automonitoramento e autorregulação.
- **O (olhar para si)**: auxiliar os pais a refletirem sobre experiências passadas, como bullying ou traumas vividos, e identificar padrões emocionais e comportamentais, é essencial para evitar a projeção de medos ou expectativas nos filhos. Olhar para si favorece a adoção de atitudes mais conscientes. Traumas familiares podem ser transmitidos entre gerações, perpetuando padrões disfuncionais. Cabe aos profissionais abordá-las de forma intencional e cuidadosa, capacitando os pais a romperem esses ciclos, criando um ambiente mais saudável e emocionalmente equilibrado para toda a família. Além disso, não se pode deixar de incentivar os pais a praticarem o autocuidado e a priorizarem suas próprias necessidades emocionais, pois na maioria das vezes eles se encontram absorvidos pelos fatos relacionados ao bullying.
- **R (resolução de problemas)**: como profissionais, nossa missão é apoiar as famílias a enfrentarem os desafios do bullying, ajudando a identificar problemas, áreas de tensão e consequências. Ofereça informações claras, ferramentas práticas, estratégias e reflexões, além de reforçar as competências parentais, para que assim tomem decisões conjuntas de forma harmoniosa e consciente, prevenindo conflitos e favorecendo resoluções.
- **E (expressão e comunicação)**: como vimos anteriormente, o bullying pode alterar a comunicação de diversas formas e se tornar o foco na comunicação familiar. É fundamental que o profissional auxilie na identificação de padrões de comunicação ou expressão emocional que geram tensões ou dificultam a resolução do problema, além de auxiliar na prática de uma comunicação aberta e empática, em que todos possam expressar seus sentimentos sem medo de julgamentos, promovendo um suporte emocional seguro.
- **S (socialização)**: o bullying pode levar a dificuldades de socialização. Para orientarmos as famílias nesse sentido, podemos validar suas emoções reconhecendo que o isolamento é uma reação comum, mas que precisa ser superada. O processo deve começar com pequenos passos, incentivando interações com pessoas de confiança, em ambientes seguros, que promovem o senso de pertença e alívio do estresse. A orientação também deve incluir práticas de habilidades sociais, como fazer novas amizades, aceitar um convite, manter-se em uma conversa, expressão de ideias e opiniões, entre outras, de acordo com a necessidade, além do desenvolvimento de resiliência e enfrentamento de situações. Os pais devem ser incentivados a modelar comportamentos de interação saudável. Conectar a família a redes de apoio, como grupos comunitários ou parcerias com a escola, é outra estratégia para criar um ambiente de inclusão e respeito.

Dicas para saúde mental familiar em relação ao bullying

- **Fortaleça os vínculos familiares**: realizar atividades conjuntas alivia o estresse e fortalece os laços emocionais. Isso não só ajuda as vítimas, mas também favorece a todos.
- **Estabeleça parcerias com a escola**: a colaboração entre pais e escola é indispensável para enfrentar o bullying. Comunicar preocupações à escola e monitorar as dinâmicas escolares permite implementar medidas preventivas e protetivas, garantindo que o ambiente escolar seja seguro e inclusivo, fortalecendo o senso de pertencimento e autoconfiança das vítimas.
- **Evite culpa e respostas impulsivas**: culpar-se excessivamente ou agir de forma precipitada pode dificultar a resolução de problemas. Em vez disso, pratique a autocompaixão, busque soluções colaborativas e avalie a situação com calma. O equilíbrio emocional dos pais é essencial para ajudar os filhos a lidarem com os impactos do bullying.
- **Celebre pequenas vitórias**: reconhecer avanços no enfrentamento de desafios, tanto pessoais quanto familiares, aumenta a confiança de todos.
- **Adote uma postura ativa na conscientização**: contribua para ações de conscientização que promovam uma cultura de empatia e respeito, tanto na escola quanto na sociedade. Não espere que o bullying aconteça para fazer programas ou intervenções. Falar sobre prevenção de bullying, sobre respeito e empatia desde cedo fortalece não apenas os filhos, mas também o ambiente ao redor, desenvolvendo maior consciência sobre as próprias atitudes e as dos outros.

Importante: se você é vítima, colega ou familiar ou se você não está diretamente envolvido, mas conhece alguém que está enfrentando uma situação de bullying, não se cale. Ignorar ou minimizar essa realidade é ser cúmplice de um ciclo que perpetua o sofrimento. A transformação começa com pessoas que denunciam, famílias que acolhem, escolas que se comprometem em proteger e uma sociedade que educa para a empatia e o respeito. Juntos, podemos mudar histórias e construir um ambiente no qual todos se sintam valorizados e seguros.

Uma boa notícia

A literatura aponta que a comunicação aberta e o suporte emocional fornecido pelos pais são fatores protetores importantes, que ajudam a reduzir o risco de desenvolvimento de distúrbios mentais associados ao bullying (Moraes *et al.*, 2020). É possível desenvolver resiliência, alcançar a superação e romper o ciclo de sofrimento, além de estabelecer relacionamentos saudáveis.

Referências

BAUMEISTER, R. F.; LEARY, M. R. The need to belong: desire for interpersonal attachments as a fundamental human motivation. *Psychological Bulletin*, v. 117, n. 3, p. 497-529, 1995.

BECK, A. T. *Terapia cognitiva:* teoria e prática. 2. ed. Porto Alegre: Artmed, 2011.

BRAGA, A.; BRAGA, E.; SATURNINO, V. *Bullying e violência escolar*: desafios para a educação. São Paulo: Vozes, 2023.

COPELAND, W. E. *et al.* Adult psychiatric outcomes of bullying and being bullied by peers in childhood and adolescence. *JAMA Psychiatry*, v. 70, n. 4, p. 419-426, 2013.

EISENBERGER, N. I.; LIEBERMAN, M. D.; WILLIAMS, K. D. Does rejection hurt? An fMRI study of social exclusion. *Science*, v. 302, p. 290-292, 2003.

GROSS, J. J. Emotion regulation: affective, cognitive, and social consequences. *Psychophysiology*, v. 39, n. 3, p. 281-291, 2002.

HAYES, S. C.; STROSAHL, K. D.; WILSON, K. G. *Terapia de aceitação e compromisso:* o processo e a prática da mudança consciente. 2. ed. Porto Alegre: Artmed, 2012.

LINEHAN, M. M. *Terapia cognitivo-comportamental para o transtorno da personalidade borderline.* Porto Alegre: Artmed, 2010.

MORAES, D. X. *et al. Fatores protetores no contexto do bullying*: comunicação aberta e suporte parental. Revista Brasileira de Psicologia Escolar e Educacional, 2020.

MYNARD, H.; JOSEPH, S. Bullying and social anxiety in schoolchildren. *Personality and Individual Differences*, v. 29 n. 1, p. 39-47, 2000a.

MYNARD, H.; JOSEPH, S. Development of the multidimensional peer-victimization scale. *Aggressive Behavior*, v. 26, n. 2, p. 169-178, 2000b.

SELIGMAN, M. E. P. *Felicidade autêntica:* usando a nova psicologia positiva para alcançar o potencial de realização de um propósito duradouro. Rio de Janeiro: Objetiva, 2004.

SILVEIRA, P. R. C. *et al.* Esquizofrenia na infância e o desenvolvimento de sintomas depressivos: avaliação e intervenção precoce. *Contribuciones a las Ciencias Sociales*, v. 17, n. 6, p.e7749-e7749, 2024.

SOUZA, F. L.; CARVALHO, A. G. O impacto do bullying na vida adulta: perspectivas psicológicas. *Psicologia: Reflexão e Crítica*, v. 28, n. 4, p. 433-440, 2015.

2

ENTREVISTAS PRELIMINARES

ANAMNESE E GENOGRAMA

O primeiro encontro entre psicoterapeuta e cliente é fundamental para estabelecer o vínculo terapêutico. A entrevista inicial, a anamnese e o genograma são cruciais para entender a queixa manifesta do cliente e identificar conflitos internos que afetam sua vida. A escuta, a abertura e a postura do psicoterapeuta são essenciais para que o cliente se sinta acolhido, permitindo a jornada terapêutica.

RENÉ SCHUBERT

René Schubert

CRP 06/65624

Contatos

reneschubert.com.br
reneschubert.blogspot.com
rene.schubert@gmail.com
Instagram: @psi_talks/@familyconstellation

Psicólogo e psicanalista. Desde 2001, atua com psicodiagnóstico, ludoterapia e atendimento psicoterapêutico (crianças e adultos). Atua, entre outras especialidades, com: orientação familiar; educação sexual; orientação vocacional; acompanhamento terapêutico; terapia de EMDR; brainspotting; coaching; terapia com Lego; Lego serious play; constelação sistêmica familiar e consultoria sistêmica; supervisão e grupos de estudos. Docente em pós-graduação, palestrante, tradutor, intérprete e escritor.

"Falar é uma necessidade, escutar é uma arte."
Johann Wolfgang von Goethe

"O que as pessoas mais desejam é alguém que as escute de maneira calma e tranquila. Em silêncio. Sem dar conselhos. Sem que digam: 'Se eu fosse você...' A gente ama não é a pessoa que fala bonito. É a pessoa que escuta bonito. A fala só é bonita quando ela nasce de uma longa e silenciosa escuta. É na escuta que o amor começa. E é na não escuta que ele termina. Não aprendi isso nos livros. Aprendi prestando atenção."
Rubem Alves

O primeiro encontro e o direcionamento do psicoterapeuta

Em psicanálise, costuma-se dizer que a anamnese ou a entrevista preliminar é anterior ao processo analítico, ao percurso terapêutico que faremos junto ao cliente. Nosso cliente e/ou paciente vem ao consultório e traz uma queixa (queixa manifesta) que muitas vezes é algo um tanto vago e dissociado, como dificuldades de relacionamento com esposa/marido, conflitos diversos no ambiente profissional, dificuldades com familiares ou uma dor/aflição corporal constante que os médicos apontam não ter causa física. Sabemos que há algo mais profundo e na maioria das vezes inconsciente atuando no corpo e na psique do cliente. Sabemos que há conflitos externos e internos movimentando e reverberando na vida relacional, emocional, laboral, familiar e anímica do cliente – por trás da queixa manifesta há uma queixa latente. Aos poucos, tal será trazida à tona, à consciência do cliente. Como psicoterapeuta de abordagem psicanalítica, aos poucos tornarei essa queixa uma demanda, uma questão de acompanhamento terapêutico. Transformaremos, por meio de intervenções e estratégias, a queixa trazida pelo cliente em uma questão subjetiva que conduzirá sua trajetória terapêutica. O primeiro encontro entre psicoterapeuta e cliente, a entrevista inicial, a coleta de dados, a assim chamada anamnese, o levantamento histórico familiar, o assim chamado genograma, são as intervenções e estratégias iniciais que utilizo junto ao cliente.

Desde o período da faculdade de psicologia, queria atuar na clínica, como psicoterapeuta. Minhas professoras e supervisoras, tanto de ludoterapia como de psicanálise, apontavam a importância essencial da primeira entrevista. Do primeiro encontro com o paciente/cliente (por me voltar ao público da psicoterapia, agora utilizarei o termo cliente). Esse primeiro encontro criará ou não o vínculo necessário para o acompanhar do cliente na jornada terapêutica. O psicoterapeuta está tendo um primeiro encontro com seu cliente, e seu cliente com o psicoterapeuta. É um momento de avaliação, observação, percepção dos limites e das possibilidades de ambos os lados. O cliente busca alguém que possa auxiliá-lo em sua dor e sofrimento. Alguém que lhe dedique tempo, atenção e ofereça espaço, ferramentas e soluções. Aprendi desde o início que a escuta, o acolhimento, a abertura e a forma de condução da primeira entrevista com o cliente darão o tom e ritmo do tratamento psicoterapêutico que se seguirá.

Comecei a trabalhar em hospitais e clínicas psiquiátricas e lá também, junto à equipe de enfermagem, à equipe médica psiquiátrica, à equipe multiprofissional que une esforços para cuidar da saúde mental de sua clientela, foi-me reforçada e lapidada a forma de fazer a entrevista inicial, a coleta de dados clínicos, a observância do histórico e da doença pregressa na estrutura familiar. A primeira página dos prontuários psiquiátricos dos pacientes era a entrevista de anamnese. Em seguida, as hipóteses diagnósticas e prognósticas dos diferentes profissionais que acompanhavam o caso. Essas podiam se alterar no seguir dos dias, semanas, meses de internação, tratamento semiaberto ou aberto. E havia ainda as anotações diárias, desses profissionais, no acompanhamento e na evolução clínica do paciente em seu prontuário. As dinâmicas, os comportamentos, os discursos do paciente davam dicas, temperos, formas que eram contornadas e elaboradas pelo olhar, pela escuta e pela *expertise* do profissional de saúde que o acompanhava.

Sigmund Freud nos ensinou: "A clínica é suprema". Da prática clínica, do olhar e da escuta atenta e aberta, do estudo e aprimoramento constante, extraímos posturas, intervenções, estratégias, construções, interpretações que visam ao retorno ao cliente no sentido de saúde.

Anamnese – trazer de volta a história de nosso cliente

Faz-se aqui um apanhado de diversas referências em saúde mental, como medicina, psicologia, psicanálise e enfermagem, a fim de apontar para a importância da entrevista de anamnese com nossa clientela. Em obra de referência na psiquiatria e psicologia, Dalgalarrondo (2018) discute a importância da entrevista clínica detalhada e estruturada para compreender o paciente de forma integral. Destaca como fundamentais na estrutura da anamnese: identificação; queixa principal; história da doença atual; história médica pregressa; história psiquiátrica; história familiar; história pessoal e psicossocial; uso de substâncias que possam afetar a saúde mental.

De forma parecida, Santos, Veiga & Andrade (2011) discorrem:

> A anamnese é definida como a primeira fase de um processo, na qual a coleta destes dados permite ao profissional de saúde identificar problemas, determinar diagnósticos, planejar e implementar a sua assistência. Alguns autores apresentam quatro tipos de dados coletados nessa

primeira fase do processo de enfermagem que são: dados subjetivos, objetivos, históricos e atuais. Estes podem ser obtidos utilizando-se: a entrevista, a observação, o exame físico, os resultados de provas diagnósticas, a revisão de prontuário e a colaboração de outros profissionais.

No artigo escrito por Balduino *et al.* (2012), os autores destacam que, para visualizar a doença de forma plena e integrada à história de vida do paciente, o profissional da saúde deve ser capaz de realizar uma anamnese abrangente, coletando informações, formulando adequadamente as perguntas, refletindo sobre o impacto das questões e sobre a qualidade da relação com o paciente. O termo anamnese se origina de *ana* (trazer de volta, recordar) e *mnese* (memória). Significa trazer de volta à mente os fatos relacionados com a pessoa e suas manifestações de doença. A anamnese tem como um de seus fundamentos o alcance de uma boa relação médico-paciente, que objetiva o vínculo, a adesão ao tratamento, a confiança e maior fidedignidade das informações prestadas pelo paciente.

Para o psicanalista Renato Mezan (1998), na entrevista inicial, o profissional de saúde busca captar as questões centrais que trazem o cliente à consulta. Nesse primeiro momento, o que se espera é uma narrativa que, embora preliminar, revele aspectos importantes de sua subjetividade. A partir da anamnese, começa-se a elaborar hipóteses e interpretações, mas sempre com a consciência de que o caso está em aberto, que novas camadas da subjetividade do cliente surgirão ao longo do processo. O relato escrito do caso, desde a entrevista inicial, permite ao profissional ir reavaliando e ajustando suas compreensões, uma vez que cada sessão traz novos elementos para essa construção. Para esse psicanalista, a entrevista inicial não é apenas uma coleta de dados, mas sim o início de um processo de escuta, reflexão e escrita que se estende ao longo de todo o tratamento.

Também para a psicanalista Mannoni (1981), a essência da anamnese na psicanálise está na criação de um espaço de acolhimento e escuta profunda, em que o paciente possa narrar sua história de forma espontânea, sem se sentir pressionado a seguir uma estrutura. É um momento de encontro humano e clínico, no qual o analista deve estar atento ao que emerge, respeitando as resistências e favorecendo a abertura ao inconsciente.

No livro *Cartas a um jovem terapeuta*, o psicanalista Contardo Calligaris (2019) discute a importância de compreender a história do paciente, o contexto de sua vida e os significados atribuídos às suas experiências. Ou seja, do início ao decorrer do tratamento, o psicanalista dá um tom de atenção, respeito, curiosidade e escuta interessada nas versões e nos reveses trazidos pelo cliente.

O psiquiatra Irvin Yalom (2006) destaca que o objetivo da anamnese não é apenas obter informações, mas também compreender profundamente o ser humano que está à frente do terapeuta e, a partir disso, construir uma intervenção significativa.

A coordenadora da presente obra, Cristiane Rayes (2023), desenvolveu um jogo que utiliza a abordagem lúdica e interativa para facilitar a anamnese no contexto terapêutico, especialmente com crianças, adolescentes e famílias. O jogo permite acessar aspectos que podem ser difíceis de abordar em uma entrevista tradicional, como: emoções difíceis; conflitos familiares; situações de trauma; eventos marcantes. Pela sua apresentação, funciona como um instrumento de acolhimento e vinculação, essencial para o início do processo terapêutico.

Já para o terapeuta Leloup (2015), que associa o termo "anamnese" ao seu significado original no grego, que é "lembrança" ou "recordação", realizar uma anamnese é mais do que uma ferramenta clínica: é um processo de autodescoberta e integração, que abrange o corpo, a mente e o espírito. Ela não apenas resgata memórias do passado, mas também reconecta o indivíduo com os sentidos mais profundos de sua vida e de sua presença no mundo. Essa abordagem amplia o entendimento tradicional, convidando terapeutas e praticantes a verem a anamnese como um ato de cura simbólica e existencial.

Genograma – árvore genealógica – psicogenealogia

No desenvolvimento da abordagem da psicogenealogia, Anne Schützenberger (2021) explora a influência dos padrões familiares na vida dos indivíduos, enfatizando a importância de investigar a história familiar para entender questões emocionais, comportamentais, padrões de crenças e até mesmo doenças. Nesse contexto, ela utiliza a anamnese e o genograma como ferramentas centrais para acessar e mapear essas dinâmicas.

O genograma é uma ferramenta clínica originada da terapia sistêmica familiar, desenvolvido pelo psiquiatra norte-americano Murray Bowen por volta de 1954. Ele consiste em uma representação gráfica da genealogia, destacando conexões familiares entre indivíduos, incluindo nomes e, frequentemente, datas e locais de nascimento, casamento e falecimento, além de, em algumas ocasiões, fotografias. Essa abordagem permite explorar nossa história de origem e os desenvolvimentos que a sucederam, funcionando como um estudo de nosso legado. Como uma linha do tempo e do espaço, o genograma localiza não apenas familiares, mas também a nós mesmos, em termos de lugar e de história.

No consultório, é interessante observar este fenômeno recorrente: alguns clientes têm certo conhecimento sobre suas origens, enquanto outros desconhecem aspectos fundamentais de sua história familiar. Por isso, no processo terapêutico, é essencial investigar, trazer à tona sentidos e significados, reconstruir e elaborar, junto com o cliente, a narrativa de sua estrutura, história e origem familiar. Aspectos relevantes da genealogia, assim como os eventos subsequentes, muitas vezes contêm informações cruciais sobre como a vida se desenvolveu no sistema familiar. Trazer esses elementos à consciência ajuda o cliente a se localizar melhor dentro de sua estrutura familiar e a compreender seu papel, seu lugar e suas dinâmicas. Essas descobertas são instrumentos valiosos, tanto para o cliente quanto para o funcionamento saudável de seu sistema familiar. Por meio dessa ferramenta, é possível identificar e desvendar padrões de crenças, motivações, frases recorrentes, ações, repetições e fatos anteriormente ocultos, enigmáticos ou até perturbadores, que influenciam direta ou indiretamente a vida do cliente. O genograma atua, assim, como um recurso de investigação e reflexão sobre a estrutura e o histórico familiar, proporcionando benefícios como autoconhecimento, ampliação da consciência, diferenciação e melhoria na comunicação e na interação dentro do sistema familiar (Schubert, 2019).

Levar o cliente a lugares familiares e a abrir novas perspectivas

Assim, nosso trabalho terapêutico se inicia desde o contato inicial de nosso cliente, suas primeiras falas, escritas, dinâmicas e interlocuções. A entrevista inicial, a anamnese e o genograma são estratégias de vinculação e ampliação do diálogo entre psicoterapeuta e cliente. Como colocado por Leloup (2015), o processo inicial de entrevista e coleta de dados não se trata apenas de coletar informações do passado, mas de ajudar a pessoa a recordar quem ela é, suas origens e os sentidos profundos de sua existência.

O encontro psicoterapêutico é estar aberto, disponível e esvaziar-se de preconceitos, julgamentos e opiniões pessoais. É a postura, a atitude do terapeuta quando ele recebe seu cliente. Tal postura cria espaço no atendimento a ser preenchido pela fala do cliente, suas partes, seus personagens, suas realidades, seus eventos, dramas, dores, traumas, cores e tramas.

A escrita e as notas terapêuticas da entrevista inicial auxiliam o profissional nas hipóteses diagnósticas, prognose e estratégias terapêuticas a serem adotadas e verificadas nas sessões que virão a seguir. É o encontro entre dois, mas não um encontro qualquer, um bate-papo, uma simples troca de informações; é o início de uma jornada, e seu tom é estabelecido a partir do primeiro encontro... uma cocriação a partir do vínculo terapêutico.

Saber escutar e colocar as perguntas essenciais ao cliente abre um mundo de possibilidades e potencialidades na jornada terapêutica.

Referências

ALVES, R. *O amor que acende a lua*. Campinas: Papirus, 1999.

BALDUINO, P. M. *et al.* A perspectiva do paciente no roteiro de anamnese: o olhar do estudante. *Revista Brasileira de Educação Médica*, v. 36, n. 3, p. 335-342, 2012.

BARBOSA, A. *Anamnese:* 100 perguntas para conhecer melhor os pacientes em terapia. São Paulo: Matrix, 2023.

CALLIGARIS, C. *Cartas a um jovem terapeuta*. São Paulo: Planeta, 2019.

DALGALARRONDO, P. *Psicopatologia e semiologia dos transtornos mentais*. Porto Alegre: Artmed, 2018.

LELOUP, J. Y. *O corpo e seus símbolos:* uma antropologia essencial. Petrópolis: Vozes, 2015.

MANNONI, M. *A primeira entrevista em psicanálise*. Rio de Janeiro: Campus, 1981.

MEZAN, R. *Escrever a clínica*. 2. ed. São Paulo: Casa do Psicólogo, 1998.

RAYES, C. *Mais sobre minha história*. São Paulo: Literare, 2023.

SANTOS, N.; VEIGA, P.; ANDRADE, R. Importância da anamnese e do exame físico para o cuidado do enfermeiro. *Revista Brasileira de Enfermagem*, v. 64, n. 2, 2011.

SCHUBERT, R. Somos prisioneiros de "expectros"!? *In*: DOLABELA, F.; MOREIRA, I (Coord.). *O fracasso é apenas o que vem antes do sucesso*. São Paulo: Literare, 2021.

SCHUBERT, R. Genograma: a árvore da vida. Academia Edu, 2019. Disponível em: https://www.academia.edu/42912540/Genograma_A_árvore_da_vida. Acesso em: 05 mar. 2025.

SCHÜTZENBERGER, A. A. *Psicogenealogía:* sanar las heridas familiares y encontrarse a uno mismo. Málaga: Editorial Sirio, 2021.

TRAJANO, B.; TRAJANO, L. *Psicogenealogia:* 100 perguntas para falar da sua história familiar. São Paulo: Matrix, 2021.

YALOM, I. *Os desafios da terapia:* reflexões para pacientes e terapeutas. Rio de Janeiro: Ediouro, 2006.

3

RIGIDEZ COGNITIVA E SEUS DESAFIOS INVISÍVEIS NO AMBIENTE FAMILIAR

Neste capítulo, exploraremos como a rigidez cognitiva afeta não apenas as crianças, mas também os pais e as interações familiares. Analisaremos como padrões rígidos de comportamento podem se perpetuar e formar um ciclo difícil de romper, apresentando estratégias para ajudar as famílias a desenvolverem maiores flexibilidade e adaptabilidade.

HELYANE OLIVEIRA GUIMARÃES

Helyane Oliveira Guimarães

CBO 2394-40

SBPP20244603

Contatos

www.helyaneguimaraes.com.br

helyaneguimaraes@gmail.com

Instagram: @helyane.guimaraes

11 99938 5903

Mãe do Adriano, a quem considera um presente e promessa de Deus. Tem como propósito o fortalecimento das relações familiares e o desenvolvimento humano. Sócia-proprietária do Núcleo Neuropsiconectar, é neuropsicopedagoga clínica, terapeuta de casais com ênfase na família, escritora e palestrante. Coautora do livro *Orientação familiar* - vol. 2, com o capítulo "Independência e autonomia". Possui certificação em educação parental, em Disciplina Positiva pela Positive Discipline Association (EUA), e em Inteligência Emocional pela Pontifícia Universidade Católica (PUC), além de formação em Criação Compassiva: Como Trabalhar Compaixão e Autocompaixão na Orientação Parental, com Adriana Drulla. Tem especialização em Educação Infantil pela Universidade de Franca (UNIFRAN) e em Investigação e Diagnóstico do Transtorno do Espectro Autista pela Faculdade Metropolitana do Estado de São Paulo (FAMEESP). É graduanda em Psicologia, buscando aprofundar sua compreensão sobre o desenvolvimento humano e as relações familiares. Com uma trajetória voltada ao bem-estar das famílias, desenvolve métodos encorajadores para pais e capacita profissionais. Também atua em acompanhamentos neuropsicopedagógicos e orientação parental, realizando avaliações e intervenções em dificuldades de aprendizagem, transtornos do neurodesenvolvimento e necessidades familiares.

À minha família, meu alicerce de amor, inspiração e aprendizado constante, dedico este capítulo.

Ao meu filho, Adriano, cuja luz dá sentido aos meus dias e me inspira a ser uma mãe cada vez mais presente, consciente e amorosa.

Ao meu esposo e companheiro de jornada, Thiago, por compartilhar comigo as alegrias e os desafios de construir uma família fundamentada no amor, na união e na compreensão. Juntos, encontramos o propósito que move minha missão: apoiar crianças e adolescentes e oferecer suporte às suas famílias, ajudando-as a trilhar caminhos mais conscientes e emocionalmente saudáveis.

"Não é a espécie mais forte que sobrevive, nem a mais inteligente, mas a que melhor se adapta às mudanças."
Charles Darwin

Imagine a mente como um labirinto, um espaço onde cada corredor representa uma escolha, um pensamento ou uma ação. Para muitas pessoas, transitar por esses corredores é instintivo e até natural. Mudar de direção ou explorar novas possibilidades desperta curiosidade e aprendizado. No entanto, para algumas crianças e para seus pais, cada corredor se transforma em um beco sem saída. Não há atalho que alivie a sensação de estar perdido, e a frustração cresce a cada tentativa. Este é o mundo da rigidez cognitiva: um labirinto invisível no qual as saídas parecem impossíveis e a flexibilidade é quase inexistente.

A dificuldade em ajustar pensamentos ou comportamentos pode tornar as mudanças desafiadoras. Embora comum em quadros como transtorno do espectro autista (TEA), transtorno do déficit de atenção e hiperatividade (TDAH), transtorno obsessivo-compulsivo (TOC) e ansiedade, a rigidez cognitiva também pode estar presente em crianças com altas habilidades, especialmente quando há traços de perfeccionismo, pensamento inflexível ou dupla excepcionalidade (Silverman, 2002). Além disso, pode surgir em pessoas sem diagnóstico. Diamond (2013) destaca que estresse e fadiga emocional podem comprometer a flexibilidade cognitiva.

Embora mais evidente em crianças, adultos também podem apresentar padrões inflexíveis. Quando essas características se encontram na dinâmica familiar, os conflitos tendem a se intensificar.

Entre o natural e o preocupante: o que a ciência diz?

Jean Piaget (1976) explicou que crianças entre 2 e 7 anos vivem uma fase de pensamento egocêntrico, o que pode gerar resistência a mudanças e dificuldade em aceitar novas perspectivas. Esse processo é natural, mas espera-se que, ao longo da infância, elas adquiram maior flexibilidade cognitiva.

De acordo com Carroll, Blakey & Fitzgibbon (2016), a flexibilidade cognitiva começa a se desenvolver na infância e é essencial para a adaptação a novos desafios. Scarlett & Fingerman (2017) reforçam que o ambiente familiar tem um papel crucial nesse processo. Quando rotinas rígidas são mantidas para evitar conflitos, padrões inflexíveis são reforçados, limitando o desenvolvimento da adaptabilidade. Em contrapartida, práticas que incentivam o pensamento crítico, a resolução de problemas e a exposição gradual a novas situações fortalecem a flexibilidade cognitiva.

Neste capítulo, vamos explorar os principais aspectos da rigidez cognitiva em crianças, adultos e pais, além de sua influência na saúde mental da família.

Rigidez cognitiva em crianças

- **Resistência a mudanças na rotina**, como se sentar em outro lugar à mesa.
- **Preferência extrema por padrões fixos**, como insistir em usar sempre o mesmo brinquedo ou objeto.
- **Dificuldade em lidar com imprevistos**, que pode desencadear crises de choro ou descontrole emocional.

Embora mais comum em crianças com transtornos, a rigidez cognitiva pode ocorrer em qualquer criança, especialmente em períodos do desenvolvimento ou em momentos de insegurança e ansiedade diante do desconhecido.

Como reconhecer o padrão de rigidez?

Nos adultos, a rigidez cognitiva pode se manifestar de várias formas, especialmente na parentalidade:

- **Perfeccionismo e autoexigência**, com dificuldade em aceitar erros ou lidar com o inesperado.
- **Controle excessivo sobre os filhos**, impondo regras rígidas sem considerar a flexibilidade necessária ao desenvolvimento infantil.
- **Resistência a mudanças na rotina familiar**, como ajustes na dinâmica ou divisão de responsabilidades.
- **Dificuldade em se ver como aprendente**, acreditando já saber tudo sobre educação e rejeitando novas abordagens.

Nos pais, essa rigidez pode resultar em um estilo autoritário, priorizando a obediência em detrimento do diálogo, o que gera tensão, prejudica a comunicação e dificulta a resolução de conflitos.

É essencial refletir sobre comportamentos e expectativas:

- Por que insisto tanto nesse ponto?
- Isso é realmente essencial para meu filho e para a família, ou posso flexibilizar?
- Minhas expectativas são realistas para a idade e maturidade do meu filho?

Reconhecer padrões rígidos é o primeiro passo para promover mudanças.

Pais de crianças rígidas frequentemente enfrentam desafios ao lidarem com descontrole ou resistência. Para evitarem crises, muitos recorrem à permissividade excessiva ou a padrões fixos, acreditando trazer segurança. No entanto, essas abordagens podem reforçar ainda mais a rigidez, dificultando a adaptação da criança a mudanças.

Um exemplo comum é o uso de compensações ou recompensas para evitar explosões emocionais, como permitir que a criança mantenha uma rotina rígida ou evitar novidades que possam gerar desconforto. Embora funcione no curto prazo, essa estratégia cria dependência de previsibilidade extrema, tornando ainda mais difícil desenvolver resiliência e flexibilidade.

Impactos na convivência familiar

- **Conflitos e desgaste emocional**: mudanças sem preparo podem gerar conflitos recorrentes, desgastando os relacionamentos.
- **Desequilíbrio familiar**: enquanto um dos pais impõe mudanças, o outro pode adotar uma postura permissiva, criando confusão na criança e reforçando comportamentos inflexíveis.
- **Problemas de comunicação**: a rigidez pode dificultar o diálogo e aumentar a distância emocional.
- **Estresse em momentos de transição**: troca de escola, novos horários ou a chegada de um irmão podem intensificar o estresse familiar.
- **Dificuldade em se adaptar às necessidades especiais**: em famílias com crianças que apresentam algum transtorno, a inflexibilidade dos pais pode agravar os desafios, intensificar comportamentos de resistência e dificultar o estabelecimento de rotinas equilibradas e adaptáveis.
- **Impacto no relacionamento do casal**: a insistência em "ter razão" e o desconforto com mudanças podem enfraquecer a relação conjugal.

Quando o trivial reflete o profundo: exemplos de rigidez cognitiva

Comportamentos aparentemente simples muitas vezes escondem questões emocionais e padrões de rigidez que afetam não apenas a criança, mas toda a família. Veja os casos de Luísa e João, que ilustram como a inflexibilidade pode se manifestar no dia a dia e como pequenas intervenções podem fazer a diferença.

O caso de Luísa: a mochila como símbolo de estabilidade

Luísa, 9 anos, tinha uma certeza: sua mochila velha era insubstituível. Quando a mãe comprou uma nova, achando que seria uma troca simples, veio o choque – lágrimas, recusa e uma resistência inabalável. Para Luísa, aquela mochila era mais do que um objeto; era um pedaço de segurança em um mundo cheio de incertezas.

Sem entender a profundidade da resistência da filha, a mãe tentou impor a mudança. Não funcionou. Após uma orientação, percebeu que forçar não era o caminho. Em vez disso, deixou a nova mochila à vista, permitindo que Luísa a explorasse no seu tempo. Aos poucos, a menina começou a alternar entre as duas, mostrando que, para aceitar o novo, primeiro é preciso confiar nele.

O caso de João: quando pais e filhos compartilham a rigidez

João, de 4 anos, tem uma regra invisível: tudo precisa ser azul. Brinquedos, roupas, entre outras coisas. Para evitar crises, seus pais seguem essa lógica, sem perceberem que reforçam o padrão inflexível do filho.

Isso ficou evidente na clínica, quando João teve uma crise ao ver outra criança sentada em "sua" cadeira azul. No jogo de tabuleiro, recusou-se a participar porque alguém já havia escolhido os pinos azuis. Pequenos sinais de uma grande dificuldade: lidar com frustrações.

Intervenções práticas são essenciais para ajudar crianças como João a desenvolver mais flexibilidade. Estratégias como exposição gradual a novas situações, reforço positivo e jogos estruturados auxiliam na adaptação e autonomia. Pequenos passos podem transformar desafios em aprendizado, tanto na clínica quanto no dia a dia.

Aplicação na prática clínica

Na clínica, João foi gradualmente exposto a situações em que suas preferências nem sempre eram atendidas. Em uma delas, ao ver outra criança escolher a cadeira azul, foi feita a mediação:

"Eu entendo que você adora a cadeira azul, mas hoje foi a Mari quem escolheu se sentar nela. Você pode escolher outra cadeira ou sentar no meu colo. O que você prefere?"

Essas escolhas mostraram a João que a frustração pode ser superada. Com o tempo, suas reações se tornaram menos intensas e mais adaptativas, reduzindo a frequência e a gravidade das crises.

Para ajudar crianças, é essencial permitir pequenas frustrações e criar oportunidades de aprendizado emocional. Oferecer alternativas, validar sentimentos e incentivar a adaptação gradual são estratégias-chave para desenvolver a flexibilidade cognitiva na clínica, em casa e na escola.

Os casos mencionados influenciam diretamente no ambiente familiar, criando uma "prisão silenciosa" ao limitarem as oportunidades de desenvolvimento e adaptação tanto para a criança quanto para a família.

O ciclo da rigidez cognitiva na dinâmica familiar

Com base na experiência clínica em acompanhamento familiar, foi possível observar como a rigidez cognitiva em crianças ou pais se perpetua em ciclos. Quando a criança resiste a mudanças, a família adapta suas práticas para evitar conflitos. Embora eficaz no curto prazo, essa estratégia reforça os comportamentos rígidos, tornando mais difícil romper padrões inflexíveis.

Esse ciclo funciona como uma "prisão invisível", na qual todos se veem limitados por rotinas que já não atendem às necessidades emocionais e de desenvolvimento da criança.

Veja como isso acontece (e para se aprofundar, acesse o QR Code do livro):

- **Manifestação**: a criança resiste a mudanças, gerando tensão no ambiente familiar.
- **Dificuldade na adaptação**: a resistência dificulta a aceitação de novas situações e a flexibilidade para lidar com mudanças.
- **Ajustes da família**: para evitar crises, os pais estabelecem rotinas rígidas, reforçando padrões inflexíveis.
- **Reforço do ciclo**: a manutenção dessas rotinas consolida a rigidez da criança, tornando as mudanças ainda mais difíceis.
- **Dificuldade em mudar**: o ciclo se fortalece, aumentando a resistência e tornando a adaptação a novas experiências um grande desafio.

Dicas para a saúde mental da família em casos de rigidez cognitiva

Apoiando crianças

- Crie um ambiente previsível, mas com pequenas alterações planejadas, mostrando que mudanças podem ser seguras.
- Introduza desafios gradativos para estimular a flexibilidade.
- Envolva a criança ou o adolescente no processo de decisão, aumentando seu senso de controle e facilitando a adaptação.
- Valide emoções e ensine estratégias de enfrentamento, como a respiração profunda.

Apoiando os pais

- Reconheça padrões rígidos refletindo sobre pensamentos e comportamentos inflexíveis. Pergunte-se: "Por que isso é tão importante para mim?"
- Demonstre flexibilidade no dia a dia, mostrando que mudanças são naturais e administráveis. Seja paciente e celebre pequenos avanços.
- Busque apoio profissional para identificar e ajustar práticas parentais.

Apoiando a família

- Evite mudanças abruptas e alterações impostas sem considerar a rigidez da criança, pois podem gerar resistência e ansiedade.
- Utilize reforços positivos estrategicamente, como a economia de fichas e o reforço positivo, aliados a intervenções específicas, como treinamento de habilidades sociais.
- Fortaleça os vínculos familiares combinando limites claros e realistas com empatia.

Um novo olhar

Crianças com dificuldades emocionais ou comportamentais precisam ser compreendidas dentro de um contexto familiar mais amplo. Antes de qualquer diagnóstico, é importante considerar as dinâmicas familiares, práticas parentais e os estilos de interação que influenciam comportamentos rígidos. Isso não significa ignorar fatores neurobiológicos, mas sim entender como a qualidade das interações familiares afeta o desenvolvimento emocional da criança. Gottman, Katz & Hooven (1997) destacam que a forma como os pais lidam com conflitos e expressam emoções tem um papel essencial nesse processo.

Dweck (2006) ressalta que a flexibilidade cognitiva se desenvolve com a exposição gradual a desafios. Com empatia e estratégias práticas, podemos transformar bloqueios em oportunidades de crescimento. Ser flexível não significa abrir mão da estrutura, mas sim enxergar novas possibilidades dentro dos limites existentes. É esse equilíbrio entre segurança e adaptação que permite à família explorar o desconhecido com mais confiança e leveza.

> *O caminho para sair do labirinto não é uma linha reta, mas um jogo entre o conforto do conhecido e o desafio do novo. Às vezes, é preciso se perder um pouco para encontrar um novo significado. O que antes parecia um beco sem saída pode, na verdade, ser um convite para explorar. Cada curva inesperada pode revelar não um obstáculo, mas uma oportunidade de crescimento – basta estar disposto a caminhar, errar e desenhar novos caminhos.* (Helyane Oliveira Guimarães)

Referências

BARKLEY, R. A. *Transtorno de déficit de atenção e hiperatividade:* natureza, diagnóstico e tratamento. Porto Alegre: Artmed, 2015.

CARROLL, D. J.; BLAKEY, E.; FITZGIBBON, L. Cognitive flexibility in young children: beyond perseveration. *Child Development Perspectives*, v. 10, n. 4, p. 211-215, 2016.

DIAMOND, A. Executive functions. *Annual Review of Psychology*, v. 64, n. 1, p. 135-168, 2013.

DWECK, C. *Mindset:* a nova psicologia do sucesso. Rio de Janeiro: Objetiva, 2006.

GOTTMAN, J. M.; KATZ, L. F.; HOOVEN, C. *Meta-emotion:* how families communicate emotionally. Mahwah, NJ: Erlbaum, 1997.

PIAGET, J. *A formação do símbolo na criança.* Rio de Janeiro: Zahar, 1976.

SCARLETT, W. G.; FINGERMAN, K. L. *Dynamics of development in early childhood.* New York: Cambridge University Press, 2017.

SILVERMAN, L. K. The gifted individual. *In*: NEIHART, M. et al. (org.) *The social and emotional development of gifted children*: what do we know? Waco: Prufrock Press, 2002. p. 103-112.

4

O IMPACTO DA DESORGANIZAÇÃO DA ROTINA FAMILIAR PARA A SAÚDE MENTAL

O funcionamento saudável de uma família depende, em grande parte, de uma rotina bem estruturada, que forneça segurança, previsibilidade e equilíbrio para seus membros. A desorganização familiar, caracterizada pela ausência de planejamento e falta de consistência nas tarefas e interações diárias, pode afetar negativamente a saúde mental de todos, especialmente das crianças. Este capítulo explora o conceito de desorganização familiar e suas consequências psicológicas, sociais e emocionais.

VALÉRIA DE ALMEIDA DORIO

Valéria de Almeida Dorio

CRP 06/58331

Contatos

valeriapsico@hotmail.com

Instagram: @psicovaleria

Psicóloga clínica há 25 anos, com experiência em atendimento infantil e orientação familiar. Mestre em Psicologia pela Pontifícia Universidade Católica de São Paulo (PUC-SP). Professora universitária no curso de graduação em Psicologia e pós-graduação em Psicopedagogia. Pós-graduação integral em Educação Parental pela Faculdade Focus. Facilitadora do Programa de Qualidade na Interação Familiar (PQIF). Certificação internacional de Educação Parental em Disciplina Positiva pela Positive Discipline Association (PDA). Autora do livro *O fantástico mundo de Tim e sua rotina mágica* e coautora do livro *Parentalidade: da teoria à prática*.

O que é desorganização familiar

A desorganização familiar refere-se a um padrão de funcionamento caracterizado por:

- **Ausência de rotinas estruturadas**: falta de horários consistentes para atividades como refeições, sono, estudos e lazer.
- **Falta de planejamento**: ausência de divisão clara de tarefas e responsabilidades entre os membros da família.
- **Comunicação ineficiente**: dificuldades em estabelecer diálogos claros e resolutivos, levando a mal-entendidos e conflitos.
- **Ambiente caótico**: excesso de estímulos desorganizados, falta de priorização de tarefas e dificuldade em lidar com imprevistos.

Esse cenário muitas vezes surge da combinação de demandas externas, como longas jornadas de trabalho, e dificuldades internas, como falta de habilidades de organização ou dinâmica familiar disfuncional. A desorganização atua como um gatilho para o estresse, tanto em adultos quanto em crianças, pelas seguintes razões:

- **Sobrecarga mental e física**: a falta de planejamento faz com que as pessoas tenham que lidar constantemente com situações inesperadas, o que aumenta a pressão e dificulta o relaxamento. Esse estado contínuo de alerta pode levar a quadros de ansiedade.
- **Sensação de falta de controle**: a ausência de previsibilidade afeta o sentimento de controle sobre a própria vida. Para crianças, que dependem dos adultos para estabelecerem limites e segurança, isso pode ser particularmente angustiante.
- **Ciclo de conflitos**: o estresse gerado pela desorganização contribui para uma comunicação ineficaz e reações emocionais exageradas. Isso alimenta um ciclo de conflitos que reforça a instabilidade emocional no lar.

A rotina familiar é como um fio condutor que mantém o dia a dia organizado, mas ela precisa de equilíbrio para ser eficaz. Quando uma casa é marcada pela desorganização, as crianças podem se sentir perdidas, sem referências claras sobre horários, responsabilidades ou momentos de descanso, o que afeta níveis em seu desenvolvimento emocional e senso de segurança. Por outro lado, uma rotina extraordinária, em que cada minuto é controlado e não há espaço para flexibilidade, pode sufocar a criatividade e a espontaneidade das crianças, gerando ansiedade e desmotivação.

O segredo é criar um ambiente estruturado, mas também acolhedor, que permita adaptação e resiliência diante das inevitáveis mudanças da vida. A desorganização da rotina ou o excesso de rigidez podem estar associados a:

- **Patologias emocionais**: crianças podem desenvolver transtornos de ansiedade pela falta de previsibilidade ou pressão exagerada. A desorganização também pode estar associada a quadros depressivos, especialmente em pais sobrecarregados.
- **Cansaço e burnout parental**: a sobrecarga decorrente da falta de planejamento gera exaustão física e emocional, prejudicando o cuidado com os filhos.
- **Solidão:** quando a rotina não inclui momentos de conexão emocional, os membros da família podem se sentir isolados.

As consequências da desorganização familiar

A ausência de estrutura no ambiente familiar pode desencadear uma série de impactos diretos e indiretos na saúde mental de todos os seus membros. Sem uma base organizada, as tarefas do dia a dia tornam-se confusas, as responsabilidades se acumulam e o estresse coletivo aumenta. Para as crianças, essa falta de previsibilidade pode gerar insegurança e dificultar o desenvolvimento de habilidades como concentração e gestão emocional. Já para os adultos, o excesso de demandas não planejadas muitas vezes resulta em esgotamento mental e sentimentos de incapacidade. Indiretamente, a desorganização pode corroer os laços familiares, favorecendo conflitos e um ambiente de tensão constante. Uma rotina bem definida não só organiza o tempo, mas também cria um espaço seguro para o equilíbrio emocional e a convivência harmoniosa.

Principais consequências da desorganização familiar para os pais e responsáveis:

- **Estresse crônico**: a sobrecarga de tarefas mal distribuídas e a sensação de não estar no controle contribuem para níveis elevados de estresse.
- **Ansiedade**: a imprevisibilidade da rotina aumenta a sensação de incapacidade de atender às demandas do dia a dia.
- **Exaustão e burnout parental**: a desorganização pode levar a um estado de cansaço extremo, diminuindo a capacidade de cuidar dos filhos e de si mesmos.

Principais consequências da desorganização familiar para as crianças:

- **Insegurança e ansiedade**: a falta de previsibilidade afeta o senso de segurança emocional, deixando as crianças ansiosas e desconfiadas.
- **Dificuldades no desenvolvimento cognitivo e emocional**: rotinas desestruturadas prejudicam o estabelecimento de habilidades de autorregulação, concentração e resiliência.
- **Problemas de comportamento**: crianças podem apresentar birras, agressividade e dificuldades em lidar com limites, reflexos da falta de estrutura clara no ambiente familiar.

Crianças que vivem em ambientes familiares desorganizados ou excessivamente rígidos têm maior probabilidade de apresentar dificuldades de concentração e atenção, atrasos no desenvolvimento de habilidades socioemocionais, como empatia e autorregulação, e até mesmo baixo desempenho escolar, causado pela ausência de horários regulares para estudo e descanso.

Principais consequências da desorganização familiar para a dinâmica familiar:

- **Conflitos constantes**: a desorganização cria oportunidades para desentendimentos e atritos frequentes entre os membros da família.
- **Falta de qualidade nas relações**: o caos diário pode reduzir o tempo e a energia disponíveis para interações positivas e momentos de lazer em família.

A importância da rotina

A rotina é muito mais do que uma simples sequência de tarefas; ela é um sistema que organiza o tempo e proporciona segurança emocional. Para as crianças, especialmente, a rotina:

- **Oferece previsibilidade**: ajuda-as a entender o que esperar, promovendo estabilidade e reduzindo a ansiedade.
- **Contribui para o desenvolvimento emocional**: crianças que seguem uma rotina consistente aprendem a regular suas emoções e se sentem mais confiantes.
- **Melhora o desempenho cognitivo**: estabelecer horários para estudo, lazer e descanso potencializa a concentração e a aprendizagem.

Para os adultos, a rotina ajuda a diminuir a sobrecarga mental ao criar sistemas que facilitam o dia a dia, a estabelecer equilíbrio entre vida pessoal e profissional e a manter a saúde mental em momentos de imprevisibilidade.

Embora a rotina seja essencial, sua execução com rigidez excessiva pode ser prejudicial. Pais que exigem perfeição podem criar um ambiente de pressão constante para os filhos, gerando estresse e baixa autoestima. Essa rigidez também pode aumentar a ocorrência de conflitos familiares, especialmente durante momentos de falha ou desobediência, e prejudicar a criatividade e espontaneidade das crianças, aspectos essenciais para o desenvolvimento saudável.

A flexibilidade dentro da rotina é fundamental para evitar atritos e promover um ambiente mais leve e acolhedor.

Como orientar a família

Orientar a família para estabelecer uma rotina eficaz começa com o entendimento de que organização é uma aliada da saúde mental, não um fardo. É importante envolver todos os membros no planejamento, criando um espaço de diálogo para identificar as necessidades, os horários fixos e os momentos de flexibilidade. Uma estratégia prática é elaborar um cronograma claro e acessível, como um quadro na cozinha ou um aplicativo compartilhado, para que todos saibam suas responsabilidades e seus compromissos. Priorizar intervalos para descanso, refeições em família e atividades de lazer é fundamental para manter o equilíbrio entre produtividade e bem-estar. Além disso, o exemplo dos adultos em seguir e respeitar a rotina ajuda a estabelecer um senso de disciplina nas crianças. O mais importante, porém, é ajustar a rotina conforme necessário, mantendo-a como um guia dinâmico e acolhedor, capaz de promover harmonia e estabilidade no ambiente familiar.

Uma rotina saudável é construída coletivamente e leva em conta as necessidades de todos os membros da família. Algumas estratégias incluem:

- **Identificar as necessidades da família**: o primeiro passo é mapear os compromissos fixos e as demandas de todos os membros, como horários de trabalho, escolares, de atividades extracurriculares e momentos de lazer.
- **Criar um cronograma visual**: após identificar as prioridades, elaborar um cronograma visual pode facilitar o entendimento e o engajamento de todos. Quadros brancos, calendários físicos ou aplicativos digitais compartilhados são opções econômicas. O cronograma deve ser simples e claro, destacando horários e responsabilidades, e acessível a todos.
- **Estabelecer regras e limites claros**: uma rotina eficaz exige a definição de regras simples, como horários regulares para refeições, estudos e sono. Regras claras ajudam a criar previsibilidade e a controlar o estresse causado por improvisos.
- **Promova a participação de todos**: incluir as crianças no processo de planejamento da rotina é uma forma de ensiná-las sobre responsabilidade e organização.
- **Equilibrar estrutura e flexibilidade**: embora uma rotina traga benefícios por sua previsibilidade, ela não deve ser regulada a ponto de gerar ansiedade.
- **Revisar e ajustar regularmente**: as necessidades da família podem mudar ao longo do tempo, seja por uma nova fase escolar, seja por um trabalho diferente ou eventos inesperados.

Ao adotar essas estratégias, a família cria um ambiente mais organizado e previsível, promovendo não apenas a eficiência nas tarefas diárias, mas também maior equilíbrio emocional e a sensação de segurança entre seus membros. Uma rotina eficaz não é um objetivo estático, mas um processo contínuo de ajuda.

Dicas práticas para estabelecer a rotina e manter a saúde mental

A criação de uma rotina familiar eficaz não precisa ser uma tarefa complicada, mas sim um processo que combina planejamento, flexibilidade e cuidado com o bem-estar de todos os membros. Estabelecer uma rotina que favoreça a saúde mental requer atenção aos detalhes do dia a dia e estratégias simples que promovam organização e equilíbrio.

Algumas dicas práticas para ajudar famílias a desenvolverem e manterem uma rotina funcional e saudável:

- Defina prioridades claras.
- Estabeleça horários consistentes.
- Utilize ferramentas visuais.
- Inclua momentos de descanso e lazer.
- Pratique a flexibilidade.
- Promova a participação de todos.
- Evite sobrecarregar a agenda.
- Crie rituais para transições.
- Pratique a comunicação aberta.
- Cuide de sua saúde mental.

Conclusão

A desorganização da rotina familiar é uma fonte significativa de estresse e ansiedade, afetando tanto adultos quanto crianças. Reconhecer esse padrão e implementar mudanças graduais na estrutura do dia a dia são passos essenciais para a promoção de um ambiente mais saudável e equilibrado. Estratégias como a definição de rotinas claras, a divisão de responsabilidades e a comunicação aberta podem contribuir para minimizar os impactos negativos e favorecer a saúde mental de todos os membros da família.

Referências

LINHARES, M. B. M.; MARTINS, A. J. Ambiente familiar e sua influência no comportamento infantil. *Psicologia: Reflexão e Crítica*, v. 23, n. 3, p. 443-450, 2010.

NELSEN, J. *Disciplina positiva*: como educar com firmeza e carinho. Trad. Mary Meira. Santana de Parnaíba: Manole, 2021.

NELSEN, J.; LOTT, L. *Disciplina positiva para adolescentes*. Trad. Maria da Graça D. Ferreira. Santana de Parnaíba: Manole, 2021.

NELSEN, J.; LOTTH, L. *Disciplina positiva para pais ocupados*: como equilibrar vida profissional e criação de filhos. Santana de Parnaíba: Manole, 2021.

SIEGEL, D. J.; BRYSON, T. P. *Disciplina sem drama*: o poder de estimular o desenvolvimento infantil com calma e empatia. São Paulo: Ágape, 2014.

5

A EXIGÊNCIA DA ALTA PERFORMANCE MATERNA E O MEDO DE TRAUMATIZAR OS FILHOS

Muitas mães têm medo e uma preocupação constante em traumatizar seus filhos. Por isso, a partir de muitos relatos de minhas pacientes, escolhi algumas teorias e, com um bom embasamento teórico, neste capítulo busco tranquilizar essas mães, uma vez que somos reflexos de muitas histórias anteriores à nossa e temos a responsabilidade de, antes de qualquer coisa, nos cuidarmos para cuidarmos dos outros.

MIRIAM FERRARI

Miriam Ferrari

CRP 06/113624

Contatos

florirmaterno@gmail.com

Instagram: @florirmaterno

Psicóloga formada pela Pontifícia Universidade Católica de Campinas (PUC-Campinas). Psicoterapeuta EMDR, formada em Psicotraumatologia, trabalha com traumas e é especialista em Perinatalidade e Parentalidade. Coautora no livro *Orientação familiar* volumes 1 e 2, com experiência na transformação que a chegada dos filhos traz para a família, especialmente para a vida da mulher. Cofundadora do grupo Materno Mundo, ministra grupo terapêutico de mães em escolas e empresas, além da prática clínica exclusiva com mulheres. Apaixonada pela junção do funcionamento biológico do corpo e saúde emocional, comunicação não violenta, educação respeitosa, afetuosa e com limites, sempre respeitando a ciência dentro da individualidade de cada mulher.

Dedico este capítulo a todas as famílias que buscam a perfeição, para que tenham mais acolhimento entre si, respeito e humanidade, percebendo as falhas como parte do processo de aprendizado da vida. Boa leitura!

Cada vez mais estamos diante de situações desafiadoras e complexas com a dinâmica familiar. São tantas as questões a serem consideradas – sociais, culturais, financeiras, ambientais, neurobiológicas e emocionais –, que é necessário e importante pararmos para algumas reflexões, escolher o viés, colocar luz e ciência. Atualmente, o desafio que tem me chamado a atenção na prática clínica a respeito da maternidade envolve traumas e gerações: diz respeito ao medo das mães de traumatizar seus filhos e tudo o que o tema traz de profundidade e complexidade, por isso a escolha para este capítulo.

De um lado, as mulheres com medo de fracassar na maternidade, frustração ao se deparar com filhos reais (que muitas vezes estão longe do que é idealizado), desejo insustentável de não falhar e/ou de fazer tudo oposto e diferente da própria criação. Já no outro lado, olhando para as crianças, vemos cansaço, ansiedade e/ou depressão, sem contar os diagnósticos. Ou seja, é um contexto de profunda complexidade emocional, com traumas sendo transmitidos entre as gerações, e o desafio em que muitas famílias estão inseridas será o foco deste capítulo.

Apesar de o meu objeto principal de estudo ser a saúde mental da mulher (mãe ou não), quando falarmos de traumas, também será considerado todo o contexto transgeracional como ponto de importância e todo o sistema envolvido, relações, ambiente e o corpo físico.

Muitas vezes, essas mulheres buscam ajuda psicológica por estarem cheias de culpa, exaustas, sozinhas, questionando se erraram ou acertaram, se continuam errando ou acertando, buscando uma resposta exata sobre o que deve ser feito, alguma garantia de que seus filhos não serão lesados, traumatizados ou não carregarão experiências difíceis para sua vida. Aqui, é necessário destacar que as mães atuais têm quase que uma obrigação de alta performance na função materna, ou seja, acertar sempre e errar nunca, já que errar significaria admitir não ser boa o suficiente e que, por sua responsabilidade, o filho poderia carregar dificuldades para toda a vida. Pois bem, logo nós, adultos, humanos e naturalmente traumatizados, com memórias difíceis, tendo essa missão impossível de, primeiro, nos sentirmos livres de todos os nossos traumas e em seguida pouparmos as próximas gerações de terem as questões deles a resolver. Assim, torna-se imprescindível tratarmos sobre os traumas transgeracionais herdados e reforçar o quanto somos seres limitados.

Em primeiro lugar, gostaria de desmistificar o significado de trauma: todos nós vivemos experiências difíceis ao longo da vida, mas nem todas se tornarão traumas. As pessoas podem viver a mesma situação, até mesmo no mesmo local e horário, e terem percepções e memórias diferentes umas das outras. Por exemplo, duas pessoas que vivem a experiência de ficar alguns dias sem energia elétrica em casa podem sair da experiência relatando separadamente que uma viveu dias aflitivos e com medo do que poderia acontecer, e a outra ficou animada por ter experimentado a vida sob a luz de velas; ou seja, a mesma vivência com interpretações completamente diferentes. Vale destacar que o primeiro relato não necessariamente é de uma pessoa que tenha se traumatizado; depois de um tempo, ela pode ter entendido que foram apenas alguns dias mais difíceis que já passaram, e usar a experiência de forma adequada para orientar ações ou situações futuras.

As experiências que temos individualmente em nossas vidas são a base para a maneira como vamos nos conectar ao mundo e às pessoas que estão ao nosso redor, somada a fatores genéticos, mas com grande interferência em nossas percepções, comportamentos e atitudes. Essas experiências vividas e tudo o que elas afetam em nossos sentidos (visão, olfato, audição, paladar e tato) ficam armazenadas em redes de memória. Por exemplo, se é solicitado que um adulto diga todas as cores que conhece, ele não terá dificuldade em dizer: branco, preto, azul, verde etc., pois todas essas cores estão armazenadas na mesma rede de memórias. Assim acontece com todas as situações de nossa vida, o tempo todo; inclusive, para ler estas páginas, as palavras precisam estar ligadas às suas redes de memória para que você tenha entendimento delas. Ou seja, nossas reações têm muita influência das experiências passadas e do que fazemos e falamos no presente.

Experiências perturbadoras, traumas graves ou situações desagradáveis têm relação direta com nossas memórias e a forma como elas são armazenadas nessas redes de memória, pois a intensa perturbação física e emocional pode fazer com que a memória não seja processada corretamente e fique armazenada exatamente da forma como aconteceu: o que viu, sentiu, sensações fisiológicas e pensamentos, o que faz com que, toda vez que a rede de memórias relacionadas à situação seja exigida, o corpo volte a ter as mesmas reações. Por exemplo: uma discussão com alguém da escola pode fazer com que o aluno se sinta ofendido, com raiva, deseje se vingar ou qualquer reação desagradável, mas após se afastar, ir para casa, conversar com outras pessoas e dormir, ele pode voltar melhor no dia seguinte e perceber que tudo está mais calmo e ameno. Isso seria um indicativo de que essa memória está sendo processada corretamente, mas também pode ser que, toda vez que encontre a pessoa com quem discutiu, se sinta mal, intolerante, nervoso e com sudorese, indicando que aquilo não foi bem processado.

Tudo isso nos mostra que, mesmo não vivendo grandes traumas em nossas vidas, as situações podem ficar armazenadas de maneira que haja desequilíbrio psicológico, social e físico, criando marcas de lembranças no corpo e no funcionamento dele. O sistema nervoso sofre inúmeras alterações no momento do evento, podendo armazenar imagens, sons, emoções e sensações corporais em seu estado mais perturbador, o que pode fazer com que a pessoa tenha reações intensas ao relembrar ou quando acessa algum gatilho que a conduz para a rede de memórias em que o evento foi armazenado.

Já temos pesquisas publicadas a respeito do trauma transgeracional, ou seja, da transmissão de um trauma vivido para outras gerações. Levine (2023) afirma que, em seu trabalho com a segunda geração de sobreviventes do Holocausto, de forma surpreendente, muitos indivíduos eram reativos ao cheiro de carne queimada, sentindo uma intensa náusea e medo de que algo terrível acontecesse, evidenciando a possibilidade de transmissão de um cheiro traumático para outra geração. Situações como essa trazem concretude ao fato de que temos pouco (ou quase nada) de controle sobre o que são e de onde vêm nossos traumas.

Toda essa cientificidade por trás das questões dos traumas, somada às teorias cada vez mais sustentadas internacionalmente, como a Teoria Polivagal, a qual defende que a autorregulação e a conexão social estão intrinsecamente conectadas com o sistema nervoso e com o estado fisiológico, permite-nos afirmar que não existe uma receita para educar e criar filhos com o intuito de protegê-los de vivências difíceis ou de possíveis traumas.

Pelo contrário, ao estudarmos o sistema adaptativo da informação, o qual é responsável pelo processamento da informação, ou seja, processar as memórias vividas, reconhecemos a importância de algumas situações desafiadoras para o aprendizado e a adaptação em situações futuras semelhantes. Vamos voltar ao exemplo da discussão na escola, em que a informação pode ter sido positivamente processada e no dia seguinte as emoções já estão mais amenizadas e controladas. A criança envolvida na discussão pode ter um aprendizado em relação aos conflitos que ainda existirão na vida adulta e saberá como solucioná-lo.

Pais, os filhos poderão trazer traumas de gerações anteriores, de forma inconsciente, desconhecida por eles, e nem tudo será responsabilidade de vocês. Vale ressaltar que essa constatação não nos dá um caminho de negligência, mas sim de alívio e aceitação de que o melhor está sendo feito, além de abrir caminhos para que todos nós busquemos conforto emocional diante das questões que carregamos.

Além dos tópicos teóricos resumidamente discutidos, é fundamental trazer os principais pontos sobre a influência do apego na construção da relação da criança com o mundo e com o engajamento social para dar mais força à reflexão aqui proposta. Bowlby (1997) descreve que, quando uma pessoa se torna pai ou mãe, os sentimentos despertados nela têm muito em comum com o que foi suscitado quando criança, pelos pais, irmãos e familiares, o que nos traz mais uma forma de pensar sobre a influência da nossa história em torno da paternidade exercida.

Isso nos chama à responsabilidade de reparação de nossas próprias questões para o bem-estar das próximas gerações.

Cuidar das nossas próprias questões enquanto adultos não envolve exclusivamente o processo terapêutico. Isso também inclui o entendimento de que, antes de culpabilizar nossos pais, é possível voltar à história de vida deles e considerar que eles também podem ter sido crianças com sofrimentos e traumas, relembrando que se tornaram pais a partir da possibilidade que era vivida. Assim, humanizam-se as nossas relações e o olhar para a paternidade atual passa a ser de compaixão, não mais de humanos tentando ser super-heróis. Os erros se integram ao processo, fazendo parte do nosso contínuo aprendizado.

Como psicóloga, percebo que a função clínica é abrir possibilidades para que possamos desenvolver relações humanas seguras, pelo caminho da segurança e proteção emocional, em que o corpo se sente protegido e amparado, com as bases fisiológicas necessárias para isso. Dessa forma, pode-se contar com o acolhimento necessário e a capacidade técnica para mostrar às famílias os pontos de força que carregam, assim como a fragilidade encontrada na história de vida deles e auxiliá-los no fortalecimento dos sistemas.

Para uma reflexão mais concreta dessa alta performance e das aflições por trás dela, trago algumas provocações que serão auxílio para o despertar de sentimentos e questionamentos, a fim de que as palavras possam ser levadas para além do livro: se o seu filho se destacou na Olimpíada de Matemática, significa que foi feito um bom trabalho até aqui? E quando ele pede para trocar a modalidade esportiva, no que isso interfere? E se ele não mostrar habilidades para o esporte? Você se sentiria, nesse cenário, um fracasso como mãe? E o que acontece todas as vezes que o filho "desobedece"?

Atualmente, a agenda das crianças precisa ser administrada e organizada com tanta precisão quanto à do CEO de uma multinacional. São tantas as atividades extras "indispensáveis" fora do período escolar, além do abuso de telas, que muitas vezes se torna até difícil encontrar um espaço para o livre brincar, despretensioso e sem cronômetro, o simples fazer nada. O encontro necessário com o tédio, o despertar da criatividade, da imaginação e o perceber-se no silêncio quase são inexistentes.

Acredito que o adulto que está por trás dessas crianças, organizando as agendas e compromissos, imagina que está dando seu melhor, fazendo por amor, oferecendo oportunidades que talvez nunca experienciou na vida, permitindo que a criança tenha contato com idiomas diferentes ou até mesmo pratique esportes que eram seus próprios sonhos. Seria esse modelo o formato ideal para ser considerada uma boa mãe ou um bom pai?

As crianças aos poucos vão reconhecendo que nem sempre (ou nunca!) serão exatamente aquilo que foi sonhado para elas, e de forma saudável pontuam o que querem e o que não querem. Nem sempre têm habilidades ou disposição para realizar tudo aquilo que os pais vão organizando. E, conforme elas crescem, os pais vão se deparando com alguns de seus próprios sonhos desmoronando: a adolescência chega e pode frustrar muitas das outras expectativas criadas, mostrando que os filhos podem querer seguir seus próprios desejos e não mais aquela agenda pré-organizada. E aí? Como fica a percepção sobre a maternidade? Isso seria falhar?

Recebo em meu consultório muitas mães que exigem muito de si mesmas, que têm como exemplo aquilo que é inalcançável e perfeito, mas que muitas vezes é compartilhado e viralizado pelas redes sociais. A fala dessas mulheres carrega uma sensação importante de incapacidade, insegurança e medo de que os filhos sejam traumatizados por erros cometidos por elas, como não fazer uma lancheira saudável todos os dias ou não ter o cabelo com penteados elaborados diariamente. Além disso, têm medo de os filhos não serem aceitos pelo grupo da escola, de colocar limites e o filho ser excluído das festas etc.

A capacidade de ser uma boa mãe é o maior sonho e objetivo dessas mulheres que tanto amam seus filhos. Que bom seria se todas pudessem olhar de longe para si mesmas e valorizar tudo o que já fazem por eles; talvez construir um espaço de autorrespeito e autocuidado já seja suficiente para que os filhos cresçam seguros, vinculados e conectados!

Dicas para saúde mental

Quanto mais perfeccionista se é, maior é o desejo de performar mais e maior a angústia de falhar na missão da maternidade. Por isso, vale pensar em como cuidar dessa aceitação do erro e das falhas humanas. Pense em alternativas para sair do fluxo que se retroalimenta: muita exigência de si e autossacrifício; quanto mais exijo de mim, mais me coloco em sofrimento e, por consequência, exijo a mesma coisa dos outros.

Saiba que nem tudo é trauma, nem tudo depende de nós. Por isso, cuide do que é trauma na sua história de vida; cuidar de si já pode ajudar seus filhos a construírem uma linda história de vida, sabendo que, se um dia precisarem, eles mesmos cuidarão do que se tornou trauma para eles!

Referências

BOWLBY, J. *Formação e rompimento dos laços afetivos*. São Paulo: Martins Fontes, 1997.

KOLK, B. D. *O corpo guarda as marcas*: cérebro, mente e corpo na cura do trauma. Rio de Janeiro: Sextante, 2020.

LEVINE, P. A. *Trauma e memória*: cérebro e corpo em busca do passado vivo. São Paulo: Summus, 2023.

PORGES, S. W. *O guia de bolso para a teoria polivagal*: o poder transformador de sentir-se em segurança. São Paulo: Senses, 2022.

6

DESVELANDO A NEGLIGÊNCIA PARENTAL

Este capítulo aborda como a negligência parental se desenrola não apenas como uma falha física ou material, mas também como uma ausência emocional que afeta a conexão profunda entre pais e filhos.

ANNE KAROLINE SANTOS

Anne Karoline Santos

CRP 17/2130

Contatos

psiannekaroline@gmail.com

Instagram: @psiannekaroline

84 98817 3652

Psicóloga clínica há quase 15 anos, proprietária do Ressignificar - Espaço Psicoterapêutico, localizado no município de Mossoró (RN). Psicopedagoga, terapeuta cognitivo-comportamental, terapeuta ABA, tem formação internacional em Educação Parental pela PDA-USA e em Inteligência Emocional pela Escola da Parentalidade e Educação Positivas de Portugal. Coautora dos livros *De boas com o Sapo Cleiton*, publicado pela Ballejo, *Orientação familiar* volumes 2 e 3, e do *Box Intenção de Mãe*, publicados pela Literare Books International.

"Cada suspiro é gratidão
de ver entrelaçar as mãos
que juntas podem muito mais."
Tiago Iorc, "Laços"

A negligência parental é uma das formas mais difíceis de abuso a serem identificadas, porque muitas vezes é invisível. Ao contrário do abuso físico ou emocional, que deixa marcas visíveis, a negligência parental se manifesta em uma ausência: a falta de cuidado, atenção, presença e validação emocional. Quando a negligência não é manifestada de maneira evidente, ela cria lacunas na formação emocional da criança, comprometendo sua capacidade de se relacionar com o outro e com ela mesma.

Segundo Sousa *et al.* (2023):

> A negligência familiar aos cuidados das crianças é uma das formas de maus tratos mais prevalente, sendo uma preocupação no cenário da sociedade atual devido às consequências que ocasionam nas várias dimensões do desenvolvimento infantil, a curto e a longo a prazo, já na vida adulta (Antony, 2010).
>
> Trata-se de um tipo de violência caracterizada pela não provisão de cuidados básicos às crianças e adolescentes, quando há condições de realizá-la, abordado cinco categorias: negligência física, que incluem alimentação, moradia e vestimenta; psicológica ou emocional, negligência da saúde, educacional e abandono infantil. Independentemente do tipo de negligência, ela traz consequências para o desenvolvimento da criança, estendendo-se por toda a sua vida, repercutindo em problemas de saúde mental e comportamental, além de danos sociais (Silva; Romera; Granja, 2014; Tanley; Chantler; Robbins, 2018, p. 25).

O vínculo emocional entre pais e filhos é um dos pilares fundamentais para o desenvolvimento saudável. Quando essa conexão é negligenciada, a criança cresce sem a base de confiança e segurança que é crucial para a construção de uma identidade sólida. Negligência é não só a ausência de cuidados materiais, mas também a falta de presença emocional.

Em muitas famílias, especialmente nas sociedades mais individualistas, os pais podem se sentir pressionados a serem provedores em primeiro lugar, deixando o cuidado emocional em segundo plano. Isso pode resultar em negligência, pois o foco excessivo nas necessidades materiais faz com que a criança se sinta emocionalmente desamparada.

As consequências da negligência parental nas crianças são profundas e de longo prazo. Elas podem incluir:

- **Dificuldades emocionais e psicológicas**: ansiedade, depressão, distúrbios alimentares e transtornos de estresse pós-traumático.
- **Alterações cognitivas**.
- **Problemas de relacionamento**: dificuldade em confiar nos outros ou em estabelecer vínculos saudáveis.
- **Baixa autoestima**: a falta de validação constante e de afeto faz com que a criança duvide de seu valor.
- **Comportamentos de risco**: uso de substâncias, atos de rebeldia ou comportamentos agressivos, muitas vezes como forma de buscar atenção ou lidar com a dor emocional.

O que a negligência parental pode causar

Falta de validação emocional

A validação emocional é o processo de reconhecer e dar valor às emoções de outra pessoa. Quando os pais não validam as emoções de seus filhos, eles não aprendem a lidar com os sentimentos de forma saudável. A criança, nesse contexto, pode crescer sem saber como lidar com frustração, tristeza, raiva ou até mesmo felicidade. Em uma família em que a negligência emocional prevalece, a criança sente que suas emoções são irrelevantes ou até indesejáveis, o que pode gerar sérios problemas de autoestima e desregulação emocional no futuro.

Desencontros dentro de casa

Dentro de uma casa, que deveria ser um ambiente de acolhimento e segurança, a negligência cria desencontros emocionais. Pais que não estão emocionalmente presentes para os filhos causam distanciamento. Eles podem estar fisicamente ali, mas a falta de atenção, o olhar ausente ou a incapacidade de se conectar emocionalmente com os filhos cria uma sensação de vazio. A criança cresce sentindo-se rejeitada ou invisível, o que afeta diretamente sua capacidade de formar relacionamentos saudáveis no futuro.

A presença ausente

"Estar presente" não significa apenas estar fisicamente na mesma sala. Muitos pais, em virtude do estresse, da falta de habilidades parentais ou do excesso de preocupações externas, podem se tornar fisicamente presentes, mas emocionalmente ausentes. Isso é particularmente grave para crianças pequenas, que precisam de validação constante e afeto. A sensação de não ter o olhar, o toque ou o abraço de um pai ou mãe quando mais se precisa cria um vazio emocional profundo.

Superproteção: uma forma de negligência

Paradoxalmente, a superproteção também pode ser uma forma de negligência emocional. Quando os pais, no esforço de proteger seus filhos, restringem seu espaço para explorar, aprender com os erros e tomar decisões, eles acabam privando as crianças da experiência de desenvolver autonomia. A superproteção pode gerar insegurança e dificuldades para a criança lidar com frustrações e falhas, tornando-a mais dependente e menos capaz de enfrentar os desafios da vida.

Excesso de atividades e falta de limites

Outro aspecto da negligência é a falta de limites claros e a sobrecarga de atividades. Em uma tentativa de compensar a ausência emocional ou por uma necessidade de aprovação, alguns pais colocam seus filhos em uma agenda cheia de atividades, o que, em vez de ajudar, só aumenta a sensação de estarem perdidos e desconectados. A ausência de tempo para a conexão verdadeira, como jantares familiares, conversas e momentos de lazer sem pressa, faz com que as crianças cresçam sem aprender a equilibrar suas necessidades emocionais com as demandas externas.

Uso excessivo da tecnologia

O uso excessivo de tecnologia e a falta de supervisão familiar também podem ser vistos como formas de negligência. O vício em dispositivos eletrônicos pode isolar emocionalmente os membros da família. Em famílias nas quais os pais não acompanham de perto o uso da tecnologia ou não criam um ambiente saudável de comunicação, os filhos podem se sentir sozinhos e desamparados. A tecnologia, em vez de aproximar, pode criar um abismo, afastando ainda mais os pais e os filhos.

Dicas para saúde mental dentro de um contexto de negligência

Se você cresceu em uma família na qual a negligência era presente, a primeira coisa a entender é que você não é responsável pela negligência que sofreu. O peso da culpa que muitas crianças carregam por situações que estavam além de seu controle é imenso. Não carregue um caminhão de culpa. O amor que você recebeu, ou a falta dele, não define seu valor como pessoa. A sua história não é o seu destino.

Para começar o processo de "cura", o primeiro passo é se reconhecer. Para isso, é preciso reconhecer as lacunas que a negligência deixou e tomar consciência das maneiras pelas quais isso impactou sua vida e sua saúde mental. Esse é um processo difícil, mas necessário. Depois disso, é importante buscar ajuda. Terapia pode ser fundamental para entender a origem desses sentimentos de abandono e para aprender a se reconectar consigo mesmo.

O reconhecimento e a conscientização sobre a negligência são passos importantes para a reconexão emocional. Ao aprender a se separar do ambiente que causou o dano, você pode começar a reconstruir uma nova narrativa para si, em que a autovalidação e a autoconsciência se tornam ferramentas poderosas para a "cura". A reconexão com os outros também é crucial. Criar novos vínculos baseados em empatia, respeito e confiança pode ajudar a curar as feridas deixadas pela negligência.

É importante refletir sobre como os valores familiares podem ser reestruturados para priorizar o cuidado emocional, criando um ambiente em que o vínculo, a presença e a conexão humana sejam mais importantes do que apenas os bens materiais.

Para ressignificar os efeitos da negligência, é necessário olhar para a própria história e questionar as crenças limitantes que você possa ter internalizado. "Eu não sou digno de amor", "Minhas emoções não importam" ou "Não posso pedir ajuda" são apenas algumas das crenças que podem surgir de um ambiente negligente. Desconstruir essas crenças e aprender a reconstruir sua identidade com base no amor-próprio e na autoestima é um passo fundamental na jornada de "cura".

Considerações finais

A negligência parental é uma das formas mais sutis, porém devastadoras, de abuso. Seus efeitos podem ser duradouros, pois afetam a maneira como as crianças se veem, como se relacionam com os outros e como enfrentam o mundo. Ao desvelar as diferentes formas de negligência, é possível compreender melhor os danos que ela causa e começar o processo de cura. Reconhecer a negligência, entender as suas raízes e buscar formas de reconexão e autocuidado são passos fundamentais para a recuperação e para a construção de uma vida emocionalmente mais saudável.

Referências

AMORIM, R. C.; LARANJEIRA, R. Negligência e abuso infantil: implicações para a saúde pública. *Revista Brasileira de Saúde Materno Infantil*, v. 11, n. 3, p. 303-308, 2011.

BRAZ, M. L. Negligência parental e suas consequências no contexto educacional. *Revista Brasileira de Educação*, v. 22, n. 69, p. 47-63, 2017.

FIGUEIREDO, C. F.; LIMA, A. C. O impacto da negligência e do abuso infantil no desenvolvimento emocional. *Psicologia: Reflexão e Crítica*, v. 23, n. 2, p. 299-307, 2010.

GIMENEZ, A. F. Negligência parental: consequências para o desenvolvimento infantil. *Psicologia: Teoria e Pesquisa*, v. 21, n. 3, p. 337-343, 2005.

LIMA, M. T.; SILVA, L. M. A negligência parental no contexto brasileiro: uma análise das políticas públicas. *Revista de Políticas Públicas*, v. 15, n. 1, p. 129-146, 2009.

PEREIRA, D. F.; COSTA, P. R. A negligência parental sob a ótica da psicologia do desenvolvimento. *Psicologia Escolar e Educacional*, v. 19, n. 2, p. 231-240, 2015.

SOUSA, A. R. de O. *et al.* Negligência familiar e os impactos na criança: revisão integrativa. *In*: LIMA JÚNIOR, F. A. *et al.* (Org.). *Atenção integral em saúde* – saúde da criança: abordagem a temas críticos infantojuvenis. Belo Horizonte: Poisson, 2023. v. 2.

VASCONCELOS, M. M.; SANTOS, L. B. A negligência na infância e suas repercussões emocionais e cognitivas. *Revista Brasileira de Terapias Cognitivas e Comportamentais*, v. 19, n. 2, p. 215-227, 2013.

7

FILHOS CUIDADORES E RESPONSÁVEIS NO ENVELHECIMENTO DE PAIS NEGLIGENTES

Neste capítulo, será abordado um tema pouco falado: o envelhecimento de pais emocionalmente negligentes com seus filhos, e como isso afeta negativamente a vida do cuidador, quando esses filhos se tornam responsáveis pelos seus cuidados. A intenção aqui é lembrar que os filhos cuidadores não estão sozinhos, e que seus sentimentos são legítimos e importantes, merecendo ser ouvidos com acolhimento e atenção, assim como os de tantas outras pessoas que enfrentam essa mesma realidade de cuidado.

CRISTINA ALTISENT

Cristina Altisent

CRP 06/92750

Contatos

psicorhaltisent@yahoo.com.br
Instagram: @crisaltisentpsico
11 96083 2239

Psicóloga graduada pela Universidade Guarulhos (UNG). Especialista em Teoria Cognitivo-Comportamental pelo Centro de Estudos em Terapia Cognitivo-Comportamental (CETCC) e em Neuropsicologia pelo Instituto de Ensino e Pesquisa Albert Einstein, com extensão em Avaliação Neuropsicológica no Envelhecimento e Demência pela Universidade Federal de São Paulo (Unifesp). Atuou por 15 anos em quase todos os subsistemas pertinentes à área de Recursos Humanos. Essa sólida experiência é complementada pela atuação como psicóloga e supervisora clínica, focada especialmente no atendimento a adultos e idosos. Contribuiu como pesquisadora e supervisora em pesquisa (estudo ELSA-Brasil) no Instituto de Psiquiatria da Faculdade de Medicina da Universidade de São Paulo (IPq-FMUSP) durante 2020/2021. Palestrante em instituições financeiras, de saúde, marketing, escolares, entre outras. Além disso, é coautora de livros nas áreas de Psicologia e Empreendedorismo Feminino.

Dedico este capítulo ao meu marido, Rogério, por estar sempre de mãos dadas comigo. Ao meu filho, Matheus, por me incentivar a buscar sempre o melhor. À minha mãe, Carmen, por me ensinar a nunca desistir dos meus princípios. Por último, mas não menos importante, à minha psicóloga, Sandra Lima, por me auxiliar no processo de cura das diversas dores emocionais que carrego.

Afinidade emocional é algo que não compramos, e no cuidar do idoso existe uma questão delicada: filhos que são obrigados a cuidar de pais que não foram bons cuidadores. Esse tema carrega profundas implicações emocionais e éticas. A falta de afeto ou até mesmo o ressentimento podem se tornar um turbilhão de emoções no cuidador, fazendo com que se sinta preso entre a responsabilidade e os sentimentos complexos de mágoa ou indiferença.

O papel da psicologia é ajudar todos os envolvidos nesse processo, buscando ferramentas para manejar emoções e ajudar com a responsabilidade familiar. O processo de envelhecimento não é apenas biológico; ele envolve perdas psicológicas, sociais e cognitivas. Isso o torna ainda mais desafiador, pois o cuidador precisa equilibrar sua própria vida com o peso das novas responsabilidades, enquanto cuida de alguém por quem talvez não tenha afeto.

Cuidar de um pai ou mãe, especialmente no contexto de uma relação emocionalmente distante ou conflitante, exige suporte psicológico. Técnicas da terapia cognitivo-comportamental (TCC) auxiliam na reestruturação de pensamentos disfuncionais, ajudando os cuidadores a lidar com a culpa, o estresse e os desafios de manter uma qualidade de vida pessoal e emocional.

O desafio de cuidar de pais que não foram bons cuidadores

Cuidar de pais idosos envolve grandes responsabilidades práticas e emocionais. No entanto, quando a relação entre pais e filhos foi marcada por negligência, abuso emocional ou distanciamento afetivo, esse cuidado se torna um desafio psicológico. Filhos que crescem sem o apoio emocional necessário podem ter dificuldades em se envolverem no cuidado dos pais na velhice.

> Tem um ditado que diz: "o que aqui se faz, aqui se paga", ou "o que se planta, se colhe", então muitos dizem que depende dos vínculos estabelecidos ao longo da vida e da força dessas relações, para receber afeto e amor na velhice, que ninguém precisa mendigar afeto, se deu

> afeto e amor aos seus próximos durante a vida toda. No entanto não é isso que se escuta dos idosos que estão esquecidos nos asilos, a maior queixa é a ingratidão por parte daqueles que eles deram a vida e agora em troca não recebem nem sequer um telefonema (Bertolin & Viecili, 2014, p. 339).

Esse cenário gera um dilema interno profundo: como cuidar de alguém por quem não se sente amor, ou até mesmo por quem se nutre mágoa? A pressão social e familiar muitas vezes reforça a ideia de que é dever dos filhos retribuir o cuidado recebido. Mas, e quando esse cuidado nunca existiu? O que acontece quando o vínculo afetivo foi rompido ou nunca foi bem estabelecido?

Filhos que enfrentam essa situação podem experimentar sentimentos ambíguos, como:

- **Culpa e ressentimento**: sentir-se preocupado por não querer cuidar dos pais, mas ao mesmo tempo ressentir-se das obrigações. Isso pode criar um ciclo emocionalmente exaustivo, em que o filho se sente constantemente incapaz de responder às expectativas.
- **Obrigação *versus* desejo**: muitos filhos cuidam dos pais por sentirem que é o "certo" a fazer, mas sem desejo genuíno de envolvimento afetivo. Isso pode gerar um cuidado automatizado, no qual as ações são feitas por dever e não por uma vontade de ajudar.
- **Raiva reprimida**: o cuidador pode reativar antigas feridas, levando o filho a reviver momentos de dor ou abandono emocional que os pais causaram no passado.

Segundo Bertolin & Viecili (2014), a situação de abandono de idosos não se limita a classes sociais, e muitos são abandonados em asilos, ocorrendo também dentro de suas próprias casas. Isso se potencializa quando há fragilidade ou ausência de laços afetivos: muitos idosos acabam sendo negligenciados, sem atenção, amor ou convívio familiar.

Esse tipo de cuidado "obrigatório" frequentemente afeta a saúde mental do cuidador, que pode desenvolver estresse, esgotamento emocional ou até depressão ao cuidar de alguém que o fez sofrer. Além disso, esse vínculo de sentimentos negativos pode prejudicar a qualidade do cuidado, tornando-o mais distante e desgastado.

É importante citar que o Código Civil e o Estatuto do Idoso no Brasil preveem a obrigação legal dos filhos de cuidarem de seus pais, independentemente da qualidade do relacionamento. O Estatuto do Idoso, em particular, garante aos idosos o direito à dignidade, à convivência familiar e ao acesso aos cuidados adequados, colocando a responsabilidade do cuidado acima dos conflitos emocionais.

Pressão externa e autoexigência

Quando o vínculo emocional é frágil, outro ponto importante é o perdão, que muitas vezes é romantizado como a solução para sentimentos conflituosos. Perdoar não é uma obrigação, e alguns filhos não se sentem prontos para isso. Esse processo de cuidar de pais que não foram bons cuidadores pode ser, na verdade, uma forma de confrontar o passado. Para alguns, isso pode representar um "luto simbólico", ou seja, o reconhecimento de que o pai ou a mãe que eles desejaram ter nunca existiu e que, apesar disso, eles precisam seguir em frente.

A pressão da sociedade e de outros familiares pode intensificar a culpa e a raiva do cuidador. É essencial que os cuidadores aprendam a validar seus próprios sentimentos, reconhecendo que o cuidado pode ser uma decisão consciente, sem necessidade de afeto, mas movida pela necessidade de cumprir uma responsabilidade.

Essa é uma experiência difícil e solitária, que exige grande capacidade de lidar com sentimentos ambíguos. Para isso, o suporte emocional por meio de terapia pode ser fundamental. O cuidador não deve carregar essa carga sozinho, e a psicologia pode ajudar a desenvolver mecanismos saudáveis para lidar com essa obrigação, sem ignorar os sentimentos conflitantes.

Envelhecer: um processo de perdas e adaptações

O envelhecimento, um processo multidimensional que abrange aspectos biológicos, psicológicos, sociais e culturais, ocorre de forma única para cada indivíduo, estando fortemente vinculado ao contexto social e cultural em que se está inserido (Kreuz & Franco, 2017).

A neuropsicologia ajuda a distinguir entre o envelhecimento saudável e o patológico, permitindo intervenções precoces e reabilitação cognitiva. Ela também apoia o manejo de perdas emocionais, como a ansiedade e a depressão, promovendo a resiliência.

Apesar das perdas cognitivas, o cérebro mantém sua capacidade de adaptação. Programas de estimulação cognitiva e atividades sociais ajudam a manter a saúde cerebral e melhoram a qualidade de vida. Os profissionais de saúde orientam os cuidadores a lidar com mudanças no comportamento dos idosos, promovendo um cuidado mais empático e respeitoso.

Depressão do idoso: mais que tristeza e seus efeitos no cuidador

A depressão no idoso não se resume à tristeza; é uma condição emocional complexa que pode se manifestar como irritabilidade, agressividade e críticas excessivas. Para filhos que cuidam de pais negligentes, esses comportamentos são especialmente difíceis, pois evocam velhas feridas emocionais. A atitude do pai ou da mãe pode ser vista como uma continuação da negligência do passado, gerando um conflito interno no cuidador.

Esses comportamentos não são pessoais, mas reflexos do sofrimento emocional profundo do idoso, muitas vezes camuflado pela depressão. O cuidador precisa separar as feridas do passado das necessidades do presente, desenvolvendo paciência e empatia. Buscar apoio psicológico é essencial para lidar com o impacto emocional.

As dores físicas, comuns na velhice, também podem refletir um sofrimento emocional. Para o filho cuidador, separar a dor física da emocional pode ser desafiador. O apoio profissional, por meio de terapia ou acompanhamento médico, é fundamental para lidar com a depressão e aliviar os sintomas, promovendo um cuidado mais equilibrado e saudável para o idoso e o cuidador.

Dicas para saúde mental do idoso (ressignificar)

O envelhecer pode e deve ser saudável, por isso separei algumas dicas:

1. **Avaliação neuropsicológica**: identificar padrões de declínio cognitivo e diferenciar o envelhecimento saudável do patológico. Intervenções precoces ajudam a retardar sintomas graves, como os da demência.
2. **Gerenciamento emocional**: sintomas de ansiedade, depressão e desesperança podem se intensificar. Podem-se buscar terapias que ajudam a lidar com essas emoções, promovendo aceitação gradual e resiliência diante das perdas.
3. **Plasticidade cerebral**: apesar das perdas cognitivas, o cérebro mantém sua capacidade de adaptação. Programas de estimulação cognitiva, como jogos de memória, jogos de tabuleiro, cartas e desafios simples, como organizar um cômodo, ajudam a manter o cérebro ativo e a melhorar a qualidade de vida.
4. **Orientação aos cuidadores**: profissionais orientam os cuidadores a lidarem com mudanças de comportamento do idoso, como confusão ou agressividade, promovendo um cuidado empático e eficaz, sem grandes envolvimentos emocionais.
5. **Adaptação contínua**: envelhecer é um processo de adaptação constante. Com o apoio adequado, é possível atravessar essa fase de forma mais leve, encontrando novos significados e preservando a dignidade e a qualidade de vida.

Dicas para a saúde mental do cuidador

Ser cuidador de alguém sem afeto é desafiador e solitário, mas é possível lidar de forma mais leve. Aqui estão algumas dicas:

1. **Reconhecimento do desgaste emocional**: a "fadiga do cuidador" é comum em quem cuida de outra pessoa por longo período, gerando sentimentos de exaustão, frustração e culpa, especialmente quando o cuidado é de um pai ou mãe com quem houve conflitos. É normal não sentir afeto ou querer ajudar em casos de relações difíceis. Reconhecer esses sentimentos é essencial para lidar com o desgaste.
2. **Terapias de apoio emocional**: a psicoterapia individual proporciona um espaço seguro para o cuidador expressar sentimentos como mágoa e tristeza, ajudando a reduzir o impacto emocional do cuidado diário. É normal sentir frustração ou tristeza, e é totalmente válido buscar ajuda para lidar com essas emoções.
3. **Técnicas de autocuidado e redução do estresse**: práticas como *mindfulness*, relaxamento e *hobbies* prazerosos são essenciais para aliviar a pressão emocional.

Cuidar de si mesmo não é egoísmo; é crucial para poder cuidar dos outros. Reservar tempo para si e adotar hábitos que promovam o bem-estar é fundamental.

4. **Buscar apoio**: pedir ajuda é fundamental. Não há vergonha em buscar apoio; compartilhar a responsabilidade com familiares, amigos ou grupos de apoio pode ser um alívio, além de permitir o cuidado de sua saúde mental.
5. **Terapia cognitivo-comportamental**: a TCC ajuda a lidar com sentimentos de culpa e estresse, especialmente quando o cuidador enfrenta dificuldades emocionais ao cuidar de um pai ou mãe distante. É normal sentir que já atingiu seu limite ou não querer fazer mais do que pode. Respeitar seus sentimentos é importante. A TCC oferece ferramentas para substituir pensamentos como "Eu deveria fazer mais" por pensamentos mais saudáveis, como "Estou fazendo o meu melhor dentro das minhas capacidades".
6. **Ferramentas de manejo do estresse**: técnicas práticas, como planejamento de tarefas e resolução de problemas, ajudam a lidar com o estresse diário, tornando o processo de cuidado mais organizado e menos desgastante.
7. **Respeitar os próprios limites**: cuidar não implica se sacrificar totalmente. É importante reconhecer seus limites e priorizar sua saúde mental. Só é possível cuidar plenamente de outra pessoa quando você também cuida de si mesmo.

Conclusão: cuidar com consciência e limites

Antes de qualquer coisa, encerro dizendo que é essencial lembrar que, no processo de cuidado, estamos falando de um ser humano cuidando de outro ser humano. Cuidar de um idoso, especialmente quando a relação afetiva é complexa, demanda atenção não apenas às necessidades do idoso, mas também às do cuidador. Respeitar os próprios limites é fundamental para oferecer um cuidado de qualidade.

O autocuidado deve ser priorizado, pois ele é a chave para que o cuidador consiga reconhecer suas próprias necessidades, evitando negligenciar sua saúde física e mental. Quando está atento aos sinais de sobrecarga, o cuidador pode buscar momentos de distanciamento e descanso, fundamentais para sua recuperação emocional.

Reforço que o envelhecimento é a única certeza que todos temos, pois é um processo inevitável. Ao compreender isso, o cuidador pode se beneficiar de grupos de apoio e de profissionais de saúde, o que ajuda a diminuir o peso da responsabilidade e a sobrecarga emocional.

Por último, não posso deixar de citar que o processo de envelhecimento também traz oportunidades de ressignificação e validação pessoal, tanto para o idoso quanto para o cuidador. Respeitar as limitações de ambos, garantindo dignidade e qualidade de vida, é o que realmente importa para que essa experiência seja vivida de forma mais leve e significativa.

Referências

BERTOLIN, G.; VIECILI, M. Abandono afetivo do idoso: reparação civil ao ato de (não) amar? *Revista Eletrônica de Iniciação Científica*, v. 5, n. 1, p. 338-360, 2014. Disponível em: https://www.

univali.br/graduacao/direito-itajai/publicacoes/revista-de-iniciacao-cientifica-ricc/edicoes/Lists/Artigos/Attachments/996/Arquivo%2018.pdf. Acesso em: 01 mar. 2025.

BRASIL. Presidência da República. Lei n. 10.741, de 1º de outubro de 2003: Dispõe sobre o Estatuto da Pessoa Idosa e dá outras providências. Disponível em: https://www.planalto.gov.br/ccivil_03/leis/2003/l10.741.htm. Acesso em: 01 mar. 2025.

KREUZ, G.; FRANCO, M. H. P. O luto do idoso diante das perdas da doença e do envelhecimento – revisão sistemática de literatura. *Arquivos Brasileiros de Psicologia*, v. 69, n. 2, p. 168-186, 2017. Disponível em: http://pepsic.bvsalud.org/scielo.php?script=sci_arttext&pid=S1809-52672017000200012&lng=pt&nrm=iso. Acesso em: 01 mar. 2025.

8

ORIENTAÇÃO FAMILIAR E IMIGRAÇÃO

Este capítulo tem por objetivo lançar luz a um tema ainda pouco explorado no campo da orientação familiar: orientação familiar para famílias brasileiras que desejam imigrar para o exterior. Serão explorados aspectos importantes relacionados à imigração internacional de famílias brasileiras, com um olhar especialmente voltado para o momento pré-mudança e aos primeiros dois anos após a chegada ao novo país.

LISIANE VARGAS

Lisiane Vargas

CRM 198447

Contatos
psiqlisiane@gmail.com
Instagram: @ psiquiatralisiane
12 99662 0612

Médica brasileira formada pela Universidade Federal de Santa Maria (UFSM) e psiquiatra formada pela Fundação Universitária Mario Martins de Porto Alegre, especialista em Saúde Mental da Infância e Adolescência pela Universidade Federal de São Paulo. Dedicada ao atendimento psiquiátrico de crianças, adolescentes e suas famílias em contextos desafiadores. Especialista em Orientação Parental pelo Instituto de Terapia Cognitivo-Comportamental (InTCC-RJ). Especialista em Psicologia Intercultural pelo PSI Terapia no Exterior e pela International Association for Counseling. Mãe do Matheus e desde 2023 vive o processo de expatriação com sua família. A partir dessa vivência, decidiu se dedicar ao estudo sobre imigração e saúde mental com foco na orientação familiar para aqueles que desejam imigrar.

O processo migratório se constitui de múltiplas experiências muito heterogêneas. Alguns imigrantes chegam ao novo país como refugiados, enquanto outros entram com vistos patrocinados por grandes empresas multinacionais ou órgãos governamentais, como no caso de famílias de diplomatas; outros, por instituições educacionais. Há também aqueles que migram para buscar uma oportunidade de trabalho e outros que migram fugindo de eventos climáticos extremos ou catástrofes naturais, por exemplo. Independentemente do motivo que levou uma família a imigrar, as condições pré-imigração e as políticas de acolhimento ao imigrante pelo país anfitrião serão pontos importantes no sucesso ou fracasso desse processo (APA, 2024).

Para entendermos um pouco melhor o processo de adaptação de uma família imigrante, é importante conhecermos o fenômeno da aculturação. Ele ocorre quando indivíduos de diferentes grupos culturais entram em contato e se adaptam à presença um do outro. Durante o processo de aculturação, o indivíduo experimenta situações de vulnerabilidade e estresse (chamado de estresse aculturativo) que podem desencadear sintomas como ansiedade, dificuldades com o sono, sintomas psicossomáticos, depressão, confusão mental e o sentimento de perda de identidade.

No modelo tradicional de aculturação de Berry (1990), o indivíduo adota estratégias para lidar com sua cultura e a cultura anfitriã. Essas estratégias terão relação com seu desejo de manter a identidade e as características de sua cultura original, aliado ao desejo de se relacionar com grupos culturalmente diferentes.

Para Berry (1990), os membros de uma mesma família poderão adotar diferentes estratégias, o que pode deixar o caminho da adaptação ainda mais complexo. A estratégia de assimilação ocorre quando os indivíduos adotam as normas culturais de uma cultura dominante ou anfitriã, em detrimento de sua cultura original. A separação ocorre quando os indivíduos rejeitam a cultura dominante ou anfitriã em favor da preservação de sua cultura de origem. A integração ocorre quando os indivíduos são capazes de adotar as normas culturais da cultura dominante ou anfitriã, mantendo sua cultura de origem. A marginalização ocorre quando os indivíduos rejeitam tanto sua cultura de origem quanto a cultura anfitriã dominante, sentindo-se à margem do processo.

A partir de estudos envolvendo a saúde do imigrante e de minha vivência migratória, trago neste capítulo alguns pontos que podem auxiliar famílias a construírem um plano migratório com maior chance de sucesso.

Escolha do país

É sabido que a imigração é benéfica para os países anfitriões, incluindo os Estados Unidos, principal destino dos brasileiros que vivem no exterior, pois contribui para o crescimento econômico, cultural e social (Lee & McAdams, 2019). No entanto, mesmo com estudos apontando o benefício econômico da imigração, muitos países têm adotado uma política anti-imigração. Por isso, é fundamental que se conheça a política de acolhimento ao imigrante do novo país.

Status migratório

A forma como você decide imigrar também influenciará no sucesso da adaptação da família. Indivíduos não documentados podem enfrentar situações traumáticas no processo até chegar ao novo país, como o que ocorre com aqueles que realizam a travessia ilegal da fronteira entre México e Estados Unidos. Além disso, essas famílias poderão ter menos estabilidade econômica e acesso restrito a oportunidades de trabalho no novo país (Garcini *et al.*, 2022).

Estudo realizado com crianças imigrantes com idade média de 4,44 anos, assistidas por programas educacionais para famílias de bairros carentes na cidade de Nova York, identificou que, nos períodos do ano em que os pais imigrantes vivenciavam maior ameaça de deportação ou quando havia uma retórica política anti-imigração mais acentuada, essas crianças apresentavam aumento na ansiedade de separação, comportamentos excessivamente ansiosos e menor capacidade de autorregulação no ambiente escolar (Barajas-Gonzalez *et al.*, 2022). Esse é um exemplo de como o status migratório pode afetar o bem-estar familiar, inclusive das crianças.

Plano migratório em família

Quando a proposta de mudança de país chega ao núcleo familiar, ela pode vir acompanhada por um desejo antigo de ambos os cônjuges ou de apenas um deles. Pode ser que um cônjuge tenha se preparado a vida toda para que essa proposta um dia chegasse e o outro não tenha se preparado em nada para viver esse momento.

Se você e seu cônjuge já viviam esse desejo há algum tempo, pode ser que ambos estejam preparados e mais organizados para viver esse momento. Mas, se no caso de sua família um dos cônjuges não tem o desejo de mudar de país ou está muito assustado com a ideia da mudança, é hora de o casal parar, pensar e construir junto o planejamento do que se deseja para o futuro.

Você perceberá que cada membro da família terá uma velocidade diferente para processar a notícia e o impacto que isso trará ao emocional de cada um será bastante distinto. Nesse momento, cada um precisará viver seu processo de assimilação da notícia e, se para você a velocidade de processamento foi mais rápida, respeite a velocidade do outro. É preciso que cada cônjuge viva e elabore a notícia para que possa fazer sua escolha de ir ou de ficar sem ser atropelado ou arrastado pela ansiedade do outro que tem o maior desejo da expatriação, por exemplo.

Se a decisão de mudar de país está tomada, é importante que todas as possibilidades para a mudança sejam conversadas. Existem inúmeras formas de a família se organizar para mudar. Por exemplo, pode ser que para esse núcleo familiar a melhor alternativa seja o que tem emprego se mudar primeiro para organizar as coisas e o restante da família vai depois. Talvez seja melhor migrarem todos juntos. Converse e avalie todas as possibilidades e lembre-se: será fundamental criar um plano migratório com expectativas reais ao processo de cada um.

Comunicação da notícia

Comunique a notícia de forma clara e esteja preparado(a) para ouvir aqueles que aceitarão bem a mudança e aqueles que não aceitarão.

Se você é a família que está recebendo a notícia, é natural que se sinta com raiva, triste ou não concorde com a decisão, mas lembre-se de que essa família que está de partida está cheia de ansiedade e medos naturais do processo; busque apoiá-la e ouvi-la. Se não souber o que dizer, não diga nada. Acolha a notícia, coloque-se no lugar de quem está vivendo esse momento. Empatia e respeito em primeiro lugar – sempre.

Idioma

A comunicação traz uma moldura para nossa identidade. Não compreender o que se ouve nem ser compreendido em sua fala gera muita angústia; então, assim que possível, dedique-se ao estudo do idioma. Aprender uma segunda língua após a vida adulta é um grande desafio, mas também um ótimo exercício para estimular a neuroplasticidade. Gostaria de pontuar alguns elementos que serão importantes nesse processo: fique atento(a) ao seu julgamento, pois ele será seu maior desafio; acolha-se e seja carinhoso(a) com você. Divirta-se com os erros.

Organização da mudança

Se você está organizando a mudança, precisará se desfazer de muitas coisas. Sugiro fazer uma classificação nas cores verde, amarela e vermelha. Verde – muito necessário (memórias afetivas). Amarelo – muito importante, mas não será possível levar agora (p. ex., livros). Vermelho – você sobreviverá sem eles e ainda poderá vender ou doar, o que fará outra família feliz. Refaça essa classificação várias vezes e lembre-se: nós não precisamos de muito para viver. O principal da vida não cabe em malas.

Deixo aqui uma sugestão que chamarei de organização da bagagem invisível. Existe uma bagagem invisível que só você pode enxergar. Ela tem relação com seus valores, aquilo que é visceral para você e só está ao seu alcance vê-la. Um exemplo de bagagem invisível é minha profissão. Ela é fundamental para mim e eu não viveria o processo de expatriação se não acreditasse que de alguma forma levaria minha profissão comigo. Pense sobre o que é inegociável para você e compartilhe com sua família seu pensamento sobre isso.

Saúde

Se for possível organizar ainda antes da mudança questões de saúde, faça-o antes de viajar. O sistema de saúde brasileiro, público ou privado, apesar de todas as limitações que conhecemos, é um sistema que possibilita o acesso de forma universal e com a comunicação em um idioma que você domina. Faça exames de saúde de rotina, tome as vacinas necessárias, revise e mantenha as medicações de uso contínuo. Se faz terapia, não a interrompa. Qualquer processo de mudança nos coloca em um lugar de desgaste físico e emocional, e é muito importante garantir que você estará saudável para enfrentar esse desafio.

Despedida

Faça as despedidas necessárias. Provavelmente, você ouvirá e sentirá muitas coisas boas nessa fase. Essa vivência é importante, pois em alguns momentos você revisitará internamente os sentimentos vividos nessa fase. Lembre-se: crianças também precisam realizar seus rituais de despedida e encerramento de ciclos. É um erro pensarmos que a criança sentirá pouco a mudança.

Após a mudança

Pertencimento

Para pertencer a esse novo lugar, primeiro você precisa conhecê-lo pelos seus olhos. Explore a comunidade em que você está, conheça as ruas, os parques, o comércio local, templos religiosos ou faça trabalho voluntário. Não fique em casa o dia todo!

A forma como você vê esse processo também influenciará no sucesso da adaptação. Aqueles que veem o processo de imigração como uma oportunidade em vez de uma sobrecarga parecem ter um resultado melhor em sua adaptação (Berry, 1990).

Sua família – uma equipe

Você e sua família são um time e precisam aprender a resolver os problemas juntos.

A rede de apoio será escassa, pelo menos no começo. Então, todos precisarão ter compromissos e responsabilidades no ambiente familiar. Ensine os filhos a ajudarem na organização e limpeza da casa, peça ajuda ao(à) parceiro(a) nas tarefas domésticas.

Aprenda a delegar, mas isso também significa aprender a respeitar o jeito de o outro fazer as coisas, que pode ser diferente do seu.

Parentalidade

Uma rede de apoio escassa te levará a viver uma parentalidade mais intensa, o que exigirá disponibilidade física, emocional e psíquica maior. Se por um lado a exigência de tempo e energia será muito grande, por outro você terá uma chance única de construir uma relação ainda mais forte e de aprendizagem recíproca com seu(s) filho(s).

Mas, para que você consiga exercer sua parentalidade da melhor forma possível, ensine seu(s) filho(s) a cuidar(em) do ambiente em que vive(m). Para isso, tenha uma rotina familiar de alimentação e sono, cuide-se emocional e fisicamente, tenha momentos individuais e busque ajuda especializada, se necessário.

Trabalho

Mesmo que você já tenha migrado com uma proposta de trabalho, os primeiros meses após a imigração serão extremamente desafiadores. A velocidade para se adaptar à nova rotina, à equipe, ao idioma e à cultura afetará muito os resultados de seu desempenho. Você lidará com muitos desafios ao mesmo tempo e, portanto, resultados e desempenho que você tinha no Brasil não podem ser comparados aos que viverá após a imigração.

Trabalho do cônjuge acompanhante

Se você é o cônjuge acompanhante, sugiro buscar ajuda para direcionar sua carreira para algo que transponha fronteiras. Em resumo, comece a pensar em um currículo portátil, um trabalho que possa estar com você independentemente do lugar em que esteja. Busque ajuda especializada para fazer essa transição de carreira.

Saúde

No geral, os imigrantes são considerados mais saudáveis ao chegarem ao país se comparados à população geral, um fenômeno conhecido como efeito imigrante saudável. No entanto, essa vantagem de saúde inicial parece desaparecer com o tempo, em parte pelo estresse e pelos desafios adaptativos.

Migrar exige adaptação a um novo ambiente, costumes, alimentação, cultura, horários e sistemas de vida. Inclusive pode alterar sua percepção de doença/saúde e a relação com os profissionais de saúde (Akhtar, 1999). Além disso, os imigrantes têm maiores riscos e são mais facilmente vítimas de acidentes de trabalho, de fatalidades e de hospitalização pelas más condições de segurança e higiene no lugar de trabalho, o que se traduz em mais casos de invalidez parcial ou total e de doenças ocupacionais (Farchi *et al.,* 2005).

Portanto, ao chegar ao país de destino, é fundamental que você conheça o serviço de saúde, faça seu registro nele e tenha uma atitude proativa de autocuidado com a saúde física e mental.

Cuidar de famílias imigrantes é um desafio complexo, pois esse grupo possui fatores muito próprios de sua condição, como: discriminação, ser parte de uma minoria social, perda do status profissional que possuía no país de origem e acesso limitado a recursos econômicos, sociais, educacionais e de saúde, além dos desafios impostos pela barreira do idioma (Crouzet *et al.*, 2022).

Diante do exposto neste capítulo, entendemos que a orientação familiar voltada para famílias brasileiras que desejam migrar para o exterior pode ser uma ferramenta muito valiosa para que essas famílias construam um plano migratório mais seguro e com maior chance de sucesso.

É preciso atenção e um olhar cuidadoso para essas famílias, pois muitas vezes, dependendo de sua condição migratória, elas poderão estar à margem dos serviços de saúde do Brasil e do país onde decidem viver, em uma situação de maior vulnerabilidade e risco para sua saúde física e mental. A orientação familiar pode ser uma forma de apoio e suporte para esse grupo.

Referências

AKHTAR, S. The immigrant, the exile, and the experience of nostalgia. *Journal of Applied Psychoanalytic Studies*, n. 1, p. 123-130, 1999.

AMERICAN PSYCHOLOGICAL ASSOCIATION (APA). *Psychological science and immigration today*. APA Task Force on Immigration and Health. 2024. Disponível em: https://www.apa.org/pubs/reports/psychological-science-immigration-today.pdf. Acesso em: 26 mar. 2025.

BARAJAS-GONZALEZ, R. G. *et al.* Parental perceived immigration threat and children's mental health, self-regulation and executive functioning in pre-Kindergarten. *American Journal of Orthopsychiatry*, v. 2, n. 92, p. 176-189, 2022.

BERRY, J. Psychology of acculturation. *In:* J. J. Berman (ed.), *Nebraska Symposium on Motivation, 1989:* cross-cultural perspectives, p. 201-234. Lincoln: University of Nebraska Press, 1990.

BERRY, J. Acculturation and adaptation in the new society. *International Migration*, v. 30, p. 69-85, 1992.

BERRY, J. Immigration, acculturation, and adaptation. *Applied Psychology*, v. 46, n. 1, p. 5-68, 1997.

BERRY, J. W. Contexts of acculturation. *In:* SAM, D. L.; BERRY, J. W. (ed.). *The Cambridge handbook of acculturation psychology*. Cambridge: Cambridge University Press, 2006. p. 27-42.

BERRY, J. W., SABATIER, C. Variations in the assessment of acculturation attitudes: their relationships with psychological wellbeing. *International Journal of Intercultural Relations*, v. 35, n. 5, p. 658-669, 2011.

BRASIL. Ministério das Relações Exteriores. Secretaria de Assuntos de Soberania Nacional, Departamento Consular. *Comunidade brasileira no exterior* – estimativas referentes ao ano de 2020. Disponível em: www.gov.br/mre/pt-br/assuntos/portal-consular/arquivos/ComunidadeBrasileira2020.pdf. Acesso em: 26 mar. 2026.

CROUZET, L. *et al.* Impact of the COVID-19 pandemic on vulnerable groups, including homeless persons and migrants, in France: a qualitative study. *Preventive Medicine Reports*, v. 26, p. 101727, 2022.

FARCHI S. *et al.* I traumi negli immigrati da paesi non industrializzati: analisi degli accessi in pronto soccorso nel Lazio nell'anno 2000. *Annali di Igiene*, v. 17, n. 4, p. 335-42, 2005.

GARCINI, L. M. *et al.* "No one left behind": a social determinant of health lens to the wellbeing of undocumented immigrants. *Current Opinion in Psychology*, v. 47, 2022.

HOSFSTEDE, G.; MINKOV, M. Long- versus short-term orientation: new perspectives. *Asia Pacific Business Review*, v. 16, n. 4, p. 493-504, 2010.

LEE, K. A.; MCADAMS, C. R. Using service-learning to promote social justice advocacy and cognitive development during internship. *Journal of Counselor Preparation and Supervision*, v. 12, n. 1, 2019. Disponível em: https://research.library.kutztown.edu/jcps/vol12/iss1/8. Acesso em: 26 mar. 2025.

MINKOV, M.; KAASA, A. Do dimensions of culture exist objectively? A validation of the revised Minkov-Hofstede model of culture with World Values Survey items and scores for 102 countries. *Journal of International Management*, v. 28, n. 4, 2022.

THE CULTURE FACTOR GROUP. Disponível em: www.theculturefactor.com. Acesso em: 26 mar. 2025.

VANG, Z. *et al.* The healthy immigrant effect in Canada: a systematic review. *Population Change and Lifecourse Strategic Knowledge Cluster Discussion Paper Series*, v. 3, n. 1, Article 4, 2015. Disponível em: http://ir.lib.uwo.ca/pclc/vol3/ iss1/4. Acesso em: 26 mar. 2025.

A CHEGADA DA CRIANÇA

Nem toda chegada acontece como foi idealizada e, ainda assim, todo começo merece acolhimento. Seja diante de uma gravidez não desejada, da fragilidade de um bebê em uma UTI neonatal ou dos desafios de adoção, é o cuidado amoroso e o suporte da família que ajuda a transformar o desconhecido no vínculo, e o medo na possibilidade de amor.

9

GRAVIDEZ NÃO DESEJADA

O PODER DO ACOLHIMENTO FAMILIAR NO PROCESSO DE ACEITAÇÃO

A gravidez não desejada pode trazer desafios emocionais e psicológicos. O acolhimento familiar surge como um elemento fundamental para minimizar os impactos negativos e promover um ambiente favorável ao processo de aceitação. Este capítulo explora como o acolhimento auxilia mulheres diante de uma gravidez inesperada, destacando a dinâmica emocional e os caminhos para construir relações acolhedoras.

DANIELA BORGES

Daniela Borges

CRP 06/122518

Contatos

Instagram: @psicologa_danielaborges

11 98954 1441

Mãe do Leonardo, do Fabio Ricardo e da Maria Julia, sogra da Luiza e vovó da Luna. Psicóloga clínica da abordagem cognitivo-comportamental há mais de 10 anos, atuando no atendimento clínico, orientação familiar, vocacional e profissional. Desenvolvimento do Projeto Família Educadora; Filhos Virtuosos. Mestranda em Ciências da Saúde. Pós-graduada em Neuropsicologia e Psicopedagogia. Coautora dos livros *Orientação familiar* volumes 1 (capítulo “Filhos de pais separados: para cada casa, um caso”), 2 (capítulo “O temperamento como parte da personalidade”) e 3 (capítulo “Adolescentes TEA: comunicação e interação social”), todos da Literare Books. Palestrante nos 1º, 2º e 3º Congressos de Orientação Familiar e em instituições acadêmicas e empresariais. Também é coautora dos baralhos *Conectando com os Adolescentes* e *S.O.S Vencendo a Depressão*.

A Deus, que zela por mim noite e dia. Aos meus filhos; por eles ainda vale a pena cada conquista, apesar das enormes batalhas, e agora também pela pequena e linda Luna, minha neta.

Dedico este capítulo a cada mãe que ler este capítulo e ao meu pai espiritual, Monsenhor João Clá, EP. Nunca cansarei de dizer que, sem seus ensinamentos, a minha vida não teria o mesmo sentido que hoje possui.

Era um domingo chuvoso e escuro para Cati. Ela estava em seu quarto com as janelas fechadas. Ela era uma jovem adulta de 20 anos de idade, alta, cabelos ondulados e castanho-escuros, olhos pretos, rosto com traços finos, como de uma bela princesa.

Esse era mais um dia em que ela não aceitava falar ou escutar ninguém, a não ser as ideias que rondavam sua cabeça. Sua mãe tentava fazer agrados, mas em vão. Cati recebeu o resultado de um exame que para muitas pessoas seria um motivo de alegria, mas para ela foi o contrário. Ela não aceitava a notícia e isso aconteceu porque uma pessoa que ela amava não lhe deu importância, não a encorajou, nem ao menos perguntou se ela precisava de algo.

Cati tinha um namorado, na verdade um namoro recente, apesar de já se conhecerem havia alguns anos. Eles se reencontraram após o término do ensino médio em uma festa de amigos. Foi um encontro com muitas risadas e histórias com aquele menino que no passado só tinha 15 anos, mas que agora também era um jovem adulto; o nome dele era Frederico, conhecido como Fred. Naquela festa, Fred chamou a atenção de Cati pelo seu carisma e determinação, além de suas ideias serem como as dela. Teve troca de olhares, conversas, mensagens por WhatsApp e Instagram e, de repente, o que era só um encontro casual se tornou um namoro.

Esse casal demonstrava ter muita cumplicidade e tudo foi se encaixando, até que, depois de oito meses de relacionamento, Cati percebeu que algo já não ia bem. Disse para ele: "Fred, estou me sentindo mal, com enjoos, tontura. Farei exames para ver se tenho algo". Até aquele momento, Fred a apoiou, dizendo que poderia ser algo simples e que era melhor já se cuidar. Mas o fato foi que, ao chegar ao médico e relatar sua história, ela foi alertada de que poderia ser uma gravidez e, ao escutar essa possibilidade, ela ficou assustada, mas ao mesmo tempo aliviada, pois via em seu namorado um parceiro. Logo que saiu da clínica, foi contar a ele e, para sua surpresa, tristeza e até mesmo desespero, Fred não gostou nada do que ouviu. Chegou a dizer que o médico poderia estar fora de si ao insinuar isso. Estava claro: o que ele queria era não acreditar na possibilidade da paternidade. Cati, aos prantos, pediu que ele a acompanhasse ao laboratório para fazer o exame, mas foi em vão. Ele logo disse que não se envolveria e que isso era assunto dela, que se quisesse depois poderia falar o resultado.

Cati era a filha do meio de um casal que sempre ensinou valores que não condiziam com os que ela estava seguindo. Eram pessoas de conversas assertivas, uma família comunicativa e que sempre dizia que a confiança é como um cristal que, quando quebrado, não há o que fazer; as marcas ficam, mas mesmo assim a verdade nunca pode ser escondida. Seus pais sonhavam com um futuro cheio de realizações para ela, tanto na carreira como no relacionamento amoroso, parental ou de amizades. E foi por esse motivo, por ter pais tão envolventes e que acreditavam tanto em sua vida, que ela esmoreceu e guardou tudo o que estava acontecendo em silêncio. Ela não queria deixar de ser aquela menina perfeita aos olhos dos pais, e por isso, ao fazer o exame e ter o resultado positivo da gravidez, ela, ainda sem acreditar, guardou silêncio e foi ao médico, que esclareceu tudo e pediu o ultrassom.

Foi nesse exame que, para a surpresa maior de Cati, ela descobriu que não era uma criança, mas duas. No meio de tantas emoções, não faltaram desespero, desolação, aflição, tristeza e dúvida. Aliás, a dúvida era a mais cruel naquele momento, pois se o namorado não aceitava a ideia de uma gravidez, como seria sabendo que era gemelar? Ela precisava dizer a Fred sobre o resultado e, ao lhe contar, a reação que viu foi de fúria, culpando-a e dizendo que ela teria que dar um jeito, pois ele estava no 3º ano da faculdade e com viagem programada para as próximas férias nos Estados Unidos a fim de conhecer universidades e terminar seus estudos por lá.

Tudo o que ela queria escutar não foi dito, todo o consolo que ela queria ter não foi dado e, com essa falta de apoio, a partir daquela conversa Cati passou a ter sintomas de fadiga, dificuldade para relaxar, tensão muscular, dores de cabeça, sensação de peso no corpo, palpitações, dificuldade para dormir, insônia, suas náuseas aumentaram significativamente, falta de ar, sensação de aperto no peito. Aquele namorado presente, comunicativo e cheio de alegria não quis mais saber de sua namorada e pediu para que ela desse um jeito de maneira que o assunto ficasse resolvido entre eles ou ela poderia levar adiante a gravidez, mas que não contasse com ele. Apesar de toda essa pressão, Cati não aceitou os conselhos do namorado e, por acreditar nos valores que foram passados pela família, decidiu que teria os filhos, mas não tinha coragem de falar com os pais. O que ela não contava é que, apesar de os pais passarem essa imagem de que tudo tem que ser feito com maestria, esse era o jeito que eles tinham para demonstrar que ela era a filha preciosa e o quanto era importante manter-se firme passando os estágios da vida, passo a passo, justo para não ter surpresas que poderiam deixá-la mal.

Assim, Cati não contou com a possibilidade de que todos erram e que não estava livre disso, mas o mais profundo nessa história foi que ela não contou com a possibilidade de que seus pais poderiam, sim, ficar tristes com sua situação, mas que não a deixariam de lado, mas a apoiariam. Frederico não aceitou a decisão de Cati; foi embora e não voltou. Ela se calou e sofreu com seus pensamentos distorcidos, dizendo todo o tempo que era uma irresponsável, falsa com seus pais, abandonada pelo namorado, com sentimentos de incapacidade, de que algo ruim iria acontecer com ela ou com os bebês. Achava que, se ela sentisse dor, era porque algo estava errado com os bebês e a culpada era ela, que ela não seria uma boa mãe, que falharia completamente, que, se algo desse errado na gravidez, a culpa era dela, que ela nunca daria conta de nada, entre tantos outros pensamentos que não eram verdadeiros.

O tempo foi passando, seu corpo mudando, seu estado emocional e cognitivo também foi se alterando. Passou a ter preocupação excessiva com a saúde dos bebês e com seu parto, estava com uma irritabilidade excessiva, mudanças de humor constantes, dificuldade de concentração, precisava tomar decisões e não conseguia, tinha sensação de medo constante, pânico e, mais uma vez, os pensamentos negativos recorrentes, como imaginar cenários ruins que vinham à tona. Mas tudo isso ela guardava para si e o que ela não esperava ainda era o que estava para acontecer.

"Onde estava Cati, aquela menina risonha, cheia de sonhos, amável com a família, com os amigos, aquela menina que aos sábados à noite já se adiantava a perguntar para a mãe sobre o cardápio de domingo, pois domingo é dia de festa? E onde estava Fred, o futuro genro cheio de energia e vontade de estar perto da família da namorada?" Era o que os pais de Cati se perguntavam e, por não aguentarem mais o silêncio e presenciarem todo o movimento que não condizia com a filha, em um domingo chuvoso e escuro bateram na porta do quarto de Cati após escutarem choro e barulhos de teclas de computador sendo batidas com muita força. Mesmo ela não querendo abrir, sentiram que era necessário não esperarem mais que ela abrisse e entraram em seu quarto. O que viram foi uma quantidade imensa de livros sobre gravidez, desenvolvimento do bebê, parto ou maternidade, guias que prometiam "o método perfeito" para criar filhos ou superar desafios específicos. Era uma busca excessiva para uma resposta que naquele momento ela não tinha. Cati chegou a gastar toda sua reserva financeira comprando livros, cursos sobre gestação, desenvolvimento da criança e tantos outros.

A mãe, com toda sua paciência materna, entendeu tudo naquele momento e a abraçou com toda a ternura, exatamente como fez no primeiro abraço que deu na maternidade, 20 anos antes. O pai se sentou na cama, viu o desespero da filha e, como homem, ficou aflito e queria logo uma explicação, mas por ter sempre ensinado que a conversa e a oportunidade de escuta é o primeiro passo a ser dado, esperou com muita firmeza esse momento de tensão passar e ao final apenas disse: "Filha, vamos conversar? Eu sei que essa situação pode ser difícil para você e que talvez você esteja se sentindo sobrecarregada ou confusa. Quero que saiba que estou aqui para te apoiar. Você não está sozinha, e podemos enfrentar isso juntos. Sempre que você precisar, estarei aqui ao seu lado". Nesse momento de aflição, o que os pais de Cati ofereceram foi:

- **Acolhimento**: o poder do acolhimento da família.
- **Escuta ativa**: deixaram que ela expressasse os sentimentos sem interrupções.
- **Validação das emoções**: reconheceram o que ela sentia como legítimo, sem minimizar.
- **Ofereceram apoio concreto**: perguntaram como poderiam ajudar, acompanhando consultas, ajudando com informações ou apenas sendo um ombro amigo.
- **Evitaram impor opiniões**: mantiveram o foco no que ela sentia e desejava.
- **Foram pacientes**: ela precisava de tempo para encontrar clareza pela situação.

Com essas atitudes, ao mostrar que ela tinha apoio e que não estava sozinha, a família pôde ajudá-la a tomar decisões mais seguras e baseadas no que seria melhor para ela e para os bebês e foi assim que, a partir daquele domingo chuvoso e escuro, Cati passou a abrir sua janela e na verdade ver que lá fora não estava chovendo nem escuro, pois era um lindo dia de verão. Passou a fazer acompanhamento médico, psicológico e teve duas lindas meninas, Lupe e Clarinha.

Cati foi recuperando tudo aquilo que tinha perdido desde que soube de sua gravidez e para isso precisou de apoio, sendo resiliente e confiante, recuperou sua autoestima e, com paciência e amor, tornou-se uma bela mãe. Conta a história que ela ensinou todos os bons valores às suas filhas e todos viveram felizes. Na verdade, como uma história real, felizes sim, mas todos os dias? Não! Ela e suas filhas viveram todas as emoções, mas com mais sabedoria.

Dicas para saúde mental de mulheres, homens, jovens e adultos

Caro leitor, a maternidade solo é uma realidade cada vez mais presente na sociedade, trazendo consigo desafios e demandas específicas. Nesse contexto, o apoio familiar surge como um elemento fundamental para garantir o equilíbrio emocional e social dessas mulheres. Segundo Tsunechiro e Bonadio (1999), quando gestantes respondem ao que se espera do apoio após o parto, as respostas de algumas delas são carregadas de emoção, mostrando a necessidade de serem acolhidas e reconhecidas pela família. Portanto, o suporte oferecido por familiares desempenha um papel decisivo na redução do estresse e na promoção de condições mais estáveis para a criação dos filhos.

Este capítulo explorou como o apoio familiar contribui para a qualidade de vida das mães solo. Elas enfrentam desafios financeiros, sobrecarga emocional e estigmatização social. Essas mulheres precisam gerenciar simultaneamente o sustento da família e o cuidado diário com os filhos, exigindo resiliência e capacidade de adaptação. O apoio familiar torna-se um recurso indispensável para aliviar as pressões e oferecer segurança emocional. O suporte de familiares pode se manifestar de diversas formas, desde ajuda prática no cuidado com os filhos até suporte emocional. E ao falar da importância da participação do pai tanto no período gravídico como após, considera-se a importância de orientar o homem/pai quanto ao seu direito de acompanhar a gestante/companheira nas consultas pré-natal, no momento do parto e pós-parto, favorecendo um maior vínculo dessa paternidade, proporcionando ao homem/pai condições de entender as mudanças que acontecem nesse período atreladas ao seu papel na sociedade e na família (Oliveira *et al.*, 2009).

O envolvimento familiar, quando bem direcionado, traz um ambiente estável e acolhedor e promove o desenvolvimento saudável das crianças, aliviando a carga sobre as mães. Esse tipo de apoio também fortalece os vínculos sociais e proporciona um senso de pertencimento, elementos essenciais para o bem-estar psicológico. A proximidade de familiares exerce um papel protetivo, atuando na diminuição dos níveis de estresse e ansiedade e favorecendo a estabilidade emocional. Conforme mencionado ao longo deste capítulo, o envolvimento de parentes próximos (no caso de Cati, seus pais) contribui para fortalecer a resiliência dessas mulheres e criar um ambiente favorável ao desenvolvimento dos filhos. Foi tendo esse apoio que Cati conseguiu superar os desafios impostos em sua história, como:

- Elaborar a rejeição.
- Superar a dor da idade para ser mãe.
- Quebrar seu próprio ideal.
- Medo de ter que falar com a família.
- Quebrar o ideal da família.
- O susto da gravidez.
- Dúvidas sobre o futuro.
- Desafios de ser mãe solo.
- Medo do futuro.

Conclusão: família é fundamental!

Referências

BERETTA, M. I. R. *et al.* Tristeza/depressão na mulher: uma abordagem no período gestacional e/ou puerperal. *Revista Eletrônica de Enfermagem*, v. 10, n. 4, p. 966-978, 2008. Publicado em: 15 maio 2017. Disponível em: https://revistas.ufg.br/fen/article/view/46770. Acesso em: 1 abr. 2025.

FERNANDES, P. S. *Família monoparental feminina:* desafios de ser mãe solo. Trabalho de Conclusão de Curso (Graduação em Serviço Social) – Universidade Estadual Paulista "Júlio de Mesquita Filho" (UNESP), Franca, 2023. Disponível em: https://repositorio.unesp.br/entities/publication/39c832cb-5f12-464a-832f-61802e044962. Acesso em: 1 abr. 2025.

GODINHO, R. A. *et al.* Adolescentes e grávidas: onde buscam apoio? *Revista Latino-Americana de Enfermagem*, Ribeirão Preto, v. 8, n. 2, p. 25-32, 2000. Disponível em: https://doi.org/10.1590/S0104-11692000000200005. Acesso em: 1 abr. 2025.

MARIN, A.; PICCININI, C. A. Famílias uniparentais: a mãe solteira na literatura. *Psico*, v. 40, n. 4, 2010. Disponível em: https://revistaseletronicas.pucrs.br/revistapsico/article/view/2683. Acesso em: 1 abr. 2025.

OLIVEIRA, S. C. *et al.* A participação do homem/pai no acompanhamento da assistência pré-natal. *Cogitare Enfermagem*, Curitiba, v. 14, n. 1, p. 73-78, 2009. Disponível em: https://revistas.ufpr.br/cogitare/article/view/14118. Acesso em: 1 abr. 2025.

SARRAGIOTTO, J. M. *Mães solteiras*: superando estigmas e paradigmas. 2016. Trabalho de Conclusão de Curso – Universidade Federal do Paraná, Curitiba, 2016. Disponível em: https://hdl.handle.net/1884/51919. Acesso em: 1 abr. 2025.

TSUNECHIRO, M. A.; BONADIO, I. C. A família na rede de apoio da gestante. *Família, Saúde e Desenvolvimento*, v. 1, n. 1, 1999. DOI: 10.5380/fsd.v1i1.4853. Disponível em: https://revistas.ufpr.br/refased/article/view/4853. Acesso em: 1 abr. 2025.

10

ACOLHENDO O BEBÊ, SEUS PAIS E SUA FAMÍLIA NA UNIDADE DE CUIDADOS INTENSIVOS NEONATAIS

A gestação traz muitas mudanças, sendo considerada um momento de crise. Em uma gestação de risco, todo o processo é alterado para atender demandas de cuidados específicos para proteger mãe e bebê que, ao nascer, não raro é encaminhado para a Unidade de Cuidados Intensivos Neonatais (UCIN). Das mudanças que ocorrem na gestação e nos cuidados oferecidos ao bebê, pais e familiares vivem uma nova crise; surgem medos e pensamentos ligados a morte e doença em um cenário que se preparava para lidar com a vida. Orientar famílias que vivem essa realidade é de suma importância, ajudando-as ressignificar suas experiências.

HELOISA COUTINHO

Heloisa Coutinho

CRP 05/30981

Contatos

heloisa.coutinho@terra.com.br

Instagram: @heloisacoutinho.psicologia

21 98878 2652

Apaixonada pela complexidade das relações familiares, foi influenciada pelo fato de ser a 8ª entre 9 filhos e crescer em uma família intensa. Mãe do Francisco, da Ana Luiza e da Carolina, é avó da Duda, da Alice, da Antônia e da Gabriela, que lhe mostraram uma nova e potente forma de amar. Psicóloga Clínica, desde o início do seu percurso trabalha com cuidadores da primeira infância, como gestantes, pais, avós, babás, berçaristas de creche, profissionais de educação e profissionais de saúde em Unidade de Cuidados Intensivos Neonatais (UCIN) e Unidade de Terapia Intensiva Materna. Sua formação é ampla: Psicóloga Perinatal com especializações em Saúde Mental da Infância e Adolescência, Orientação Familiar e Terapia Focada na Compaixão; Terapeuta de Família; Terapeuta do Esquema; Terapeuta de Luto, Psicoterapeuta Breve de Base Analítica, Educadora Parental, Supervisora Clínica, Palestrante, praticante e instrutora de Mindfulness, entre outras formações. Apresentou trabalhos em congressos e publicou artigo científico, além de escrever capítulo em livro sobre Mindfulness e Parentalidade. Foi com grande alegria que recebeu o convite para fazer parte deste livro tão importante na área de Orientação Familiar.

"É comum a gente sonhar, eu sei, quando vem o entardecer,
pois eu também dei de sonhar um sonho lindo de morrer.
Vejo um berço e nele a me debruçar com o pranto a me correr.
E assim chorando acalentar o filho que eu quero ter."
Vinicius de Moraes

Planejada ou não, a gestação traz mudanças físicas, hormonais, psíquicas e emocionais, sendo considerada um período potencial de crise, um momento estressor do desenvolvimento. Além da gestante, o homem também experimenta sentimentos de ambivalência, ansiedade, angústia e sofrimento. Soma-se a perda da estabilidade e previsibilidade da vida. Cada pai, cada mãe, cada casal vivenciará a gestação e se dará conta das alterações que ela traz. Uma coisa é certa: com o nascimento do bebê, a vida nunca mais será a mesma.

O projeto de um filho começa quando os pais são crianças; desde a infância trazemos a ideia do filho que "queremos ter". É esse bebê "do passado" que vai abrir caminho para um bebê imaginário e idealizado, influenciando a forma como os pais cuidarão do seu bebê real, aquele que embalarão nos braços.

Durante a gravidez, a mãe vai construindo psiquicamente o bebê que leva no ventre, atribuindo a ele características físicas e de temperamento. O pré-natal permite que os pais sejam acompanhados de perto pela equipe de saúde; os exames de imagem revelam o que se passa com o feto "do lado de dentro", no ventre materno. O pai vai construindo a imagem de seu bebê em intenso trabalho psíquico, interagindo com ele por meio da mãe, tecendo o vínculo a cada imagem e encontro. Ainda que nas ultrassonografias o bebê vá se revelando com mais nitidez, sendo apresentado aos pais a cada exame, sempre haverá um grau de distorção entre o filho sonhado e o bebê real. Na gestação, ocorre a construção do bebê imaginário e, após o nascimento, o bebê real se apresenta, o que também envolve trabalho emocional e psíquico por parte dos pais.

Quando a gestação transcorre em curso normal e o bebê nasce a termo e saudável, as experiências dos pais e do bebê são compartilhadas com a família ampliada. No contato pele a pele com os pais, o bebê recebe os cuidados de um parto humanizado.

E quando surge algum problema?

A gestação pode envolver maiores riscos (ocorrer na adolescência precoce ou em idade materna avançada, ser fruto de reprodução assistida complicada; a mãe ter doença preexistente ou surgir uma questão na própria gravidez). Também pode haver alterações no feto (malformação ou síndrome genética, dificuldades no desenvolvimento, cardiopatia congênita, parto prematuro ou pós-termo) ou dificuldades no parto. Nesses casos, o processo gestacional alterado requer demandas de cuidado com gestante e bebê, especialmente cuidados físicos, trazendo alterações psíquicas e emocionais.

A gestante pode ser levada para cuidados especializados como repouso e internação ou encaminhada para a Unidade de Terapia Intensiva Materna. Acompanhada de mais perto em um ambiente mais controlado, a saúde da mãe e do bebê é protegida ao máximo pela equipe, de forma a prepará-la, física e emocionalmente, para o nascimento, que pode acontecer antes do previsto e de modo diferente do desejado.

Mesmo sabendo que exames no pré-natal têm o objetivo de acompanhar a gestação e identificar problemas no desenvolvimento do feto e na gravidez, os pais não estão preparados para receber a notícia de que seu bebê está com dificuldades para se desenvolver ou que não é saudável. O momento da notícia de uma gestação de risco ou de um bebê que está doente é muito doloroso e desorganizador; pais e familiares necessitam de tempo para se aproximar dessa realidade. Poderão buscar outros especialistas e exames para, devagar, compreenderem o que se passa. A gravidez será diferente e a desconstrução do bebê imaginário é interrompida repentinamente, levando pais e familiares a experimentam um luto pelo processo de perda daquele seu bebê imaginado. Com o apoio de boas equipes, buscarão alternativas para elaborar essa situação, criando narrativas para a história que passam a viver.

Junto às medidas práticas, as mães se perguntam: "Por que isso está acontecendo comigo?", "Por que com o meu bebê?", "O que fiz para merecer isso?" Nesse momento, é recomendável buscar ajuda de profissionais da saúde mental, pois, junto a essas preocupações, podem surgir pensamentos e sentimento de culpa, levando a um isolamento social da mulher. É importante que ela seja escutada e que se pense na manutenção de uma rede social para criar situações menos estressantes, capazes de ajudá-la a atravessar esse momento.

No caso dos nascimentos prematuros, o desenvolvimento psicológico e fisiológico da gravidez é interrompido antes da hora. A família vive uma tempestade emocional; surgem medos, preocupações, pensamentos ligados a morte e doença em um cenário que se preparava para lidar com vida e alegria.

Quando o parto acontece de repente, as opções são fazer um parto prematuro para salvar a vida da mãe, do bebê ou de ambos. Quando não é mais possível aguardar o nascimento, dependendo da idade gestacional e da estabilidade fisiológica do bebê ao nascer, ele é encaminhado pela equipe de saúde para a Unidade de Cuidados Intensivos Neonatais, a UCIN.

A Unidade de Cuidados Intensivos Neonatais

A UCIN é um universo desconhecido, um ambiente tecnológico, complexo, intenso, com sons, luzes, fios, pessoas altamente especializadas, cujo maior objetivo é salvar a vida do bebê, oferecendo cuidados dos quais ele necessita. Ali trabalham médicos neonatologistas, especialistas e outros profissionais da saúde – enfermeiros neonatais, técnicos de enfermagem, psicólogos, fisioterapeutas – todos habilitados a oferecer ao bebê o que ele necessita para enfrentar muitas solicitações e completar seu ciclo gestacional fora do útero de sua mãe, recebendo cuidados muito específicos. Dois fatores são importantes para entender que competências o bebê possui e que tipo de cuidado demanda: sua idade gestacional e suas questões fisiológicas.

Cada bebê é uma pessoa e precisará lidar com sua doença, sua vulnerabilidade e potência de uma forma. O tempo que cada um será capaz de suportar, a forma como vai viver as experiências de seu início de vida na UCIN é único, ainda que, ao lado, outro bebê receba cuidados intensivos neonatais porque apresenta "a mesma" doença. A verdade é que cada bebê e cada família vão convocar a equipe de cuidados intensivos neonatais de modo particular.

Alguns bebês vão vivenciar o período de internação sem grandes mudanças, em uma curva de melhora que permite que possam receber alta e ir para casa, reunindo-se com sua família quando a equipe de saúde entender que já é possível fazê-lo e os pais se sintam seguros para levá-lo para casa, depois de um processo de preparo e acompanhamento.

Outros bebês iniciam seu caminho de maneira menos comprometida, mas vivem grandes e inesperadas alterações de saúde, que podem levar ao agravamento de seu quadro geral e, algumas vezes, ao óbito. Na UCIN, tudo pode mudar rapidamente, momento a momento. Não há um final exatamente conhecido ou previsível.

Há bebês que chegam à UCIN com diagnóstico de uma síndrome em que há incompatibilidade com a vida e seu percurso – ainda que pessoal –, o que já é previsto pela família e pela equipe de profissionais. Mesmo sabendo que seu filho irá a óbito, mecanismos de defesa entram em ação, levando pais e família a acreditarem que existe a possibilidade de mudar o curso e o final daquela história e que haverá um "final feliz".

A equipe de saúde deve comunicar aos pais, de forma delicada, clara e verdadeira, o que acontece com o bebê (exames, procedimentos, notícias favoráveis e desfavoráveis), acolhendo e esclarecendo dúvidas e temores. Os pais podem precisar da presença de outro familiar para ajudá-los a compreender o que se passa com o seu bebê. Algumas situações de piora da saúde do bebê levam à necessidade de tomar decisões, fazer escolhas muito difíceis para pais e equipe, sendo necessário que a real situação tenha sido compreendida. Quanto mais clara ela for, quanto mais os riscos forem compreendidos pelos pais e pela família, levando a uma tomada de decisão mais consciente, menores são as chances de haver culpa e processos de luto ainda mais complicados.

O luto pela perda de um bebê que recebeu cuidados intensivos neonatais é delicado e pode ser muito traumático; algumas vezes, ele não é devidamente legitimado ou reconhecido. A equipe de saúde e seus profissionais – entre eles psicólogos perinatais que possuem escuta muito sensível, delicada, cuidadosa e atenta – podem atender às necessidades particulares dos pais e da família, facilitando os processos de elaboração das perdas. Mas tudo também depende de cada indivíduo, de cada história, de cada família e dos recursos psíquicos e emocionais disponíveis. É importante avaliar a necessidade de também buscar atendimento psicológico fora da equipe da UCIN.

Do que os bebês precisam?

O ambiente da UCIN é repleto de estressores e muito diferente do ambiente uterino. São conhecidos os efeitos provocados pelo estresse e pela dor. Uma forma de ajudar os bebês que recebem cuidados intensivos neonatais a diminuírem o estresse durante a internação é procurar tornar o ambiente hospitalar o mais parecido possível com o ambiente materno. Não se pode perder de vista a ideia de minimizar ao máximo seu sofrimento e seu estresse, inerente à internação e à condição de começar a vida de forma tão exigente.

O processo de aprendizagem começa no ventre da mãe. No ambiente controlado do útero, o feto começa um caminho de experiências: movimentos, o sabor do líquido amniótico, os sons do corpo da mãe, a sensação de limite oferecida quando sua mãozinha esbarra na placenta. As experiências do bebê, a aprendizagem que ele levará para a vida, suas memórias físicas e sensoriais, suas conexões e experiências sociais, a construção do seu processo de se tornar um sujeito, tudo passará pelo ambiente, pelos estímulos, pelas pessoas e pelos profissionais que o cercam.

Os bebês precisam ser inseridos no seu universo familiar, ser "escutados" e ouvir a linguagem, indivíduos que são; seres sociais, precisam pertencer; necessitam de referências conhecidas, como a voz da sua mãe, o gosto do leite materno na pontinha de seu lábio e em suas mucosas para que, além de proteção imunológica, resgatem boas memórias, ajudando-os a se organizar. Precisam de um toque continente, para criar experiência de integração corporal. Precisam que lhes expliquem os procedimentos, que aqueçam as mãos frias antes de manuseá-los. Os bebês precisam viver suas primeiras experiências sociais com cuidado e delicadeza. O que acontece na UCIN vai se perpetuar, porque gera conexões e se torna aprendizagem.

Procedimentos feitos sem cuidado ou sem comunicação, sons em excesso, dor, alarmes, tudo desregula um bebê que não possui mecanismos de modulação e de regulação. O bebê depende dos adultos, da equipe de saúde e dos pais e familiares para se regular. Na UCIN, para além de cuidar da vida do bebê, é preciso cuidar do seu processo de tornar-se um sujeito, que carrega sua história.

Dentre as experiências mais especiais estão os cuidados do contato pele a pele do bebê com seus pais, intensivamente indicado nos cuidados neonatais, por ser capaz de ajudar na regulação do bebê, na organização sensorial e na sensação de integração na medida em que envolve o diálogo entre os dois corpos – da mãe e do bebê, do pai e do bebê. A pele traz experiências táteis; a voz conhecida dos pais, os sons e o ritmo do corpo materno que – durante a gestação – foi abrigo. A presença do pai oferece um aumento da intimidade e de conhecimento do(a) filho(a), de sua sensorialidade, traz um senso de competência e fortalece a formação do vínculo e do apego.

Os bebês, além de fisicamente imaturos, estão em intenso trabalho de lutar pela vida e se desenvolver. Todos devem estar comprometidos a ajudar o bebê a viver essa experiência de maneira mais positiva e saudável.

O processo de alta

O tempo de internação do bebê na UCIN pode variar e a alta não costuma ser repentina, vai surgindo no horizonte ao longo do percurso.

A alta da mãe é um momento muito doloroso, já que ela deixa seu bebê internado e vai para casa de braços vazios. É difícil para os pais se afastarem do seu bebê, que fica sob cuidados de profissionais que acabaram de conhecer, com quem ainda não têm uma relação de confiança. Cuidar do bebê hospitalizado e voltar para casa, construindo uma rotina de cuidados e uma maneira de ser mãe e pai diferente da imaginada, não é uma tarefa fácil. Algumas vezes, é preciso, também, cuidar de outros filhos, dos irmãos do bebê. Compreender a rede de apoio dos pais e inserir a família nos cuidados ao bebê representa uma oportunidade valiosa de ajudar a família a ultrapassar esse momento.

É comum que a alta do bebê mobilize pais e família, trazendo tristeza, medo, insegurança e senso de incapacidade, atualizando questões adormecidas que surgiram durante a internação. Por ocasião da proximidade da alta, alguns pais mudam sua rotina junto ao bebê, se ausentando um pouco mais, justificando providências a serem tomadas para que possam recebê-lo em casa. Cansaço, irritabilidade e queixas em relação aos cuidados oferecidos pela equipe de saúde também podem surgir, sugerindo que, apesar de estarem disponíveis para levarem o bebê para casa, também vivem inquietações. Afinal, em casa, o bebê vai solicitar cuidados e atenção e os pais e familiares não mais contarão com a ajuda da equipe que, durante a internação, foi responsável por cuidar dos procedimentos, autorizar a entrada de familiares, manusear o bebê, cuidar dele na ausência dos pais. Pode surgir um receio de não estarem prontos para cuidarem sozinhos do(a) filho(a). Nesse período, psicólogos, assistentes sociais e terapeutas ocupacionais devem oferecer à família momentos de conversa e de escuta, ajudando-os a reconhecer o quanto estiveram juntos de seu bebê durante a internação e se capacitaram para cuidá-lo. Quanto mais os pais e a família ampliada estiverem presentes na UCIN, mais habilitados estarão para cuidar de seu bebê sem a ajuda da equipe de saúde.

Aos pais, cabe seguir o caminho de cuidar de seu bebê e do exercício de sua parentalidade; as experiências e as perdas vividas no início de vida de seu bebê vão sendo ressignificadas para que possam criar um ambiente saudável, amoroso e respeitoso, no qual o vínculo siga sendo tecido de forma bonita e especial.

Pais, bebês e famílias que, juntos, viveram experiências e mergulharam na UCIN passam a entender a imensidão desse universo, não mais desconhecido. Os encontros que acontecem na UCIN geram um laço afetivo que, não raro, dura para sempre, guiado por emoções nem sempre capazes de serem nomeadas.

Dicas para saúde mental

- Dentro do possível, procure exercitar a aceitação, em vez de lutar contra o que está vivendo, pensando e sentindo.
- Ainda que seja muito desconfortável ou doloroso, procure evitar ficar no passado ou no futuro. Tente permanecer no momento presente. É nele que está o seu bebê e que o encontro entre vocês acontece.
- Nem sempre o que provocou a situação que você está vivendo terá uma causa identificada. Não se desgaste buscando encontrar uma explicação.
- Não se culpe, isso não ajudará você e seu bebê no seu processo. Ao contrário, perdoe-se e pratique a autocompaixão.
- Ninguém nasce sabendo ser mãe ou pai. Mas pode se habilitar a fazê-lo, contando com a ajuda e o apoio de familiares e profissionais de saúde.
- Você é a pessoa mais importante para o seu bebê, a pessoa que mais o conhece. É muito importante que você acredite nisso e exercite essa intimidade.
- Olhe para o seu bebê e encontre significado em suas condutas, em suas expressões corporais. Ele não fala com palavras, mas expressa e comunica como se sente.

- Como você percebe o seu bebê hoje? Alguma diferença? Acha que pode fazer algo para deixá-lo mais confortável?
- Apesar de não compreender o significado das palavras, o bebê escuta a canção, a melodia da sua voz, o manhês. Converse com o seu bebê.
- Cuide de você, vá dar um passeio; permita-se momentos de descanso.
- Participe dos grupos de pais oferecidos na UCIN.
- Identifique e peça ajuda à sua rede de apoio.
- Converse com outros pais da UCIN, trocando experiências e apoio.
- Que tal oferecer o seu cheiro dentro da incubadora para minimizar os cheiros incômodos? Deixar um pano à noite junto a você para, então, deixá-lo durante o dia na incubadora, quando você não estiver presente, é uma maneira de trazer a sua presença reconfortante para o bebê.
- Você encontrará profissionais da Psicologia na UCIN – eles podem ser a ponte entre você e a equipe de saúde. Peça ajuda sempre. Converse com a equipe, tire suas dúvidas, expresse seus medos, pensamentos, preocupações e necessidades.

11

O DESAFIO DOS PAIS NO PROCESSO DE ADOÇÃO

O objetivo deste capítulo é auxiliar famílias e profissionais da saúde a lidarem com o contexto delicado da adoção, uma vez que esse processo tem como foco pessoas que necessitam de amparo. Portanto, o conhecimento de tais problemáticas pode contribuir para a prevenção de futuras dificuldades, diminuindo assim as respostas negativas diante da adoção.

ISABELA VERÔNICA MANTOVANI RIBEIRO

Isabela Verônica Mantovani Ribeiro

CRP 06/151423

Contatos
i.mantovai@hotmail.com
imantovani715@gmail.com
Instagram: @psicologaisabelamantovani
35 98853 2866

Filha adotiva de dois pais loucamente apaixonados pelo papel que ocupam em sua vida. Psicóloga clínica, formada pela Pontifícia Universidade Católica (PUC) em Poços de Caldas, também atua no âmbito educacional há cerca de cinco anos. Dedica seus atendimentos exclusivamente a crianças, adolescentes e famílias. Especialista em Terapia Cognitivo-Comportamental, formação realizada no Instituto do de Psicologia e Controle do Stress (IPCS). Formação em Terapia do Esquema, especializando-se em Desenvolvimento Infantojuvenil. Estagiou nas seguintes instituições: Instituto Bairral de Psiquiatria; Associação de Pais e Amigos dos Excepcionais (APAE), Centro de Referência de Assistência Social (CRAS), Centro de Referência Especializado de Assistência Social (CREAS), Associação do Voluntariado Contra o Câncer (AVOCC) e sistema carcerário de Poços de Caldas. Palestrante em escolas, realiza atendimentos e orientações familiares em grupo. Por fim, mas não menos importante, atua com extremo cuidado e afeto, pois ser um ser humano, além de psicóloga, não é apenas um valor, mas também um princípio de vida.

Dedico este capítulo para os meus mais que amados pais e minha irmã. Ao meu noivo, por sempre me mostrar que eu sou capaz. À minha criança vulnerável. A todos os pais e àqueles que os orientarão.

Muito se fala dos cuidados emocionais às crianças adotivas, mas pouco é discutido sobre o impacto desse processo para os pais adotivos. O objetivo deste capítulo é auxiliar famílias e profissionais de saúde a lidarem com o contexto delicado da adoção, uma vez que esse processo tem como foco pessoas que necessitam de amparo. Portanto, o conhecimento de tais problemáticas pode contribuir para a prevenção de futuras dificuldades, diminuindo assim as respostas negativas relativas à adoção, como a devolução de crianças, a não formação de vínculo afetivo e o enfrentamento dos sentimentos inerentes ao processo, entre outros desafios enfrentados pela família.

O nome dado àqueles que querem adotar é pretendente; essa nomenclatura apresenta aspectos positivos e negativos. No que tange aos aspectos positivos, podemos afirmar que protege os pais emocionalmente, no caso de a tentativa vir a ter uma resposta negativa. Apesar de esses indivíduos serem, ainda, apenas pretendentes a pai e mãe de uma criança, a impessoalidade pode distanciá-los do papel e da tamanha importância que essas figuras ocuparão.

Já os filhos que estão para adoção costumam ser chamados de "filhas(os) de criação". Tal nomenclatura pode reforçar sentimentos como despertencimento e desamparo. Dessa forma, favorecem-se as crenças e os sentimentos de desvalia e/ou desamor. Para evitar isso, sugiro, apenas, filhas(os).

A adoção pode ser definida de duas formas. Na mais simplória e lógica, entendemos a adoção como uma parentalidade não biológica. Geralmente, pensamos de forma automática que a decisão da adoção é motivada pela infertilidade de um dos pares, mas isso não é uma regra. A motivação, segundo Caselatto (1995), é multifatorial. Já a definição mais profunda consiste na compreensão da adoção como a possibilidade que o homem tem de reconstruir laços e vínculos afetivos ofertando a continuidade da história familiar, desafiando assim a lei biológica, como reitera Weber (2011). Portanto, podemos concluir que a família nada mais é que um sistema simbólico, seja por uma relação estabelecida, seja por uma relação consanguínea.

Entenderemos, agora, como a Psicologia compreende o contexto da adoção. Para isso, deve-se analisar cuidadosamente as necessidades emocionais dos pais e aquelas que foram supridas e aquelas que não foram atendidas (enquanto crianças) por seus próprios pais. Dessa forma, poderemos conhecer os esquemas que eles usaram em suas relações. Esse mecanismo trará luz ao estilo de apego que esses pais irão estabelecer com seus filhos, possibilitando a orientação dessa família para que estabeleçam um modo de funcionamento mais saudável não apenas para eles, mas também para os filhos. Outro prisma importante a ser analisado são os pensamentos automáticos e as crenças que foram estabelecidas ao longo da vida. Esses pensamentos geram emoções específicas nessas famílias (disponibilizo no QR Code uma lista de sentimentos em pais que estão passando pelo desafiador processo de adoção – sentimentos encontrados ao longo de uma pesquisa) e, então, podemos analisar e correlacionar essas emoções com a forma como esses pais se comportam e se comportarão nessa nova família.

A adoção de uma criança tem o mesmo sentido da gestação de um filho, ou seja, está sob a égide de um desejo, em que o sujeito se encontra com o objeto de seu desejo. Tal projeto revela, para além do desejo, a necessidade emocional específica de cada sujeito. Com isso, refere-se a necessidades emocionais dos pais que não foram atendidas e que consequentemente se revelam, nesse contexto, na forma com que se relacionam não apenas com o desejo, mas também com o processo. Toda essa relação entre as necessidades emocionais e o desejo repercutirá na relação a ser estabelecida com a criança, o que reafirma a indiferença da origem, mas também o tamanho da importância do vínculo e a forma como a família vai vivenciar o processo como um todo.

Segundo Fonseca *et al.* (2020), o processo de adoção de criança/adolescente no Brasil é considerado vagaroso em razão da burocracia. Apenas o processo por si só já é uma causa necessária de acompanhamento psicológico, visto que é um agente de ansiedade, o que, por sua vez, pode reverberar nos cuidados com as crianças, dificultando a criação de vínculo. De acordo com Svedas (2001), o que faz esse processo ser vagaroso, além da burocracia, são as exigências dos pais, pois, além de interesses psicológicos ou satisfações pessoais, há fatores que interferem no andamento, gerando assim o acúmulo de processos que aguardam julgamento. Tais exigências também são pautadas para cuidado emocional desses pais, visto que podem não ser exigências legítimas, mas representarem uma forma de enfrentarem a situação, hipercompensando-a, ou seja, a forma de enfrentá-la não a torna mais fácil ou pragmática, muito pelo contrário: trata-se de uma forma que os faz sentir ainda mais emoções não saudáveis, contribuindo para o atraso e/ou a angústia da espera ou demora do processo.

O desejo, apesar de ser o que move os pais à adoção, também é o que faz com que eles fantasiem o filho ideal. Portanto, deve-se trabalhar o luto dessa criança "ideal", para então poder amar essa criança em sua totalidade e de forma genuína, buscando assim razões para valorizá-la. O desejo potencializa a idealização do filho e, consequentemente, pode influenciar na criação de vínculo. Ao se tratar do luto, deve-se mencionar algo que se reflete na angústia dos pais: o fato de que essa criança não terá semelhança física ou herança genética deles; para isso, deve-se manejar com esses pais a capacidade de adaptação e flexibilização. O tipo de desejo ou motivação que os leva à adoção pode estar intimamente relacionado a uma frustração, reivindicação ou ao simples apelo de fazer bem ao outro, o que, por sua vez, não configura uma motivação consistente, pois se refere muito mais a necessidades próprias não atendidas do que ao desejo de transferir um sentimento genuíno. Quando relacionado a um tipo de desejo não consistente, orienta-se que, em um primeiro momento, essa família cuide de suas necessidades que não foram atendidas.

Ainda sobre tais exigências, o que colabora para um processo lento e demorado e alimenta essa exigência é a busca dos pais por crianças que tenham características físicas similares às deles. Trata-se de uma idealização dos pais para com a criança. Isso gera decepção, tanto para os pais quanto para os filhos adotivos, e tal sofrimento advém de uma idealização da vida familiar.

O período que antecede a adoção, bem como o momento em que a criança chega para os pais, é o processo de adaptação. O período de adaptação emerge junto aos pais sentimentos não saudáveis, como angústia, medo, desesperança e ansiedade. Esses sentimentos estão presentes em razão de tudo o que esses pais viveram anteriormente e de toda incerteza e falta de controle que a situação exprime. Um trabalho importante nesse período é o cuidado com as expectativas dessas famílias, compreendendo assim o que os pais idealizam e o quanto dessa idealização é real ou fantasiosa, de acordo com os sentimentos. A falta de adaptação dos pais e/ou das crianças, indiferentemente do motivo, pode fazer surgir, tanto nos pais quanto nas crianças, um sofrimento psíquico, pois torna evidente tudo aquilo que sentiram e pensaram ao longo do processo. Isso não quer dizer que seja real, e sim mais uma situação vivencial que, por intermédio de suas perspectivas, comprova suas crenças e sentimentos.

Enfrentar sentimentos como medo e angústia, que estão presentes neste contexto (por óbvio, existem mais, e é possível encontrar uma lista deles acessando o QR Code), pode possibilitar que os pais flexibilizem as características de exigências da criança, permitindo assim uma aceitação maior da criança real (Silva, 2012). Por criança real, me refiro à capacidade humana de aceitar aquilo que se tem, o que na maioria das vezes, de maneira geral na vida, é muito difícil (podemos ver uma lista de expectativas a partir do QR Code). Verificar quais são as fantasias e expectativas dos pais em relação aos filhos e por que elas existem possibilita minimizar riscos emocionais (a angústia dos filhos, por sua vez, de alcançar tal expectativa) quando os pais têm uma criança "idealizada", e inconscientemente as tentativas de transformá-la no "ideal" (Silva, 2016).

Circunstâncias desafiadoras no processo de adoção:

- Longa espera para adoção.
- A causa que levou a família a optar pela adoção, seja ela primária, seja uma causalidade.
- Instabilidade no relacionamento amoroso.
- Julgamento ou resistência da família.

- Vivência preexistente de abandono e/ou desamparo.
- Tendência a emoções como culpa, falha, vergonha e medo excessivo.
- Diversos insucessos em tentativas de gestação.
- Experiência de perda gestacional.

Um ponto muito importante para a orientação familiar é o padrão comportamental das crianças. Existe uma grande probabilidade de essa criança (que esteve institucionalizada) apresentar uma comunicação passiva, comportamento submisso ou o exato oposto, como comportamentos agressivos e/ou evitativos, demonstrando necessidade de regras, amparo, cuidado, previsibilidade e valorização. Isso acontece porque as habilidades exigidas na convivência em um abrigo são diferentes daquelas esperadas em um convívio familiar; além disso, algumas delas tiveram poucas experiências familiares ou até mesmo experiências inadequadas. Isso significa que essas crianças podem não ter tido referências apropriadas quanto ao comportamento que é esperado no relacionamento entre pais e filhos. Essa orientação pode ser pautada nas seguintes etapas:

1. Análise das necessidades emocionais dos pais.
2. Análise das expectativas dos pais referentes à(ao) filha(o) ideal.
3. Análise de quais dessas expectativas são reais e possíveis.
4. Análise do motivo pelo qual as demais expectativas não são reais: o que as torna fantasiosas?
5. Identificação de comportamentos que podem ser apresentados.
6. Reflexão sobre a forma como esses comportamentos podem atingir e/ou abalar esses pais.
7. Reflexão sobre a razão pela qual esses comportamentos atingem dessa forma: de onde isso vem?
8. Análise de quais comportamentos o(a) filho(a) pode apresentar e por quê: como eles podem se sentir?
9. Psicoeducação de acordo com a forma com que os pais reagiram será reforçador (positivo ou negativo).
10. Análise de meios para estimular essa criança a ter uma comunicação mais assertiva.

Diferentemente dos pais biológicos, os pais não possuem um tempo específico como na gestação para se preparar para a criação, educação, conexão, preparo não só da logística de organização e planejamento, mas também emocional para a chegada do filho. Quando se trata de adoção tardia, as emoções e os comportamentos da criança reverberam diretamente na interação que os pais adotivos estabelecerão com esse(a) filho(a) (acessando o QR Code, é possível encontrar dicas para que os pais possam lidar com a angústia dessa comunicação durante a construção de vínculo).

Podemos entender o preparo emocional como a construção de vínculo, pois é nesse período que os pais se preparam para serem o lar de um outro alguém e então reparentalizar, ou seja, proporcionar ao outro aquilo que em algum momento lhe faltou e o que é naturalmente esperado. A "reparentalização" está para os filhos, assim como está para os pais, como uma oportunidade de ressignificar. Esse mesmo papel pode ser atribuído aos psicólogos, no processo de orientação familiar e demais atendimentos.

Assim como elucidam Fonseca *et al.* (2020), existe uma dificuldade em avaliar as condições de cada família e se ela possui estrutura "suficientemente boa" para receber a criança. Para tal definição, seria válida a conceitualização do termo "família", porém essa estrutura vem sofrendo mudanças ao longo do tempo, trazendo diferentes configurações. Para tanto, nessa avaliação sugiro mensurar os aspectos psicológicos da família, os motivadores, a rede de apoio, os ideais e como os pais pretendem cuidar não só dos filhos, mas também de si próprios no processo adotivo e no desenvolvimento da criação.

Segundo Fonseca *et al.* (2020), a família é considerada uma entidade de proteção integral no desenvolvimento de crianças e adolescentes, pois é nela que são dados os primeiros passos como seres humanos partícipes da sociedade. Por sua vez, é na sociedade que a família pode suprir as necessidades emocionais da criança (por se tratar de uma criança em condição de adoção, tais necessidades emocionais básicas podem não ter sido supridas, principalmente o vínculo seguro). É importante elucidar que a família também pode ser um agente de perigo e isso pode acontecer quando não obtém as orientações necessárias e, para tanto (de forma protetiva), é possível estabelecer metas para o processo de vinculação, respeitando o limite emocional de ambos.

A adoção tardia pode ser mais trabalhosa para os pais suprirem a conexão, com vínculo seguro e pertencimento, visto que a criança não teve esse aparato ao nascimento ou em seus primeiros meses de vida. Ou seja, existe grande probabilidade de a criança já ter vivido diferentes situações que suscitam emoções como desamparo, desvalor e desamor, entre outras crenças centrais que consequentemente repercutem em seu padrão emocional e comportamental, estando assim mais propensas a estabelecer domínios de desconexão e rejeição. Tais aspectos são riquíssimos para a orientação familiar, oportunizando assim aos pais, dentro de suas capacidades e limites, construírem um vínculo seguro com os filhos.

Nos pais que recorreram à adoção porque por alguma razão não obtiveram a gestação, é possível que existam pensamentos automáticos de que são seres humanos "falhos", ou seja, as crenças de: desvalia, o que intensifica o sentimento de culpa; desvalor; rejeição e despertencimento. Esses sentimentos são nocivos, pois têm impactos: no vínculo a ser formado com a criança; na exigência enquanto pais (porque compreendem que não podem falhar novamente); no relacionamento que será estabelecido com a criança ou na forma pela qual passarão a se comportar (e até mesmo pensar), visto que outros valores serão estabelecidos.

Como se pode perceber ao longo do presente capítulo, no contexto da adoção, é muito importante a criação de vínculo. Isso porque, com a estipulação desse conceito para com as famílias, estima-se a diminuição do tempo da criança na instituição e, consequentemente, o tempo de espera das famílias pode diminuir. Além disso, o motivo de tal repetição é porque é justamente aí que mora a grande insegurança de todos os envolvidos: o medo de serem abandonados novamente. Sob a ótica das crianças, o medo é o abandono dos pais e/ou do cuidar e a possibilidade de não serem amados e queridos; já pela ótica dos pais, teme-se o abandono da possibilidade de gerenciar o cuidado. A confiança e o vínculo vão se estabelecendo muito aos poucos; é preciso paciência, diálogo e respeito às emoções que emergem individualmente para que o vínculo possa surgir de forma natural.

> *Sempre ouvi que pai e mãe são aqueles que criam e não apenas aqueles que pariram. Complemento que, além disso, são aqueles que te fazem sentir-se amada e ensinam que você pode se permitir a sentir-se dessa forma e que não será abandonada.* (Isabela Verônica Mantovani Ribeiro)

> *Ser pai e mãe é o dom de amparar o outro, não apenas gestar. Ser pai e mãe é o dom de doar amor para alguém com quem não se tem uma relação consanguínea. Ser pai e mãe é estabelecer uma conexão segura em um estado de extrema vulnerabilidade. Ser pai e mãe é adotar o coração do outro como sua nova morada.* (Isabela Verônica Mantovani Ribeiro)

Referências

ALVARENGA, L. L.; BITTENCOURT, F. G. I. M. A delicada construção de um vínculo de filiação: o papel do psicólogo em processos de adoção. *Pensando Famílias*, v. 17, n. 1, p. 41-53, 2013.

BAPTISTA, J.; SOARES, I.; HENRIQUESA, M. Recuperação desenvolvimental após a adoção: características da criança e da família adotiva. *Psicologia: Reflexão e Crítica*, v. 26, n. 2, p. 396-404, 2013.

BERTHOUD, C. M. E. *"Filhos do coração":* o comportamento de apego em crianças adotivas. São Paulo, 1992. Tese (doutorado) – Departamento de Psicologia, Pontifícia Universidade Católica, 1992.

BOWLBY, J. *Apego*. São Paulo: Martins Fontes, 1990. (Trilogia Apego e Perda, v.1.)

BRECKENFELD, A. P. OLIVEIRA, A.; SOUTO, B. J. Adoção e psicanálise: a escuta do desejo de filiação. *Psicologia: Ciência e Profissão*, v. 37, n. 4, p. 909-922, 2017.

CASELATTO, G. *O luto pela infertilidade x motivação para adoção*. São Paulo: 4 Estações Instituto de Psicologia, [s.d.].

FONSECA, F. M. M. *et al.* A contribuição da psicologia no processo de adoção. *Pubsaúde*, n. 3, a036, 2020.

KLOSKO, S. J.; YOUNG, E. J.; WEINSHAAR, E. M. *Terapia do esquema:* guia de técnicas cognitivo-comportamentais inovadoras. Porto Alegre: Artmed, 2008.

OLIVEIRA, S. V. *Devolução de crianças, uma configuração:* entre a fantasia da adoção e a vinculação fraturada. 2010. 128 f. Dissertação (Mestrado em Psicologia) – Universidade Federal de Uberlândia, 2010.

SANTOS, B. E. S.; SILVA, G. F. E. Paternidade adotiva: conjugando afetos consentidos. *Revista da Abordagem Gestáltica - Phenomenological Studies*, v. XX, n. 2, p. 161-167, 2014.

SILVA, R. A. O. *A adoção de crianças no Brasil*: os entraves jurídicos e institucionais. *In*: Proceedings of the 4th. Congresso Internacional de Pedagogia Social Congresso Internacional de Pedagogia Social, São Paulo, 2012. Disponível em: http://www.proceedings.scielo.br/scielo.php?pid=MSC0000000092012000200021&script=sci_arttext. Acesso em: 7 maio 2025.

SILVA, D. M. P. *Psicologia jurídica no processo civil brasileiro*: a interface da psicologia com o direito nas questões de família e infância. 3. ed. Rio de Janeiro: Forense, 2016.

SVEDAS, A. M. *Morosidade da justiça*: causas e soluções. Brasília: Consulex, 2001.

WEBER, L. *Adote com carinho*: um manual sobre aspectos essenciais da adoção. Curitiba: Juruá, 2011.

ALIMENTAÇÃO

Comer vai muito além de nutrir o corpo – envolve emoções, histórias e implicações construídas ao longo da vida. Da infância à vida adulta, dificuldades alimentares, obesidade e busca pelo corpo ideal refletem não só escolhas individuais, mas também influências familiares, sociais e culturais. É preciso consciência e acolhimento para transformar essa relação em algo mais saudável e amoroso.

12

QUANDO COMER É UM DESAFIO

DIFICULDADES ALIMENTARES NA INFÂNCIA

Comer não é instintivo, mas um aprendizado, e é natural que pais enfrentando dificuldades alimentares com os filhos se sintam angustiados. Seletividade ou recusas frequentes geram perguntas como “Por que meu filho não come?” ou “Como ajudá-lo a experimentar novos alimentos?”. Este capítulo une ciência e prática para transformar essas dificuldades em superação, tornando as refeições momentos mais saudáveis e prazerosos.

MARCELA FERREIRA DE NORONHA

Marcela Ferreira de Noronha

CRM 125337

Contatos
dra.marcelanoronha@gmail.com
Instagram: @dramarcelanoronha
11 95000 4128

Pediatra, especialista em nefrologia infantil e educadora parental, formada em Medicina pela Universidade São Francisco (2006). Residência em Pediatria no Hospital Menino Jesus de São Paulo (2010), especialização em Nefrologia Infantil pela Santa Casa de Misericórdia de São Paulo (2012) e algumas certificações em Educação Parental pela Positive Discipline Association (PDA). Médica por vocação, sua missão é ajudar as crianças a se desenvolverem com saúde física e emocional, inteligência afetiva e senso comunitário. Mãe do Lucas (13 anos) e da Isabela (7 anos), que a inspiram todos os dias, e esposa do Carlos, seu companheiro de vida.

Este capítulo é dedicado a todas as famílias que compartilham comigo suas angústias, dúvidas e vitórias, e especialmente aos meus pequenos pacientes, que me ensinam diariamente sobre empatia, resiliência e amor.

A culpa que não devia ser sua

Quando uma criança enfrenta dificuldades alimentares, o impacto vai muito além da mesa. Para muitos pais, especialmente as mães, surge uma sobrecarga emocional cheia de dúvidas e culpas. Pensamentos como "Meu filho não come porque eu não sou capaz de alimentá-lo? Estou falhando? O que fiz de errado?" são comuns e tornam a experiência de nutrir os filhos ainda mais desafiadora e emocionalmente desgastante.

Mas aqui está a verdade: não é culpa sua. Comer é um processo muito mais complexo do que parece. Só para engolir, o corpo usa 26 músculos e seis nervos cranianos! É a atividade corporal que mais exige de nós e, ao contrário do que muitos imaginam, não é instintiva. Comer é um aprendizado que envolve coordenação motora, maturidade emocional e o trabalho integrado de todos os sentidos.

Outro ponto muito interessante é que estudos mostram que o comportamento alimentar seletivo tem parte da origem genética. A quantidade de papilas gustativas e sua distribuição são herdadas dos pais, podendo influenciar o paladar e, consequentemente, a aceitação alimentar. Obviamente, porém, isso não é desculpa, uma vez que muito pode ser feito para melhorar a aceitação alimentar das crianças.

Reconhecer essas dificuldades e buscar soluções já é uma demonstração de amor e responsabilidade. O simples fato de você estar lendo este livro mostra que está no caminho certo, com disposição para entender e ajudar.

As dificuldades alimentares podem ter várias causas: fatores fisiológicos, como problemas gastrointestinais ou aversões sensoriais; comportamentais, como associações negativas com a alimentação; ou até mesmo ambientais, como a pressão para comer. Não é algo raro: até 30% das crianças com desenvolvimento típico enfrentam desafios alimentares e, entre crianças com atrasos no desenvolvimento, esse número pode chegar a 80%.

Por mais comuns que sejam, essas dificuldades precisam de atenção. Afinal, comer não é instintivo; é aprendizado. Quanto mais cedo as causas forem identificadas e abordadas, mais fácil será ajudar seu filho a alcançar uma alimentação saudável e prazerosa.

Comportamento normal, dificuldade ou distúrbio alimentar?

Entender o que está acontecendo no processo de alimentação infantil é essencial para oferecer o suporte correto. Será que o comportamento alimentar da criança é típico da idade? Estamos lidando com uma dificuldade passageira ou um distúrbio alimentar mais sério? Diferenciar esses cenários é o primeiro passo para ajudar da forma certa.

O que é esperado em cada fase?

Alguns comportamentos alimentares são completamente normais em diferentes estágios do desenvolvimento infantil. Por exemplo:

- **Bebês de seis meses**: podem se engasgar ou ter dificuldade com alimentos mais consistentes, já que seu desenvolvimento motor ainda não está totalmente preparado para mastigar e deglutir pedaços maiores.
- **Crianças de um ano**: tendem a comer menos, pois o metabolismo desacelera em relação ao primeiro ano de vida.
- **Crianças de dois a cinco anos**: geralmente, tornam-se mais seletivas, rejeitando certos alimentos. Essa seletividade faz parte do processo de autonomia e descoberta, e, com estímulos adequados, tende a melhorar com o tempo.

Dificuldades alimentares

Dificuldades alimentares referem-se a problemas relacionados ao processo de alimentação, como:

- **Seletividade alimentar**: aceitação de um número bastante limitado de alimentos, normalmente menos de 30 tipos.
- **Reação negativa intensa**: rejeição forte a alimentos que a criança não gosta ou se recusa a provar.

Esses comportamentos podem ter diversas causas, incluindo atrasos no desenvolvimento, condições médicas como refluxo gastroesofágico ou fatores comportamentais. Embora crianças seletivas geralmente pareçam saudáveis, as dificuldades alimentares não tratadas podem afetar sua saúde física, emocional e social no futuro.

Distúrbios alimentares

Distúrbios alimentares são condições psiquiátricas graves que vão além das dificuldades alimentares comuns. Exemplos incluem anorexia, bulimia e transtorno de compulsão alimentar. Esses distúrbios envolvem:

- Comportamentos alimentares anormais.
- Preocupações excessivas com peso e forma corporal.

- Componentes psicológicos significativos, como distorções da imagem corporal e controle rigoroso da ingestão alimentar.

Os distúrbios alimentares podem ter sérias consequências físicas, emocionais e sociais, exigindo acompanhamento especializado e multidisciplinar.

Diferenciar e agir

Identificar se a criança apresenta uma dificuldade ou um distúrbio alimentar é uma etapa fundamental para o profissional responsável pela avaliação. Porém, antes mesmo de classificar o problema, o foco principal deve estar em reconhecer os sinais de alerta que indicam impacto na saúde ou no comportamento da criança. Se algum desses sinais for identificado, é essencial buscar orientação profissional o mais rápido possível.

Sinais de alerta	
Com componentes motores	**Com componentes comportamentais**
• Náuseas, vômitos, tosse, engasgos e dores frequentes na hora da refeição. • Atraso do desenvolvimento neuropsicomotor, ou seja, se, comparada a outras crianças da mesma idade, a criança está muito aquém do esperado. • Recusa de qualquer alimento mesmo após dois meses da introdução alimentar. • Recusa, pela criança maior de um ano, de alimentos que contenham pedaços maiores ou que não consegue mastigar. • Recusa de qualquer alimento sólido.	• O momento das refeições provoca conflitos familiares. • Seu filho come uma variedade de alimentos muito limitada. • Ele resiste em provar novos alimentos. • Tem dificuldade de se acalmar após ser apresentado a novos alimentos. • Sempre evitou novos alimentos. • A alimentação do seu filho gera ansiedade na família, a ponto de se refletir nas relações entre vocês. • Ele evita situações sociais nas quais possa haver novos alimentos ou pressão para comer. • A família gasta muito tempo e energia mental pensando em como fazer o seu filho comer.

Se você notar um ou mais desses sinais, procure um profissional qualificado para uma avaliação detalhada. Identificar o problema cedo é o primeiro passo para promover uma alimentação mais saudável, equilibrada e prazerosa.

Uma jornada multidisciplinar

Dificuldades alimentares exigem uma abordagem ampla, considerando causas sensoriais, motoras e emocionais. Uma equipe de médicos, fonoaudiólogos, terapeutas ocupacionais, psicólogos e outros especialistas precisa estar integrada para desenvolver um plano personalizado para cada criança.

Passo a passo para superar as dificuldades alimentares

Este guia aborda as estratégias comportamentais para lidar com dificuldades alimentares em crianças. Se houver sinais de alerta, como questões motoras ou médicas, é essencial buscar ajuda extra de uma equipe multidisciplinar para avaliação e tratamento adequados.

Embora suplementos, vitaminas e medicações possam ter seu lugar em casos específicos, eles não são a solução definitiva. Dificuldades alimentares não tratadas podem evoluir para distúrbios alimentares e, mesmo nesses casos, a abordagem adequada é indispensável para evitar agravamentos.

Agora que esclarecemos esses pontos, vamos aos cinco passos fundamentais para ajudar seu filho a se alimentar melhor e sem estresse. Esses passos exigem paciência, dedicação e consistência, mas, uma vez incorporados à rotina, os resultados valerão cada esforço:

1. Estabeleça uma rotina

A previsibilidade dá segurança às crianças. Criar horários fixos para as refeições ajuda a construir uma relação saudável com a alimentação. Envolva seu filho na definição desses horários, tornando-o parte ativa do processo.

Estipule períodos claros, como das 12h30 às 13h30, para o almoço. Caso a criança não coma nesse intervalo, retire o prato sem explicações prolongadas. Demonstre empatia dizendo: "Eu sei que é difícil no começo, mas você se acostumará. A próxima refeição será em breve." Assim, a criança compreende que a rotina é consistente e que resistir ao que foi servido não será recompensado com lanches mais atraentes fora de hora.

Evite beliscar ou oferecer leite em excesso, pois isso reduz o apetite nas refeições principais. Ao comer nos momentos certos, a criança aprende a identificar seus sinais naturais de fome e saciedade.

2. Seja o exemplo

Crianças aprendem pelo exemplo. Mostre hábitos alimentares saudáveis ao consumir frutas, legumes e verduras. Faça as refeições junto com seu filho, sem distrações como televisão ou celular, e demonstre prazer em comer alimentos nutritivos.

Evite contradições, como pedir para ele comer brócolis enquanto consome alimentos ultraprocessados. Apresente os pratos de forma criativa e elogie os sabores e as texturas, criando um ambiente que estimule a curiosidade alimentar.

3. Introduza alimentos gradualmente

Inclua no prato ao menos um alimento que a criança já aceite bem, criando uma base de conforto que a estimule a experimentar novidades. Antes de introduzir novos alimentos, observe as preferências do seu filho: ele gosta de texturas crocantes ou macias? Prefere alimentos misturados ou separados? (Mais dicas práticas estão disponíveis no QR Code deste livro.)

Faça mudanças sutis. Se ele gosta de macarrão, adicione fios de abobrinha; se prefere *chips* de batata, experimente oferecer opções saudáveis como *chips* assados de batata-doce. Estabeleça metas realistas e comemore cada pequeno avanço.

4. Torne a hora de comer um momento prazeroso

Transforme as refeições em momentos leves e livres de pressão. Permita que a criança participe, escolhendo o que vai no prato ou comendo com as mãos. Não force a limpeza do prato, mas também evite permitir repetições de alimentos favoritos sem que outros sejam consumidos antes.

Invista na apresentação dos pratos, usando formatos divertidos e cores variadas. Evite conflitos e mantenha o momento descontraído, para que a criança se sinta à vontade para explorar novos sabores.

5. Encoraje pequenos passos

Respeite até três alimentos que a criança não queira consumir, revisando essas escolhas mensalmente e fora do momento das refeições. Durante o preparo, incentive a curiosidade: "Que cheiro você acha que isso tem?" ou "Quer dar uma lambida para experimentar?" Essas interações tornam a experiência mais leve.

Ignore comportamentos negativos e valorize os progressos. Comentários como: "Que bom que você experimentou algo novo hoje!" reforçam atitudes positivas. Pequenos avanços constroem confiança e ajudam a criança a desenvolver uma relação saudável com a comida.

Como disse a educadora Jane Nelsen, "quando nos sentimos melhor, agimos melhor". Um ambiente positivo e acolhedor é a chave para transformar os desafios alimentares em oportunidades de aprendizado e crescimento.

Dicas para saúde mental

Para os cuidadores

Lidar com dificuldades alimentares em crianças é desafiador, mas cuidar da sua saúde mental é essencial para manter o equilíbrio e oferecer o suporte necessário. Veja como se fortalecer nessa jornada:

1. **Reconheça seus limites**: aceite que nem tudo está sob seu controle e que dificuldades fazem parte do processo. Respeitar seus limites é importante para evitar frustrações e manter o foco no progresso, por menor que ele pareça.

2. **Concentre-se no vínculo, não apenas na comida**: aproveite as refeições como momentos de conexão e interação com a criança, sem a pressão de "fazer comer". Isso reduz a tensão e reforça a confiança entre vocês.
3. **Busque apoio emocional**: conversar com outros pais que enfrentam desafios semelhantes ou buscar orientação de psicólogos e terapeutas familiares ajuda a compartilhar experiências e encontrar novas estratégias.
4. **Divida responsabilidades**: envolva familiares, cuidadores ou até a escola no processo. Isso reduz a sobrecarga e cria uma rede de suporte que beneficia tanto você quanto a criança.
5. **Valorize suas conquistas**: celebre cada pequeno avanço, tanto o da criança quanto o seu. Reconheça que seus esforços fazem diferença e que você está fazendo o melhor possível.

Para finalizar

A alimentação é um aprendizado contínuo e cada passo, por menor que pareça, é uma vitória. Com paciência, amor e o suporte certo, você e seu filho podem superar as dificuldades e transformar as refeições em momentos de conexão e bem-estar.

Comer é um ato de coragem que exige mais do que fome; exige paciência, persistência e muito amor.

Referências

CHEN, Y. *et al.* Positive parenting improves multiple aspects of health and well-being in young adulthood. *Nature Human Behaviour*, v. 3, n. 7, p. 684-691, 2019.

DUBOIS, L. *et al.* Genetic and environmental influences on eating behaviors in 2.5- and 9-year-old children: a longitudinal twin study. *The International Journal of Behavioral Nutrition and Physical Activity*, v. 10, p. 134, 2013.

GONZÁLEZ, C. *Meu filho não come!* Conselhos para prevenir e resolver esse problema. São Paulo: Timo, 2018.

JUNQUEIRA, P. *Por que meu filho não quer comer?* Uma visão além da boca e do estômago. Bauru: Idea, 2017.

KERZNER, B. Clinical investigation of feeding difficulties in young children: a practical approach. *Clinical Pediatrics*, v. 48, n. 9, p. 960-965, 2009.

NELSEN, J. *et al. Disciplina positiva de A a Z:* 1001 soluções para os desafios da parentalidade. 3. ed. São Paulo: Manole, 2020.

NELSEN, J.; LOTT, L.; GLENN, H. S. *Disciplina positiva para crianças de 0 a 3 anos:* como criar filhos confiantes e capazes. Barueri: Manole, 2018.

PIRASTU, N. *et al.* A genome-wide association study in isolated populations reveals new genes associated to common food likings. *Reviews in Endocrine & Metabolic Disorders*, v. 17, n. 2, p. 209-219, 2016.

REED, D. R. *et al.* Heritable variation in food preferences and their contribution to obesity. *Behavior Genetics*, v. 27, n. 4, p. 373-387, 1997.

SOCIEDADE BRASILEIRA DE PEDIATRIA (SBP). *Manual de alimentação:* orientações para alimentação do lactente ao adolescente, na escola, na gestante, na prevenção de doenças e segurança alimentar. 4. ed. São Paulo: SBP, 2018.

WARDLE, J. *et al.* Increasing children's acceptance of vegetables: a randomized trial of parent-led exposure. *American Journal of Clinical Nutrition*, v. 78, n. 2, p. 311-317, 2003.

13

A OBESIDADE POR UM OLHAR DE CONSCIÊNCIA E ACOLHIMENTO

Um assunto delicado e cada vez mais presente em nossas vidas. A obesidade infantil através de um olhar extremamente acolhedor não somente para as crianças, mas também para os pais e cuidadores. Com o objetivo de transformar um tabu muito difícil de ser superado em algo que possamos compreender, entendendo suas raízes, e encontrar as verdadeiras soluções dentro de nós. Espero que leiam essas palavras com o coração, e que elas possam conectá-los com a verdade que existe dentro de cada um.

JULIANA MASSON

Juliana Masson

CRM 139162

Contatos
drajulianamasson@gmail.com
Consultório: 11 91451 5767

Médica formada pela Faculdade de Medicina de Jundiaí (FMJ). Residência em Pediatria e Endocrinologia Pediátrica pela Faculdade de Ciências Médicas da Santa Casa de São Paulo (FCMSCSP). Título de especialista em Endocrinologia Pediátrica. Conectada com o servir, busca trazer consciência aos pais e às crianças que somos seres físicos, emocionais, mentais e espirituais, e que a verdadeira saúde é o cuidado de todas essas partes que formam nosso todo.

Minha gratidão a Deus, por nos conectar a tudo e a todos, e à minha família. Alberto, Juju e Isa, vocês são bênçãos em minha vida.

É preciso tirar a obesidade das sombras, mostrando aos pais e cuidadores seu impacto em nossas vidas. Precisamos acolher quem sofre de obesidade e eliminar o sentimento de culpa ao lidarmos com uma doença de altíssima incidência no mundo, trazendo de volta à atenção de todos a importância dos padrões do hábito do dia a dia e ao conceito de saúde na sua integralidade.

Podemos auxiliá-los a conhecer formas de mudar padrões com uma nova perspectiva. A culpa e o medo só os fazem fugir ainda mais do problema. É preciso trazer para a Consciência que a verdadeira força motriz para a mudança não está relacionada ao peso em si, ou à privação das guloseimas, mas sim à reconexão dos propósitos de vida e, a partir daí, é feita a montagem de um de um novo mapa mental, com pensamentos e hábitos alinhados com a melhora da saúde física, mental e emocional.

Desafios no enfrentamento da obesidade

Quando soube do projeto de um livro para orientação e acolhimento dos pais, e sobre encontrarmos formas mais gentis e adequadas de lidar com a infância, meu coração bateu mais forte. Abordar situações desafiadoras e transtornos emocionais faz parte do dia a dia da endocrinologia pediátrica, mas uma das maiores dores, tanto dos pais quanto das crianças, e que mais demanda um olhar cuidadoso, é a obesidade. Esse diagnóstico é a pontinha de um profundo iceberg, que precisa ser revelado como um todo, trazendo luz e clareza para quem deverá enfrentá-lo.

Sempre que me perguntam qual o peso ideal e quantos quilos é preciso perder, respondo que isso depende de muitos fatores; não há apenas um peso certo, mas uma faixa de peso ideal para cada um. Talvez a primeira grande surpresa dessa jornada seja esta: a última coisa que precisamos olhar, para saber o rumo certo, é a balança.

Aqui começa algo muito desafiador para nós, pais, que crescemos ouvindo que o peso na balança era muito importante. Claro que, em consulta, faz parte do atendimento pesar e medir, assim como posicionar a criança em sua curva de crescimento, peso e índice de massa corporal (IMC). Mas não podemos nos prender a quaisquer desses números; precisamos ir mais a fundo. De fato, é a curva de IMC que nos diz se o peso da criança está adequado, se ela tem sobrepeso ou obesidade. Esses conceitos são muito importantes, mas somente o ponto de partida, as aberturas possíveis para trilhar um novo caminho.

Hoje, é praticamente senso comum que nossa sociedade criou todas as condições necessárias para a expansão da obesidade; em geral, as pessoas estão muito mais sedentárias e os alimentos ultraprocessados e hipercalóricos, cada vez mais frequentes em nosso cotidiano. Ou seja, há menor gasto e maior ganho e, portanto, excesso de energia. Nosso corpo entende que esse excesso de energia precisa ser estocado para quando precisarmos, mas esse dia nunca chega. E então essa energia fica continuamente sendo armazenada como células gordurosas, levando à obesidade.

Diante desse breve resumo, parece óbvio que aumentar a atividade física e diminuir o consumo dos alimentos mais industrializados, ou seja, mudanças no estilo de vida, sejam a chave para o sucesso – uma ideia supostamente tão autoevidente que nem sequer precisaria de profissionais da saúde para ajustar esse desequilíbrio. Eis aqui um dos grandes pontos de destaque deste texto, pois essa percepção equivocada faz com que os pais se sintam julgados (e previamente condenados) quando entram com uma criança obesa no consultório, quando deveria ser exatamente o contrário.

O papel da consciência na mudança de hábitos

Em uma sociedade de hábitos industrialmente projetados, o fato de os pais trazerem para a própria consciência que algo não está funcionando, e tomarem a iniciativa de buscar ajuda, já é em si o principal divisor de águas, o principal passo em direção a uma solução.

Existem vários caminhos para recuperar e permanecer em uma vida saudável, mas todos eles partem da mesma estação: a consciência de que existe um problema e de que também existe uma solução. Para que se possa jogar, é preciso revelar as peças e o tabuleiro.

O primeiro ponto oculto é a percepção de nossos hábitos. Só seremos capazes de mudar alguma coisa em nossas vidas se a trouxermos para a nossa consciência. E a maioria de nossos hábitos não requer mais a nossa atenção, e nos passam despercebidos. É preciso despertar do piloto automático. E esse despertar deve vir com amor e bons sentimentos, pois, se vier com dor e culpa, fugiremos dele como de um leão, e nosso objetivo se transformará em uma jornada repleta de procrastinações, frustrações e sabotagens.

Você já parou para pensar como formamos nossos hábitos? Vou dar um exemplo: você precisa pensar para andar ou escovar os dentes? Não, né? Fazemos tudo isso em modo de "piloto automático". São ações que já foram muito desafiadoras, mas que, com o passar do tempo, graças ao nosso maravilhoso cérebro, tornaram-se extremamente fáceis. Vou explicar resumidamente como isso acontece.

Imagine que nossa mente tem uma parte para lidar com tudo o que é novo. Quando estamos aprendendo algo, temos de prestar atenção a tudo. Isso demanda todo nosso foco consciente e muito da nossa energia. A parte do cérebro que cuida disso (o neocórtex) fica sobrecarregada e por isso não conseguimos dar conta de mais nada. Conforme vamos repetindo esses novos comandos, vamos aprendendo; dominando a nova habilidade, ela passa a ser cuidada por partes mais "antigas" do nosso cérebro, que não despendem tanta energia. Assim, conseguimos liberar energia para aprendermos coisas novas, e ficamos cada vez mais eficientes naquilo que passamos a repetir diariamente. Lindo, né? Sim, mas com um pequeno porém: essa nossa capacidade serve tanto para hábitos bons quanto para aqueles que acabam prejudicando nossa saúde.

Um exemplo: ninguém nasce tomando suco em todas as refeições, mas, conforme vamos repetindo essa ação no dia a dia, deixamos de nos perguntar se realmente gostamos ou se só fazemos isso por puro hábito. Existem vários outros exemplos: fazer um prato com mais comida do que realmente precisamos, comer sem prestar atenção ao nosso alimento, comer sobremesa após todas as refeições, uma despensa repleta de guloseimas. Listei poucas aqui, mas sei que já deixei muita gente de "cabelo em pé". Esse é mesmo o propósito; como são hábitos, muitas vezes nem sequer lembramos que fazemos isso. Esses hábitos já escapuliram da nossa consciência, mas, na jornada da vida saudável, eles devem voltar para lá constantemente.

Somente quando esses hábitos estiverem em nossa consciência, seremos capazes de mudar. Isso não é um julgamento, mas um alerta sobre o quanto é importante enxergá-los. Essa será a chave de um enfrentamento bem-sucedido da obesidade. E, apesar de desafiador, não é libertador trazermos para a nossa consciência o que de fato precisa ser ajustado?

Já identificamos a importância de reconhecer nossos hábitos. Agora vamos abordar como fazer isso, principalmente do ponto de vista do sentimento e do acolhimento. Tenho o costume de dizer aos pais, assim que entram no consultório: "A culpa, o medo e a vergonha têm de ficar lá fora!", pois muitas vezes esses sentimentos estão tão arraigados que nos fazem não ter coragem, mesmo que inconscientemente, de avaliar nosso próprio dia a dia e o dos nossos filhos.

Além disso, sempre é bom lembrar que, ao falarmos da programação mental existente, há os hábitos e costumes da família em si, mas também aqueles herdados de gerações anteriores. Compreender tudo isso ajuda a retraçar o caminho lógico que os trouxe até o problema, e a dar força para enfrentá-lo.

Por isso, ao olharmos para uma criança obesa, é tão importante acolher integralmente sua história alimentar, os costumes dessa família, como foi a infância desses pais e suas crenças em relação à alimentação. Assim, a probabilidade de conseguirmos auxiliar no processo das mudanças reais aumenta significativamente.

A construção de propósitos e o estabelecimento de acordos

Feito esse acolhimento inicial, podemos avançar. Este texto ficaria incompleto se não pudéssemos estabelecer propósitos e um plano facilitador para a readequação desses hábitos.

Sabe por quê? Porque, quando vemos algo que faz sentido para nosso Ser, quando temos um propósito alinhado entre mente e coração, a chance de dar certo é muito maior. Existem dois *modi operandi* no nosso cérebro e, sempre que tivermos um desafio para lidar, "ligaremos" um ou outro. Existe a ativação pela via do medo e ansiedade, e pela via da recompensa e prazer. A primeira nos causa dor, e por isso faremos de tudo para escapar no primeiro atalho possível; na segunda, não perdemos o foco da recompensa na ponta final do arco-íris.

Se simplesmente pedirmos para uma família, ou mesmo para a criança, para que criem hábitos que envolvam mais atividades físicas e alimentação saudável, é quase impossível que isso se torne realidade. A primeira sensação, diante desse cenário, é uma nova rotina com muito mais esforços e privações. O prazer imediato do sedentarismo e das guloseimas *versus* a miragem distante de um corpo saudável e a vontade de gastar energia.

É um fato indiscutível: nós tendemos a fugir da privação assim como da dor com toda a nossa força. Um cérebro ativado nesse mindset é um cérebro em modo de sobrevivência; ele acaba ficando ainda mais imediatista que o normal; tudo o que não é conseguido de imediato traz mais ansiedade e piora todo o sistema. Ou seja, sem os devidos cuidados, é frequente que a família não esteja preparada, não saiba exatamente como agir e, sem um sucesso rápido, procure formas de alívio imediato – a geladeira da cozinha, a internet – e, em vez de perder peso, acaba ganhando. A circuitaria neuronal da ansiedade serve para te tirar do perigo e não para metas de longo prazo. Além disso, ela aumenta a descarga de um hormônio não muito bem-vindo para essas ocasiões: o cortisol. E mais, nesse *modus operandi* do cérebro, muitas das possíveis novas vias neuronais ficam bloqueadas e, portanto, a possibilidade de incluir novos aprendizados e novos hábitos. Quando se sente ameaçado, o cérebro não quer saber de nenhum assunto de longo prazo.

Assim, quando olhamos para a situação com acolhimento e amor, tudo fica mais fácil. Nosso sistema nervoso central consegue ativar as vias da recompensa e somos capazes de ficar muito mais criativos e ágeis para melhorarmos de fato nossa vida.

Mas como ativar essa via, diante de um problema de saúde? Podemos mostrar para essa família a importância de todo o processo de melhora e não somente o resultado em si. Claro que objetivos são traçados, mas não somente a diminuição dos números da balança. É possível encontrar metas reais para o coração, com envolvimento de todos, avaliando a realidade que aquela família vive. E aqui entram os acordos.

O primeiro passo é termos consciência do que precisa ser mudado. Ao conhecermos o dia a dia dessa criança, nos tornamos facilitadores de um processo de consciência, sem julgamentos, de quais são os pontos que devem ser ajustados. Podemos mostrar para essa família como criar mapas de realidade que estejam em sintonia com o propósito maior, que é ter uma vida mais saudável.

Estabelecidos os propósitos, fazemos acordos do que será modificado, para que possam ser atingidos. Esses ajustes não precisam ser feitos dentro do consultório, e sim com todos que fazem parte do lar, em um momento de tranquilidade. Ou seja, não fazer de uma vez tudo o que precisa ser feito, mas deixar que a família escolha quais serão os primeiros tópicos a serem vistos.

Os melhores propósitos vêm de uma nova visão de mundo e sobre si mesmos. Por exemplo, pensar em perder peso apenas para diminuir um número na balança ou para melhorar um resultado de exame no papel pode não trazer um real propósito, mas, quando pensamos em cuidar do nosso corpo, pensando que ele é nossa única e verdadeira morada, e que, quanto mais saudável ele for, mais equilíbrio e possibilidades ele trará para nossa vida, já colocamos uma emoção mais elevada nessa mudança, melhorando a chance de termos sucesso em nossos resultados.

Outro ponto importante: escolher poucas (no máximo três) mudanças de cada vez, até que elas se tornem novos hábitos. Quando percebemos que temos muitos afazeres, o caminho para chegar ao destino parece ficar muito árduo, e tendemos a nos sabotar. Ao implementarmos nossas mudanças aos poucos, compreendemos que seremos capazes de conseguir, e tendemos a manter o que foi acordado de forma mais efetiva.

E por último, mas não menos importante, é fazer a criança pertencer aos acordos. Compreender a família como uma equipe é dar sentimento de pertencimento aos nossos filhos, é colocá-los como agentes criadores de suas vidas, dentro da capacidade de cada idade e de cada criança. Essa ferramenta leva a criança a saber desde cedo que, para muitas coisas na vida, ela terá escolhas, e isso será sempre ouro na caminhada de um indivíduo.

Um aprendizado fundamental nessa jornada é retomarmos a habilidade de "ouvirmos" nosso corpo, para sabermos quando estamos com fome, ou quando é só a ansiedade pedindo para ser aliviada. Desenvolver a prática de se alimentar de forma mais saudável, ou de fazer exercícios regularmente, fala com bastante clareza, e rapidamente, ao nosso corpo. Ele só precisa retomar o hábito de ouvir.

Dica de saúde mental

Para finalizar, é importante fazer desse processo uma forma de consolidar o conhecimento dos grandes pilares para uma vida saudável – alimentação saudável, atividade física regular, qualidade de sono, controle de fatores estressores (como tempo em redes sociais), compreensão das emoções e dos nossos principais relacionamentos.

Esses serão os pontos de referência, em um processo que sempre será dinâmico e variado, como a própria vida. Com consciência de propósito e amor-próprio, conseguiremos ampliar esse equilíbrio um passo de cada vez – elevando a qualidade de vida da criança, da família e, quem sabe, aos poucos propagando cura e um coração tranquilo para todo esse Universo.

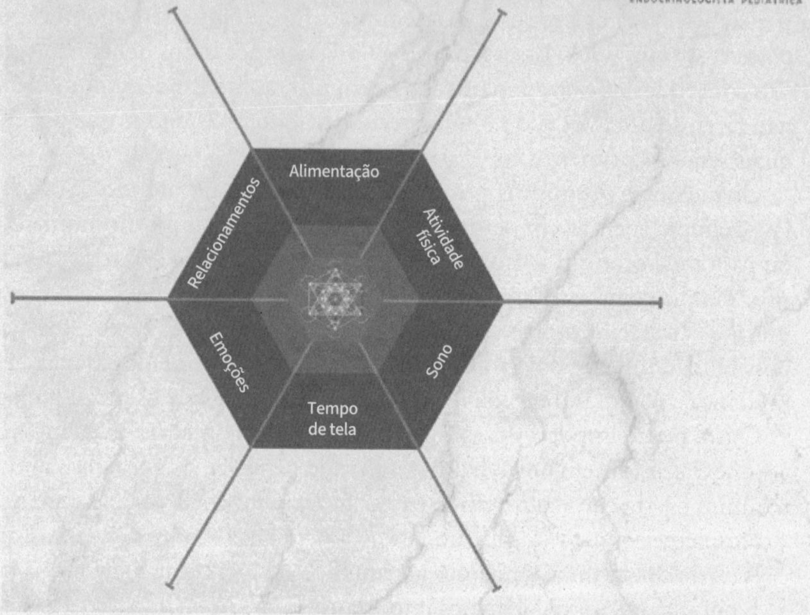

Figura 1 - Grandes pilares para uma vida saudável.
Fonte: elaborada pela autora.

Referências

MAYO CLIN PROC INNOV QUAL OUTCOMES. v. 8, n. 1, p. 97-111, jan. 2024. Disponível em: doi: 10.1016/j.mayocpiqo.2023.11.004. Acesso em: 12 maio 2025.

MURPHY, M. D.; HELLER, E. A. Convergent actions of stress and stimulants via epigenetic regulation of neural circuitry. *Trends in Neurosciences*, v. 45, n. 12, p. 955-967, 2022.

14

EM BUSCA DO CORPO PERFEITO
OS IMPACTOS DAS MÍDIAS SOCIAIS E OS RISCOS DE TRANSTORNOS ALIMENTARES

A influência das mídias sociais mostra o aumento da insatisfação corporal. A considerar a exposição de conteúdos manipulados nas redes sociais, obtém-se um ideal de beleza inalcançável e expectativas irreais de aparência. Este capítulo tem o objetivo principal de identificar os impactos que as mídias sociais podem ter no desenvolvimento de transtornos alimentares e orientar famílias em situações desafiadoras de indivíduos com esse diagnóstico.

MYLLENA BIHREN

Myllena Bihren

CRP 05/51513

Contatos

myllenabihren.psi@gmail.com
Instagram: @psicologamyllenabihren
21 99772 2107

Psicóloga clínica com experiência em atendimentos de crianças, adolescentes e adultos. Especialista em Terapia Cognitivo-Comportamental. Especialista em Terapia Cognitivo-Comportamental na Infância e na Adolescência. Especialista em Psicologia Positiva Aplicada a Saúde, Educação e Negócios. Especialista em Desenvolvimento Infantil. Formação em Psicologia e Psiquiatria Positiva Aplicada à Clínica e à Saúde Integral. Formação em Terapia Comportamental Dialética. Facilitadora do Programa Educação Emocional Positiva. Orientadora familiar e educadora parental. Docente (cursos de extensão infantil, formação e pós-graduação) no CPAF-RJ e no PSI +. Coautora dos livros *Atividades diversas, O mundo da criança II, Orientação familiar* volume 3, *Como formular casos na infância e na adolescência: da terapia cognitivo-comportamental às terapias contextuais* e autora do livro *Martina, a bailarina: conversando sobre transtornos alimentares*.

Introdução

Os transtornos alimentares (TAs) são caracterizados por graves alterações no comportamento alimentar, geradas por perturbação na autopercepção da forma e do peso corporal que levam a um prejuízo da autoimagem. Podem ser crônicos e recorrentes, em geral associados a comorbidades psiquiátricas e sequelas médicas, ocasionando diversos prejuízos e sofrimento ao indivíduo. Segundo Herscovici & Bay (1997a), "estamos frente a um transtorno alimentar quando a atitude em relação à comida e ao peso se transformou naquilo que rege a conduta".

Os casos de TA têm aumentado de forma significativa nas últimas décadas, acometendo principalmente adolescentes e jovens adultos. Acredita-se que este crescente esteja relacionado ao padrão estético atual, corroborado pela mídia e redes sociais, que ligam a magreza à imagem de sucesso e perfeição (Goldbloom & Garfinkel, 1992).

Transtornos alimentares

Os TAs são condições psicológicas que influenciam no comportamento alimentar e se destacam pela ingestão excessiva ou restritiva de alimentos, e pela preocupação constante e excessiva com o peso e a imagem corporal. São patologias graves e de prognóstico reservado, que provocam elevados índices de letalidade e levam a limitações físicas, emocionais e sociais dos indivíduos (Abreu & Cangelli Filho, 2005).

Segundo Appolinario (2000), os TAs se evidenciam frequentemente na infância e na adolescência, e podem ser divididos em dois grupos, de acordo com as alterações no comportamento alimentar. O primeiro grupo menciona as alterações na relação da criança com a alimentação na fase mais inicial da vida e que não possuem obrigatoriamente relação com desconforto com o peso ou a forma física, ainda que impactem de forma negativa no desenvolvimento infantil. O segundo grupo tem ocorrência mais tardia, na adolescência, e se refere efetivamente aos TAs, como a anorexia nervosa e a bulimia nervosa.

A anorexia nervosa é um grave transtorno alimentar, que se dá pela diminuição da ingestão dos alimentos de forma voluntária. No transcorrer da patologia, os indivíduos chegam à recusa total do alimento, o que leva a um baixo peso corporal e a uma luta contra a balança, pois o medo de ganhar peso se torna presente no cotidiano. Essa doença pode levar à morte e trazer dificuldade de perceber o próprio corpo, com uma percepção que influencia na vida social, pois, se algum evento envolver comida, frequentemente os indivíduos com o transtorno deixam de socializar.

> O que norteia essas pacientes é o medo intenso e inexplicável de engordar, mesmo em se tratando de mulheres extremamente emagrecidas ou caquéticas. Questionadas sobre seu regime, procuram dissimular, não assumindo que realmente o estão fazendo. Quando lhes são ofertados alimentos, elas não os recusam, porém escondem-nos, como se tivessem comido, na fronha do travesseiro, embaixo da cama etc. Não têm crítica com relação a seu esquema corpóreo, embora, mesmo estando extremamente magras ou ainda caquéticas, sintam-se gordas. (Busse, 2004, p. 36)

A bulimia nervosa, no entanto, é caracterizada por frequentes episódios de compulsão alimentar. Segundo Teig (2022, p. 14):

> O ciclo compulsão alimentar-purgação ocorre predominantemente em situações que geram sentimentos negativos (frustração, tristeza, ansiedade, tédio, solidão) e são acompanhados de uma sensação de total descontrole sobre o seu próprio comportamento. Esses episódios costumam ocorrer às escondidas e são seguidos por sentimentos de intensa vergonha, culpa e desejos de autopunição. (Associação Americana De Psiquiatria, 2014; Appolinário & Claudino, 2000)

Na bulimia nervosa, a ingestão de alimentos em um curto período geralmente é associada a sentimentos de descontrole na perspectiva de um comportamento alimentar e à preocupação excessiva acerca do corpo. Essa preocupação faz com que os indivíduos empreguem medidas compensatórias para evitar o ganho de peso. O vômito autoinduzido ocorre em 90% dos casos, provocando alívio imediato. Jejuns prolongados e exercícios físicos em excesso também são maneiras de controlar o peso (Cordás, 2004).

Para que um comportamento alimentar incomum seja considerado um transtorno, ele precisa continuar por determinado período e causar prejuízo significativo à saúde física da pessoa e/ou a sua capacidade de desempenhar funções no cotidiano ou afetar negativamente as interações sociais.

Segundo o DSM-5 (APA, 2014), a compulsão alimentar é um transtorno caracterizado por episódios recorrentes de ingestão de grandes quantidades de alimentos, muitas vezes acompanhada de uma sensação de perda de controle. Diferentemente de outros TAs, como a anorexia e a bulimia, a compulsão alimentar não é seguida por comportamentos compensatórios. Os episódios de compulsão alimentar podem levar a sentimento de culpa, vergonha e desconforto físico, e muitas vezes estão associados a questões emocionais como ansiedade, depressão e estresse. Isso pode criar um ciclo vicioso, em que a pessoa recorre à comida como uma forma de lidar com suas emoções, mas em seguida se sente mal por seus hábitos alimentares, visto que a supervalorização da imagem corporal influencia no desenvolvimento de uma baixa autoestima e as percepções negativas aparecem pela insatisfação com o próprio peso, mantendo o ciclo da compulsão alimentar para aliviar os conteúdos emocionais.

É importante que as pessoas que enfrentam esse transtorno busquem ajuda profissional, pois o apoio adequado pode fazer uma grande diferença na superação da compulsão alimentar e na promoção de hábitos saudáveis.

Os TAs têm causas multifatoriais. Elas vão desde questões genéticas herdadas de familiares de primeiro grau até a replicação de hábitos alimentares prejudiciais do ambiente em que os indivíduos estão inseridos.

Influência da mídia no desenvolvimento dos transtornos alimentares

No atual momento extremamente tecnológico que vivemos, a mídia tornou-se uma ferramenta potente, que influencia significativamente a percepção e o comportamento dos indivíduos, especialmente durante a adolescência, um período marcado por intensas transformações físicas e psicológicas. O uso excessivo das mídias sociais pode ter implicações sérias, incluindo o desenvolvimento de transtornos alimentares.

Segundo Costa, somos expostos a corpos perfeitos impostos pela mídia e influenciados a seguir esses padrões.

> A imitação, contudo, não pode ir longe. A maioria nem pode ostentar as riquezas, o poder político, os dotes artísticos ou a formação intelectual dos famosos, nem tampouco fazer parte da rede de influências que os mantêm na mídia. Resta, então, se contentar em imitar o que eles têm de acessível a qualquer um, a aparência corporal. Daí nasce a obsessão pelo corpo-espetacular (Costa, 2004, p. 230).

Na atualidade, vive-se uma supervalorização da imagem, em que parecer é mais importante que ser. Com a maior utilização das redes sociais e a evolução dos meios de comunicação, a veiculação de imagens de corpos esculpidos e inatingíveis ficou mais intensa, influenciando diretamente a construção da imagem e o aumento da insatisfação corporal. A imagem corporal é definida como uma representação mental do próprio corpo, e a insatisfação, como uma percepção distorcida da imagem corporal que surge mediante comparações entre a imagem real e a idealizada. Consequentemente, a insatisfação corporal mostra relação de causalidade com estresse, isolamento social, baixa autoestima, depressão e o desenvolvimento de TAs. Uma vez que as mídias sociais manifestam conexão com o aumento da insatisfação corporal e esta, por sua vez, se relaciona com o aumento de TAs, entender qual o impacto dessas tecnologias para o desenvolvimento desses transtornos mentais é de extrema importância para melhor tratamento e prevenção.

A influência das mídias sociais no desenvolvimento de TAs se dá pela sua interferência na construção da imagem corporal e nos desenvolvimentos de ideais de beleza, resultando no aumento da insatisfação corporal, em virtude da discrepância entre o corpo atual e o disseminado como "belo" e "ideal" pelas mídias sociais. Dessa forma, a insatisfação corporal, juntamente com a autoaceitação (dependente da aprovação de terceiros) tem como consequência a adoção de dietas restritivas e comportamentos alimentares disfuncionais. Em razão disso, visando alcançar um padrão de beleza irreal, os indivíduos passam a apresentar comportamentos de risco para o desenvolvimento de TAs.

A influência da família nos transtornos alimentares

Um transtorno alimentar é causado por vários fatores. A família pode ser um fator de risco para o desenvolvimento de transtornos alimentares. Dinâmicas familiares que envolvem altos níveis de controle, crítica excessiva, padrões rígidos de comportamento e pressão para atender a padrões estéticos podem contribuir para a insatisfação corporal e comportamentos alimentares disfuncionais. O papel da família nos TAs é multifacetado e extremamente significativo. A dinâmica familiar pode influenciar tanto o desenvolvimento quanto a recuperação de condições como anorexia, bulimia e compulsão alimentar.

Os membros da família servem como modelos para comportamentos alimentares e atitudes em relação ao corpo. Se os pais ou irmãos demonstram uma preocupação excessiva com o peso ou se envolvem em dietas restritivas, isso pode impactar a percepção que a criança ou adolescente tem sobre alimentação e imagem corporal.

A forma como a família se comunica e oferece apoio pode ser crucial na prevenção e tratamento de TAs. Um ambiente em que a comunicação é aberta e o apoio emocional é oferecido pode ajudar o indivíduo a desenvolver uma relação mais saudável com a comida e o corpo. A família conhece as rotinas e os hábitos dos indivíduos em casa, e por isso é capaz de detectar mudanças preocupantes na sua conduta alimentar, porém não deve se culpar, mas sim admitir que está diante de uma doença grave que necessita de tratamento.

O trabalho com a família é essencial no processo de entendimento de significados do indivíduo em relação ao transtorno e tem papel importante na interação dele como um ser social, podendo ajudar a resolver questões subjacentes e melhorar a comunicação, além de facilitar a recuperação do indivíduo afetado. Promover a educação sobre transtornos alimentares dentro da família pode ajudar a desmistificar a condição e promover empatia e compreensão.

É essencial também incentivar o desenvolvimento de habilidades emocionais e sociais nas novas gerações, fortalecendo sua saúde mental e bem-estar.

Por fim, a família e os profissionais da saúde devem estar atentos aos indivíduos, estabelecendo continuamente um clima de diálogo, cuidado e informação no que se refere aos comportamentos de risco para o desenvolvimento de TAs. Além disso, devem estimular e valorizar, nos indivíduos, outros valores que vão de encontro a esse ideal doentio de beleza imposto pelas mídias sociais.

Dicas para saúde mental

Os TAs são condições complexas e desafiadoras, que afetam não apenas os indivíduos, mas também suas famílias. Apoiar um familiar com TA pode ser desafiador, mas as orientações psicológicas podem ajudar as famílias a lidar com a situação de maneira mais eficaz.

- **Eduque-se sobre transtornos alimentares**: compreenda a condição e aprenda sobre os diferentes tipos de TAs, suas causas e efeitos. Quanto mais informado você estiver, melhor poderá oferecer apoio.
- **Autocuidado e apoio à família**: os membros da família também devem cuidar de sua saúde emocional e mental. Lidar com um TA em um ente querido pode ser emocionalmente desgastante. Reserve um tempo para cuidar de si, praticar atividades de que você gosta e buscar apoio emocional, se necessário. Evite a codependência; mesmo que seja importante apoiar seu familiar, você também precisa manter limites saudáveis e não assumir a responsabilidade pela recuperação dele.
- **Valorize a diversidade**: encoraje a aceitação do corpo e a valorização de qualidades que não estejam relacionadas à aparência física.
- **Reconheça os sinais**: preste atenção aos sinais de alerta que podem indicar um TA, como mudanças extremas de peso e comportamentos alimentares restritivos ou compulsivos.
- **Esteja disponível para uma comunicação aberta e empática**: a escuta ativa oferece um espaço seguro para que seu familiar compartilhe seus sentimentos e preocupações sem medo de julgamento.
- **Evite criticar**: em vez de apontar falhas ou fazer julgamentos, expresse preocupação genuína e amor. Use "eu" em vez de "você" para evitar que a pessoa se sinta atacada (p. ex., "Eu estou preocupado com você" em vez de "Você precisa parar de se comportar assim").
- **Promova um ambiente positivo (refeições em família)**: crie um ambiente em que as refeições sejam momentos de união e não de tensão. Evite comentários sobre peso ou aparência durante as refeições.
- **Preste atenção às dinâmicas familiares (padrões de comunicação)**: procure melhorar a comunicação familiar e resolver conflitos de maneira saudável identificando e reduzindo pressões familiares e sociais que possam contribuir para a deterioração da saúde mental do indivíduo. Perceba como você se refere ao outro, ou seja, se quando vai falar de alguém, aponta sempre suas características físicas.
- **Busque apoio profissional**: ajude seu familiar a buscar apoio profissional, como psicoterapia, nutrição adequada ou grupos de apoio. A participação familiar é de extrema importância, visto que pode ajudar a resolver dinâmicas familiares e melhorar a comunicação.

"Em busca do ideal, você não reconhece o que está bom." — Cris Rayes

Referências

ABREU, C. N.; CANGELLI FILHO, R. Anorexia nervosa e bulimia nervosa: a abordagem cognitivo-construtivista de psicoterapia. *Psicologia: Teoria e Prática*, v. 7, n. 1, p. 153-165, 2005.

AMERICAN PSYCHIATRIC ASSOCIATION (APA). *Manual diagnóstico e estatístico de transtornos mentais:* DSM-5. Porto Alegre: Artmed, 2014.

APPOLINARIO, J. C. Transtornos alimentares. *In*: BUENO, J. R.; NARDI, A.E. (Ed.). *Diagnóstico e tratamento em psiquiatria*. Rio de Janeiro: Medsi, 2000.

BUSSE, S. *Anorexia, bulimia e obesidade*. Barueri: Manole, 2004.

CORDÁS, T. A. Transtornos alimentares: classificação e diagnóstico. *Revista Psiquiatria Clínica*, São Paulo, v. 31, n. 4, p. 154-157, 2004.

COSTA, J. F. *O vestígio e a aura:* corpo e consumismo na moral do espetáculo. Rio de Janeiro: Garamond, 2004.

GOLDBLOOM, D.; GARFINKEL, P. Transtornos alimentares: anorexia nervosa e bulimia nervosa. *In*: Garfinkel, B. D.; CARLSON, G. A.; WELLER, E. B. (org.). *Transtornos psiquiátricos na infância e adolescência*. Porto Alegre: Artmed, 1992. p. 100-111.

HERSCOVICI, C. R.; BAY, L. *Anorexia nervosa e bulimia:* ameaças à autonomia. Porto Alegre: Artmed, 1997a.

HERSCOVICI, C. R.; BAY, L. A. *Escravidão das dietas*. Porto Alegre: Artmed, 1997b.

TEIG, T. Um estudo sobre mente e corpo: o sofrimento corporal e o transtorno alimentar como manifestações da dor psíquica. 2022. 57 f. Trabalho de Conclusão de Curso (Graduação em Psicologia) – Pontifícia Universidade Católica de São Paulo, São Paulo, 2022.

APRENDIZAGEM

Aprender é um processo complexo, influenciado por muitos fatores. Pais e filhos enfrentam desafios únicos diante de questões como TDAH, dificuldades escolares, altas habilidades e os impactos emocionais da comunicação entre alunos e professores na fase pré-vestibular. Além disso, as crenças limitantes podem impactar diretamente a forma como cada um enxerga seu próprio potencial. Compreender essas dinâmicas é essencial para construir uma relação saudável com o aprender, dentro e fora da escola e consigo mesmo.

15

MEU FILHO TEM TDAH
E OS PAIS, COMO FICAM?

Cuidar da saúde mental dos pais de uma criança com transtorno do déficit de atenção e hiperatividade (TDAH) é tão importante quanto cuidar da criança. O desgaste físico e emocional pode gerar estresse, ansiedade e esgotamento. Quando os pais priorizam o autocuidado, eles fortalecem sua capacidade de lidar com desafios diários, estabelecem um ambiente mais equilibrado em casa e se tornam um modelo positivo de resiliência e bem-estar para os filhos.

TALITA CIPRIANI COELHO

Talita Cipriani Coelho

CRP 12/26184

Contatos
Instagram: @tatacipriani
11 99992 7073

Mãe da Marina e da Antônia. Psicóloga clínica, terapeuta cognitivo-comportamental, atuando no atendimento de adolescentes e orientação de famílias. Especialista em Desenvolvimento e Comportamento do Adolescente. Educadora Parental pela PDA (EUA). Coach parental pela The Parent Coaching Academy (Reino Unido), master coach pela Sociedade Brasileira de Coaching e teen coach pela Parent Coaching Brasil. Instrutora em programação neurolinguística pela American Board of Neuro-Linguistic Programming (EUA) e certificação internacional como especialista em Inteligência Emocional. Idealizadora do programa Adolescência Descomplicada, que visa ajudar pais na missão desafiadora de educar o adolescente. Idealizadora de projetos em habilidades socioemocionais para escolas e treinamentos para professores. Realiza palestras, oficinas, cursos e *workshops* para adolescentes, pais e educadores. Coautora dos livros *Apanhei e não morri* e *Orientação familiar* volume 3.

Natália entrou no consultório agitada, visivelmente cansada e nervosa. Sentou-se, disse que estava exausta e sem saber como agir, visto que a filha adolescente, Lívia, à época com 11 anos, enfrentava dificuldades em fazer as atividades rotineiras e se organizar em relação aos estudos.

Ao investigar os sintomas, o que mais chamou a atenção foi o fato de a filha chegar da escola às 13h e ficar no quarto até às 21h fazendo as atividades escolares. Isso acontecia diariamente e a mãe achava que o comportamento era devido à rigidez da escola e ao método de ensino conteudista. Outro fato importante: aos seis anos, ao ajudar a filha a fazer a lição da escola, a mãe percebeu que a menina trocava letras como o p pelo b e o d pelo t. Ao levar a situação para a professora, ela tranquilizou a mãe dizendo que era normal, visto que a criança estava em fase de alfabetização.

A vida seguiu normalmente por alguns anos, Lívia continuou trocando as letras, apresentava dificuldade em manter atenção nas atividades, em se organizar e planejar a rotina, além de atraso na linguagem e uma hiperatividade que atrapalhava a interação social. A mãe relatou que a filha parecia não ouvir quando falavam com ela, o que fazia com que Natália repetisse as mesmas coisas ao longo do dia. Essa situação a deixava estressada e nervosa, o que era gatilho para brigas e discussões intermináveis com a filha.

Fizemos um trabalho de investigação e avaliação até fechar o diagnóstico: transtorno do déficit de atenção e hiperatividade (TDAH), além de dislexia. A mãe ficou aliviada com o diagnóstico e, ao mesmo tempo, preocupada. Não sabia nada sobre o assunto, nem como manejar a situação. Porém, Natália tinha uma certeza: não queria medicar a filha. Como Lívia tinha chegado até o sexto ano com boas notas, Natália gostaria de encontrar estratégias para lidar com o comportamento dela, além de aprender a lidar com a própria ansiedade e expectativas quanto às dificuldades que a filha enfrentava.

Lidar com um filho que apresenta TDAH pode ser exaustivo. Não se trata apenas de acompanhar um diagnóstico, mas de enfrentar uma rotina repleta de situações desafiadoras: tarefas que não são concluídas, horários que não são cumpridos, distrações constantes e a frustração de não saber como ajudar de forma eficaz.

Você pede ao filho que arrume o quarto, guarde os brinquedos ou organize o material escolar, mas, minutos depois, encontra tudo pela metade. A tarefa simples de "guardar os livros" pode se transformar em uma sequência interminável de interrupções e distrações.

Essas dificuldades afetam a rotina familiar, a dinâmica escolar, a socialização da criança e até o bem-estar emocional dos pais (Barkley, 2021). No decorrer do processo, Natália vivenciou uma ampla gama de sentimentos, que variavam conforme as situações enfrentadas no dia a dia. Em casos assim, é importante reconhecer esses sentimentos, pois eles refletem tanto os desafios quanto o amor e a dedicação que os pais têm pela criança. De acordo com Greene (2014), estes estão os principais sentimentos que podem surgir:

1. **Frustração**: a frustração é uma das emoções mais comuns, especialmente quando as rotinas não fluem como esperado ou quando, apesar de seus esforços, o comportamento do filho continua sendo desafiador. Por exemplo:
   - "Por que ele não consegue terminar uma tarefa simples?"
   - "Parece que nada do que eu faço funciona."
2. **Cansaço e exaustão**: lidar constantemente com as demandas de uma criança com TDAH pode ser física e emocionalmente exaustivo. Os pais podem sentir que estão sempre "ligados", sem tempo para si mesmos. Por exemplo:
   - "Estou tão cansado de ter que lembrar ele de tudo o tempo todo."
   - "Não consigo descansar, estou sempre resolvendo alguma coisa."
3. **Culpa**: os pais podem se culpar por acreditarem que não estão fazendo o suficiente ou que, de alguma forma, são responsáveis pelas dificuldades do filho. Por exemplo:
   - "Será que eu fiz algo errado durante a infância dele?"
   - "Talvez eu devesse ser mais paciente."
4. **Ansiedade**: preocupações com o futuro do filho e o impacto do TDAH em sua vida escolar, social e emocional podem gerar ansiedade constante, com questões como:
   - "Será que ele vai conseguir acompanhar a escola?"
   - "Como será que ele vai lidar com os desafios no futuro?"
5. **Solidão**: muitos pais se sentem isolados, especialmente se familiares, amigos ou até mesmo profissionais da saúde não compreenderem os desafios de lidar com uma criança com TDAH. Por exemplo:
   - "Parece que ninguém entende pelo que estou passando."
   - "Me sinto sozinho, como se fosse o único passando por isso."
6. **Raiva**: momentos de raiva podem surgir, especialmente quando os pais se sentem impotentes diante das situações ou quando há explosões de comportamento do filho que afetam o ambiente familiar. Por exemplo:
   - "Por que ele simplesmente não consegue obedecer?"
   - "Eu já tentei de tudo, e ainda assim ele não escuta!"
7. **Tristeza**: a tristeza pode surgir ao perceber que o filho enfrenta dificuldades em áreas nas quais outras crianças têm mais facilidade, como manter amizades ou acompanhar os estudos. Por exemplo:
   - "Queria que ele tivesse uma infância mais tranquila."

- "É difícil vê-lo sofrer por coisas que deveriam ser simples."

8. **Impotência**: quando as estratégias aplicadas não dão os resultados esperados, os pais podem sentir que perderam o controle da situação e não sabem mais o que fazer. Por exemplo:

- "Já tentei tudo, mas nada parece funcionar."
- "Não sei mais como ajudar."

Pais de um filho com TDAH enfrentam diversos desafios que vão além das questões emocionais e comportamentais. A dificuldade da criança em seguir rotinas e manter a organização pode gerar caos em casa. Tarefas simples, como acordar, vestir-se, arrumar a mochila ou guardar os brinquedos, podem se transformar em verdadeiras batalhas diárias. Os pais podem se sentir sobrecarregados por precisarem constantemente lembrar, organizar e fazer o que deveria ser responsabilidade da criança.

Segundo Kazdin (2009), outros fatores que podem acarretar o desgaste dos pais é a dificuldade de atenção que afeta a capacidade da criança de completar tarefas escolares, escutar instruções e manter a concentração em atividades que exigem esforço mental prolongado. Essa situação pode exigir que os pais se sentem ao lado da criança para cada lição de casa, o que consome tempo e energia. Além disso, crianças com TDAH frequentemente apresentam dificuldades para regular as emoções, levando a explosões de raiva, choro ou frustração diante de situações rotineiras, o que pode culminar em uma dificuldade dos pais em prever e gerenciar esses momentos, afetando a harmonia da casa.

Muitos pais de filhos com TDAH se preocupam com a socialização e com a rejeição que a criança pode sofrer, visto que ela pode apresentar dificuldades em entender regras sociais, respeitar limites e manter amizades, o que pode levar ao isolamento ou conflitos com colegas. As crianças, na maioria das vezes, tendem a testar limites com frequência, o que pode dificultar a consistência na aplicação de regras e disciplina, podendo despertar sentimentos de insegurança ou culpa nos pais, ao aplicarem limites mais firmes (Barkley, 2021).

De acordo com Phelan (2016), o cuidado constante, a necessidade de supervisão e a gestão de comportamentos desafiadores podem gerar exaustão física e emocional nos pais. A rotina de pais que cuidam de uma criança com TDAH é, sem dúvida, desafiadora. No entanto, com paciência, estratégias práticas e suporte adequado, esses desafios podem ser superados. Cada dificuldade enfrentada é também uma oportunidade para fortalecer a conexão com a criança, ajudá-la a desenvolver habilidades e proporcionar a ela um ambiente amoroso e estruturado para crescer e se desenvolver.

Como ajudar os pais a lidarem com esses desafios?

A terapia cognitivo-comportamental (TCC) é uma abordagem terapêutica baseada na identificação e modificação de pensamentos, emoções e comportamentos disfuncionais. No contexto do TDAH, a TCC busca ajudar a criança a desenvolver estratégias práticas para gerenciar sua atenção, impulsividade e hiperatividade. Além disso, a TCC oferece um suporte valioso para os pais, capacitando-os a compreenderem o transtorno e a implementarem intervenções eficazes em casa, promovendo um ambiente mais estruturado e acolhedor para a criança (Beck, 2022).

Alguns desafios comuns que os pais podem enfrentar:

1. Dificuldade em manter a atenção em atividades rotineiras:
    - Divida a atividade em pequenas partes e estabeleça intervalos curtos entre elas. Por exemplo, em vez de pedir que o filho organize todo o quarto, peça que ele arrume primeiro a cama, depois os brinquedos e assim por diante. Cada etapa concluída oferece uma sensação de realização.
    - Crie um sistema de reforço positivo no qual o filho receba uma recompensa ao completar cada etapa. Pode ser algo como elogios, adesivos em um quadro de progresso ou um tempo extra para brincar.
    - Organize um espaço específico para as atividades que exijam concentração, reduzindo estímulos visuais e sonoros que possam dispersar a atenção da criança.
2. Impulsividade nas decisões e comportamentos:
    - Ensine a criança a utilizar técnicas simples de autocontrole, como respirar profundamente antes de agir ou contar até 10 antes de tomar uma decisão. Essas estratégias ajudam a criar uma pausa entre o impulso e a ação.
    - Seja um modelo de comportamento autocontrolado. Crianças aprendem observando os pais; por isso, demonstre calma e autocontrole em situações desafiadoras, incentivando seu filho a fazer o mesmo.
    - Auxilie a criança a desenvolver habilidades de resolução de problemas, ensinando-a a identificar a situação, pensar em possíveis soluções, avaliar as consequências e escolher a melhor alternativa.
3. Falta de organização e planejamento:
    - Introduza o uso de uma agenda ou *checklist* visual para ajudar a criança a organizar suas tarefas diárias. Incentive-a a marcar cada atividade concluída, promovendo um senso de progresso e organização.
    - Estabeleça uma rotina diária previsível, com horários definidos para cada atividade. A consistência ajuda a criança a antecipar o que vem a seguir, reduzindo a ansiedade e aumentando a organização.
    - Reserve um tempo semanal para revisar as tarefas e atividades com a criança, discutindo o que funcionou bem e o que pode ser ajustado na próxima semana.

Outras estratégias muito eficazes no manejo do TDAH:

1. **Use quadros visuais de rotina**: crie um quadro com imagens ou palavras que mostrem cada passo da rotina. Deixe-o em um local visível e peça que a criança marque cada etapa concluída. Isso diminui a necessidade de lembretes constantes.

2. **Transforme a rotina em um jogo**: crie desafios como "Vamos ver se você consegue se vestir antes de o despertador tocar!" ou "Quantos minutos você consegue levar para organizar a mochila?". Isso transforma a rotina em algo divertido.
3. **Estabeleça horários consistentes**: crianças com TDAH se beneficiam de uma rotina previsível. Mantenha os horários o mais fixos possível para atividades como acordar, comer e dormir.

Lidar com o TDAH pode ser desafiador, mas também é uma oportunidade de crescimento para toda a família. Ao adotarem estratégias baseadas na TCC, os pais podem ajudar o filho a desenvolver habilidades essenciais para a vida, promovendo não apenas melhores resultados acadêmicos, mas também uma vida mais equilibrada, confiante e feliz.

Essa jornada exige tempo e dedicação, mas, com cada pequeno progresso, a relação entre pais e filhos se fortalecerá e a qualidade de vida de todos será transformada. Afinal, cada desafio superado é um passo em direção a uma vida mais plena e satisfatória.

Dicas para a saúde mental dos pais

Lidar com os desafios diários de criar um filho com TDAH exige resiliência, mas os pais não devem negligenciar sua própria saúde mental. Algumas orientações práticas para equilibrar essa rotina incluem:

1. **Estabelecer limites saudáveis**: delegar tarefas, envolver a família e reservar momentos para si mesmo.
2. **Priorizar o autocuidado**: garantir uma boa rotina de sono, alimentação saudável e prática regular de exercícios físicos.
3. **Aprender a dizer não sem culpa**: definir prioridades e pedir ajuda sempre que necessário.
4. **Desenvolver uma rede de apoio**: participar de grupos de pais, conversar com amigos e buscar ajuda profissional.
5. **Investir em comunicação assertiva**: ser claro nas necessidades, evitar críticas desnecessárias e praticar a escuta ativa.
6. **Estabelecer pausas diárias**: planejar momentos de descanso e usar técnicas de *mindfulness* para reduzir o estresse.
7. **Evitar o perfeccionismo**: valorizar as pequenas conquistas e focar no progresso em vez de na perfeição.
8. **Planejar atividades de lazer em família**: fortalecer os vínculos por meio de momentos leves e prazerosos.
9. **Reforçar o propósito da parentalidade**: lembrar-se dos valores que deseja transmitir ao filho e celebrar cada avanço.

10. **Praticar autocompaixão**: ser gentil consigo mesmo, aceitar imperfeições e reconhecer que cuidar de si é essencial para cuidar do outro.

Essas práticas ajudam os pais a se sentirem mais equilibrados, reduzindo o estresse e melhorando sua capacidade de apoiar seus filhos com TDAH.

Referências

BARKLEY, R. A. *Taking charge of ADHD:* the complete, authoritative guide for parents. 4. ed. Nova Iorque: The Guilford Press, 2021.

BECK, J. S. *Terapia cognitivo-comportamental:* teoria e prática. 3. ed. São Paulo: Artmed, 2022.

GREENE, R. W. *The explosive child:* a new approach for understanding and parenting easily frustrated, chronically inflexible children. 5. ed. Nova Iorque: HarperCollins, 2014.

KAZDIN, A. E. *The Kazdin method for parenting the defiant child:* with no pills, no therapy, no contest of wills. Boston: Houghton Mifflin Harcourt, 2009.

PHELAN, T. W. *1-2-3 Magic:* effective discipline for children 2-12. 6. ed. Chicago: Sourcebooks, 2016.

16

PAIS DIANTE DAS DIFICULDADES ESCOLARES DOS FILHOS

Se você cobra melhores resultados do seu filho com frequência, verá neste capítulo como a exigência em excesso diante das dificuldades de aprendizagem pode comprometer de maneira negativa o desenvolvimento emocional, social e acadêmico da criança.

THALITA P. GONÇALVES GUINDO

Thalita P. Gonçalves Guindo

Contatos
psithalitaguindo@gmail.com
Instagram: @thalitaguindo
19 99912 1819

Pedagoga pela Universidade Metodista de Piracicaba (Unimep). Pós-graduada em Psicopedagogia Clínica e Organizacional pelo Instituto Brasileiro de Formação de Educadores (IBFE). Pós-graduada e especialista em Educação Infantil e Alfabetização pela Universidade Anhembi Morumbi (UAM). Pós-graduada em Psicoterapia pela Faculdade Faveni. Cursando Psicologia na Anhembi Morumbi. Educadora parental certificada pela Positive Discipline Association (PDA-EUA). Formada em Inteligência Emocional pela Escola de Parentalidade e Educação Positiva (Portugal). Capacitadora de mindfulness para profissionais da infância e adolescentes pela Autoamadoria em parceria com o Instituto Mindfulness e Cia. Mentoria de Parentalidade Consciente com Iara Mastine e Cia. Coautora do Box *Intenção de mãe* e do livro *Manual de educação parental,* pela Literare Books International.

Pais de crianças com dificuldades de aprendizagem, como dislexia, transtorno do déficit de atenção e hiperatividade (TDAH) ou transtornos específicos de linguagem, frequentemente enfrentam o desafio de equilibrar suas expectativas com as limitações e desafios enfrentados por seus filhos. Essa dinâmica pode gerar insatisfação, que, por sua vez, impacta negativamente o desenvolvimento escolar e emocional das crianças.

Frases como "Tirei oito, mas minha mãe não gostou muito da minha nota", "Não fui bem, só tirei sete" ou "Meus pais disseram que preciso tirar dez porque minha única obrigação é estudar" refletem a pressão excessiva que algumas crianças enfrentam, seja ou não por dificuldades de aprendizagem. Elas mostram o quanto as expectativas de alguns pais, muitas vezes voltadas apenas para os resultados, podem gerar frustração tanto para eles quanto para seus filhos.

É essencial entender que a educação não envolve apenas números; também tem a ver com esforço, dedicação e desenvolvimento de competências. Todos nós enfrentamos dificuldades, as quais devem ser acolhidas com empatia, apoio e encorajamento.

O bom desempenho escolar, de fato, é importante, mas deve ser entendido como um reflexo de comprometimento e responsabilidade, não apenas como um número em um boletim. Exigir "a nota pela nota" desconsidera o processo de aprendizado. A nota deve ser encarada como um indicativo, um ponto de partida para identificar forças e dificuldades. O foco, portanto, precisa estar em fazer o melhor possível, valorizando o caminho percorrido e não apenas o resultado.

Mas e quando a criança se dedica, estuda com afinco, mas tira uma nota baixa, como um quatro? Nesse cenário, fica claro que ela está enfrentando dificuldades específicas com o conteúdo. Essa é uma oportunidade para revisar o material, buscar novos métodos de aprendizagem ou até mesmo apoio profissional para ajudá-la a superar essas barreiras.

Agora, comparemos essa situação à de uma criança que não se comprometeu com os estudos. Percebe-se aqui uma diferença: enquanto a primeira precisa de apoio pedagógico, a segunda precisa de orientação e estímulo para assumir responsabilidades.

Assim, o papel dos pais não é apenas cobrar resultados, mas oferecer suporte e criar um ambiente em que os filhos se sintam valorizados pelo esforço, mesmo quando os resultados não forem perfeitos. É necessário equilibrar expectativas, incentivar a persistência e demonstrar que o aprendizado é mais importante do que uma nota específica. Afinal, a educação é um processo contínuo, e o desenvolvimento integral de uma criança vai muito além de números no boletim.

Distúrbios de aprendizagem

Os distúrbios de aprendizagem referem-se à incapacidade de adquirir, reter ou utilizar informações e habilidades gerais, que podem afetar a capacidade de aprender efetivamente, muitas vezes acarretando baixo desempenho escolar.

Por aparecerem em diferentes intensidades, muitas vezes esses déficits são confundidos com certos estigmas como preguiça, falta de inteligência ou de compromisso. Entretanto, a não identificação dos problemas de aprendizagem logo na infância pode desmotivar ainda mais a criança, gerando uma série de limitações que poderiam ser evitadas com o acompanhamento correto.

A seguir, serão descritos diferentes tipos de transtornos, como são desenvolvidos e o que a família e a escola podem fazer para auxiliar o processo de ensino-aprendizagem da criança.

Dislexia

A dislexia é um transtorno que dificulta a relação entre grafismos e sons, resultando em leitura lenta, trocas de letras, dificuldade de memorização e falta de foco. Geralmente, é identificada entre oito e dez anos, após a alfabetização.

Disgrafia

A disgrafia é um distúrbio da escrita que se refere à dificuldade da criança em escrever as letras e os números. Ela pode ser motora ou perceptiva. Na primeira, a criança sente dificuldade em realizar o traçado e isso se relaciona com sua coordenação motora fina. Já na disgrafia perceptiva, a criança não consegue associar o desenho da letra ou número que corresponde a sua representação.

Déficit de processamento auditivo

O déficit de processamento auditivo (DPA) ocorre quando a criança tem audição normal, mas dificuldade em interpretar sons, comprometendo a compreensão do que é dito. Os sinais incluem dificuldade em acompanhar conversas, seguir orientações, usar frequentemente "o quê?" e "não entendi", aumentar o volume de dispositivos e não identificar a direção dos sons.

Discalculia

A discalculia é um problema de aprendizagem que interfere na capacidade de calcular e no raciocínio lógico da criança. O uso de símbolos e funções e a compreensão de conceitos relacionados aos números são algumas das dificuldades apresentadas por alunos com discalculia. O distúrbio geralmente é acompanhado por escrita inelegível ou incorreta, desorganização e demora para concluir as atividades propostas.

Transtorno do déficit de atenção e hiperatividade

O TDAH, caracterizado por desatenção, hiperatividade e impulsividade, afeta o rendimento escolar e a socialização, podendo causar inquietação, comportamento agressivo, irritabilidade, compulsão e ansiedade.

Desafios para as crianças

As dificuldades de aprendizagem representam um desafio significativo para muitas crianças, afetando sua vida acadêmica, social e emocional. Estudos indicam que a pressão excessiva dos pais para que os filhos se destaquem no ambiente escolar pode resultar em altos níveis de estresse e ansiedade.

A busca incessante pela perfeição, motivada pela expectativa dos pais, pode levar os estudantes a se sentirem sobrecarregados e desmotivados. Essas crianças podem desenvolver sentimentos de baixa autoestima e inferioridade. Além disso, dificuldades na aprendizagem escolar geralmente estão associadas a déficits em habilidades sociais e a problemas emocionais ou comportamentais. Na adolescência, o fracasso escolar persistente pode acarretar sérios riscos de desadaptação psicossocial, frequentemente ligada à evasão escolar. O abandono da escola pode resultar em subemprego, aumento da probabilidade de adesão a grupos marginalizados e outras situações que limitam o acesso a oportunidades favoráveis, ampliando os riscos de desadaptação.

Quando uma criança tem dificuldades em acompanhar o ritmo da turma, é comum que ela se sinta inferior aos colegas. Esse sentimento pode ser intensificado pela pressão externa para alcançar notas altas, especialmente quando a família ou a escola estabelecem expectativas rígidas. A exigência de perfeição, muitas vezes bem-intencionada, pode enviar uma mensagem implícita de que o valor da criança está diretamente ligado ao seu desempenho acadêmico.

Consequentemente, crianças que não atendem a essas expectativas podem começar a se perceber como "menos capazes" ou até mesmo "burras". Esses rótulos internos geram um ciclo prejudicial de baixa autoestima, em que a criança não apenas se sente desmotivada para tentar melhorar, mas também evita interações sociais por medo de julgamentos ou humilhações. Além disso, essas crianças podem ser deixadas de lado pelos colegas, especialmente em contextos nos quais a comparação de habilidades acadêmicas é constante. Ser excluído ou subestimado pelos pares reforça a sensação de inadequação, tornando a vida social ainda mais desafiadora. É nesse momento que surgem comportamentos como retração, dificuldade em formar amizades saudáveis ou, em alguns casos, agressividade como forma de mascarar a insegurança.

E os pais como ficam?

Como pais, todos nós nutrimos expectativas em relação aos nossos filhos, com o desejo de que se deem bem tanto na escola quanto na vida. No entanto, é fundamental refletir sobre como equilibrar nossas próprias angústias e cobranças em relação a eles, especialmente quando enfrentam dificuldades na aprendizagem. A pressão para que os filhos alcancem sucesso acadêmico e social pode gerar um estresse intenso, tanto para eles quanto para nós.

Nesse contexto, é necessário que os pais se atentem à sua função parental, desenvolvendo um profundo autoconhecimento e avaliando se suas cobranças são baseadas em objetivos reais ou se são, na verdade, reflexos de suas próprias ansiedades e frustrações. Também é importante questionarmos até que ponto nossas expectativas estão sendo projetadas de maneira justa sobre os filhos, sem considerar suas individualidades e ritmos. O nível de ansiedade em relação ao desenvolvimento deles, muitas vezes alimentado por preocupações com o futuro, precisa ser monitorado com atenção. A famosa pergunta "Será que ele será alguém na vida?" martela em nossas mentes, mas é preciso ter a consciência de que o processo de aprendizagem e crescimento de cada criança é único, e que o amor e o apoio dos pais são os maiores fatores para que ela se sinta segura e capaz de enfrentar os desafios que surgirem.

Muitos pais projetam em seus filhos desejos não realizados, como o sucesso acadêmico ou social. Reconhecer essas expectativas ajuda a distinguir o que é melhor para o filho e o que é uma necessidade pessoal. Exemplos disso são pais que, por cobranças na infância, replicam esse padrão com seus filhos, ou mães que, temendo o julgamento social, pressionam os filhos a serem "perfeitos". As atitudes parentais muitas vezes refletem as experiências dos próprios pais, e a falta de reconhecimento desses padrões pode causar comportamentos prejudiciais, como pais que têm dificuldades em apoiar os filhos por medo de "mimá-los".

A relação conjugal também pode ser afetada por divergências nas expectativas e abordagens educacionais, gerando conflitos.

A cobrança excessiva dos pais está frequentemente ligada à necessidade de autoconhecimento. Ao refletirem sobre suas motivações, seus medos e expectativas, os pais podem ajustar seu comportamento, oferecendo apoio de forma mais saudável e equilibrada.

Como Daniel Goleman explica em *Inteligência emocional* (1995), quando os pais compreendem e gerenciam suas expectativas e sentimentos, eles criam um ambiente mais acolhedor e propício para o aprendizado da criança, sem cobranças excessivas.

Dicas para saúde mental

- Olhe para sua própria dor e veja como você lida com ela, para depois lidar com seu filho. O que a dor do seu filho diz sobre você? Entenda como isso afeta sua vida e sua função parental.
- É essencial reconhecer o esforço da criança, mesmo quando os resultados não são os esperados. Encorajar um ambiente em que o aprendizado seja valorizado acima das notas promove o desenvolvimento de habilidades socioemocionais como resiliência e autoconfiança. Além disso, criar oportunidades para que a criança

explore suas outras competências, como esportes, artes ou habilidades interpessoais, pode ajudá-la a perceber que seu valor vai muito além do boletim escolar.

- É importante que a criança receba apoio para compreender suas emoções, aprendendo a lidar com frustrações e a desenvolver estratégias para superar seus desafios. Quando acompanhadas de empatia e paciência, essas práticas não apenas ajudam no crescimento acadêmico, mas também contribuem para formar crianças emocionalmente saudáveis, preparadas para enfrentar os desafios da vida com coragem e autoconfiança.
- Converse e entenda os motivos: é necessário reservar um tempo para ouvir os filhos e entender como eles estão se comportando em casa e na escola. O ideal é perguntar sobre o que mais gostam de fazer durante o dia. Aproveite para questioná-los também sobre as matérias em que eles enfrentaram mais dificuldades ao fazer os exercícios.
- Cobre esforço, não notas altas: evite a cobrança excessiva por notas. O foco deve ser no esforço, não no resultado. Isso ajuda a criança a se sentir valorizada, sem a pressão de agradar os pais.
- Evite recompensar o desempenho escolar com presentes, pois isso ensina a criança a se esforçar apenas por recompensas e pode torná-la materialista. Um carinho ou elogio é suficiente para motivá-la a dar o seu melhor.
- É importante sempre lembrar que você é um exemplo.
- A escola e a família têm papéis complementares nesse processo, e o apoio a uma aprendizagem social eficaz na infância pode gerar impactos positivos de longo prazo, refletindo-se em adultos mais adaptados e emocionalmente saudáveis.
- Esteja presente, pois seu filho precisa de você.

Concluindo, como pais queremos o melhor para nossos filhos. Lembre-se de que seu apoio, encorajamento e empatia irão repercutir por toda a vida.

Referências

GOLEMAN, D. *Inteligência emocional.* Rio de Janeiro: Objetiva, 1995.

17

ALTAS HABILIDADES
GRANDES DESAFIOS E IMPACTOS NA FAMÍLIA

Supertrunfo, mas não! Neste capítulo, vamos conversar sobre crianças que apresentam uma condição de inteligência acima da média: as chamadas superdotadas, ou de altas habilidades. Vamos percorrer suas características e seus impactos, além de sugestões de ajustes que podem auxiliar na vida e na rotina de crianças e suas famílias.

FABIANA NUNES RIBAS

Fabiana Nunes Ribas

CNP 12/602

Contatos
Instagram: @Fabianaribas.terapeuta
49 99146 7694

Mestranda em Psicologia Clínica (Integralize), Terapeuta de família, casal e individual. Orientadora familiar. Psicanalista. Psicoterapeuta transpessoal. Educadora parental em parentalidade consciente. Certificação em Disciplina Positiva. Criação consciente. Especialista em ferramentas de diagnóstico parental. Certificação em Sono e Apego Seguro (API). Com especialização em Neuropsicopedagogia, Gestão de Pessoas e Comportamentos, Educação Parental, Inteligência Emocional, Psicologia Transpessoal, Magistério para Ensino Superior, Terapia de Família e Casal e Orientação Familiar. Formações: Psicoterapia do Puerpério, especialista em Trauma e Ferramentas Psicossensoriais, Eneagrama da Personalidade e Instintos, facilitadora do Programa Educação Emocional Positiva e Avaliação e Intervenção em Altas Habilidades. Terapeuta EFT em formação. Coautora das obras *Habilidades socioemocionais* (2021), box *Intenção de mãe* (2022), *Um diário de terapia de família e casal* (2022) e *Disciplina e afeto* (2023). Organizadora e coautora de *Pais em construção* (2023) e *Apanhei e não morri* (Literare Books).

Dedico este capítulo ao meu amado filho, Henrique, fruto da minha inspiração.

O nascimento de uma criança não define sua inteligência, mas a genética e os aspectos transgeracionais podem influenciar o surgimento de altas habilidades (AH).

De acordo com Ourofino & Guimarães (2007), superdotado é o indivíduo que demonstra desempenho superior ao de seus pares em uma ou mais das seguintes áreas: habilidade acadêmica, motora ou artística, criatividade, liderança. Já a pessoa com altas habilidades apresenta habilidades acima da média em um ou mais domínios: intelectual ou acadêmica, das relações afetivas e sociais, das produções criativas, esportivas e psicomotoras.

Nos últimos anos, houve um aumento expressivo em diagnósticos de altas Habilidades (AH) ou superdotação (SD), que não contribui para melhores condições de assistência. O sistema educacional ainda não compreende o que e como deve ser o manejo com crianças com AH/SD; não há um estereótipo, e isso inclusive dificulta a identificação da condição, pois muitas vezes o quadro é confundido com transtorno do espectro autista (TEA), ou transtorno do déficit de atenção e hiperatividade (TDAH).

Um cérebro complexo, confuso e potente!

Pensei em uma metáfora para exemplificar isso: imagine que o cérebro é uma grande cidade, com grandes avenidas, bem-sinalizadas, que fluem tranquilamente para os grandes centros. Agora pense nessa mesma cidade com grandes avenidas, com um trânsito caótico e uma sinalização confusa, com áreas centrais pouco desenvolvidas, mas com grande fluxo de informação e com uma administração imatura e impulsos desorganizados. Imaginou? Agora aplique isso para o cérebro de uma pessoa com AH. Difícil, certo?

O que se sabe sobre o funcionamento cerebral de pessoas com essa condição é que possui uma dificuldade/deficiência no centro de comando (inclusive o córtex pré-frontal é maior), que não auxilia na inibição dos impulsos. Isso afeta a capacidade de foco e planejamento, ou seja, a pessoa faz planos e tem dificuldade de aplicar e regular suas ações, emoções e comportamentos.

Um exemplo é que, para essas crianças, tudo é intenso e muito visceral. Há uma profundidade emocional que interfere no gerenciamento das relações interpessoais, porque elas leem com facilidade o ambiente e o funcionamento de outras pessoas, pois seu sistema límbico e sua neurocepção também são mais aguçados. A neurocepção seria uma espécie de mediadora tanto para a expressão quanto para interrupção no comportamento, vinculando a homeostase e a regulação emocional. Assim, o tom da voz, as expressões faciais e os movimentos das mãos estariam sendo avaliados como informações seguras ou não. Para além do fator estimulante, a resposta emocional é determinada por um complexo sistema de respostas fisiológicas e regulação de comportamentos (Porges, 2012).

Outro ponto de extrema relevância a ser observado é que ocorre um desenvolvimento assíncrono em sujeitos AH/SD ou seja, as etapas de desenvolvimento relacionadas a cognição, linguagem e ao desenvolvimento motor ocorreram precocemente, mas a pessoa apresenta dificuldades nas interações sociais. Essa dissincronia afeta diretamente o desenvolvimento global dessas crianças, já que apresentam uma idade cronológica diferente da cognitiva e emocional.

O diagnóstico de AH/SD geralmente é feito por profissionais especializados, como psicólogos, neuropsicólogos ou pedagogos, por meio de avaliações detalhadas que incluem testes de inteligência, avaliações comportamentais e análises do desempenho escolar e criativo da criança.

Características mapeadas sobre o funcionamento de AH/SD precisam ser observadas com cautela, pois a condição não é somente cognitiva; às vezes, a criança não aprende matemática e português, mas domina um instrumento musical, outras línguas ou tem uma destreza e força corporal acima da média. São necessárias avaliação e observação detalhada para diagnósticos adequados.

Altas habilidades

Essas crianças frequentemente apresentam desenvolvimento acelerado, alcançando precocemente marcos motores e cognitivos, como rolar, engatinhar e falar antes do esperado.

Winner (1998) aponta que essas crianças, antes dos cinco anos, já demonstram amplo vocabulário, intensidade, energia elevada, interesses específicos por vezes obsessivos, boa memória, desenvolvimento motor antecipado, interesse por leitura, senso de humor apurado, impulsividade, persistência, concentração e interesse específico, e reações intensas a estímulos como ruídos, dor e frustrações.

Winner (1998) e Ourofino & Guimarães (2007) destacam como dificuldades comuns ansiedade e rigidez cognitiva, problemas de conduta (p. ex., indisciplina), especialmente durante a realização de tarefas pouco desafiadoras, com tendência a questionar regras, e comportamento desafiador diante de frustrações.

Habilidades e capacidades

Importante ressaltar que crianças com AH/SD são diferentes em seu funcionamento cognitivo, foco e interesses, segundo Gardner (1995).

- **Intelectual**: flexibilidade e fluência no pensamento, capacidade de desenvolver o pensamento abstrato com rapidez, além de elaborar o pensamento crítico precocemente. É independente, demonstra compreensão sobre diversos assuntos, boa capacidade de memorizar, de resolver problemas e de solucioná-los.
- **Acadêmico**: capacidade de se manter atento e concentrado durante as atividades. Aprende rapidamente, tem boa memória, demonstra entusiasmo e interesse durante o processo de aprendizado. Possui capacidade de avaliar, sintetizar e organizar seus conhecimentos.
- **Criativo**: costuma ter pensamentos originais, é imaginativo e, durante a resolução de problemas, adere a soluções diferentes e inovadoras. É sensível a questões ambientais. Tem facilidade de autocompreensão.
- **Social**: capacidade de liderança e de demonstrar sensibilidade interpessoal. É expressivo, tem habilidade com diversas pessoas e grupos, apresenta boa percepção das situações vivenciadas e resolve situações complexas com facilidades. Tem alto poder de persuasão e de influência.
- **Talento especial**: destaca-se nas áreas de artes plásticas, musicais e dramáticas, literárias ou técnicas.
- **Psicomotor**: desenvolve atividades psicomotoras com desempenho acima do comum. Possui agilidade, força, controle, coordenação e resistência.

Importante: uma criança com AH/SD pode não se destacar em todas as áreas. Ela até pode apresentar dificuldades em aprender algo, não ir tão bem assim na escola, e por vezes pode apresentar maus comportamentos, diante de frustração e interação social.

Aspectos de AH/SD e impactos na família

Você deve estar pensando: qual o problema de possuir uma inteligência acima da média?

Há alguns problemas, mas o maior deles é uma intensidade e energia inesgotável, causando dificuldades em se acalmar, dormir e descansar. Essas crianças demandam muito mais cuidado e energia de seus cuidadores, que geralmente ficam esgotados. Famílias que possuem filhos com essa condição são amplamente impactadas e muitas vezes essas dores são vividas de forma solitária, porque os pais acham que sua inabilidade parental é a causa dos comportamentos inadequados das crianças.

Dores físicas

- **Exaustão**: decorrente do esforço para atender às demandas intelectuais e emocionais, muitas vezes resulta em fadiga crônica.
- **Falta de tempo para autocuidado:** os pais muitas vezes priorizam as necessidades da criança, negligenciando sua saúde física e mental.

Dores emocionais e mentais

- **Isolamento familiar**: sentimentos de exclusão de círculos sociais por não encontrarem outros que compreendam as necessidades da criança.
- **Frustrações com o sistema escolar**: a falta de compreensão ou suporte adequado pode gerar ansiedade nos pais e na criança, junto com reclamações constantes.
- **Sentimento de inadequação da criança**: o isolamento social pode fazer a criança se sentir "diferente" ou inadequada, gerando frustrações e crises de choro e ansiedade.
- **Sobrecarga cognitiva dos pais**: lidar com questões de aprendizado avançado, pesquisas constantes sobre AH/SD e estímulo contínuo à criança, falar ou discutir sobre temas complexos que interessam a ela.
- **Gestão de comportamentos intensos**: explosões emocionais, perfeccionismo extremo e resistência à rotina podem causar esgotamento mental.

Dicas para saúde mental

Famílias que convivem com essa condição precisam de apoio, mas o primeiro passo é identificar e diagnosticar a criança para ter consciência de quais ações tomar. Para isso, vamos percorrer algumas sugestões de ajustes e estratégias para gerenciar melhor os desafios e oportunidades que a condição oferece.

Invista em autocuidado

- **Prática de autocompaixão**: estudos de mindfulness indicam que pais que praticam autocompaixão enfrentam melhor os desafios cotidianos.
- Inclua exercícios simples, como meditações guiadas de cinco minutos, para restaurar o equilíbrio emocional.
- Utilize pequenas rotinas de autocuidado, como tomar um banho relaxante ou realizar breves exercícios físicos, mesmo com pouco tempo disponível.
- **Monitoramento de sintomas**: reconheça sinais de desgaste físico e procure assistência médica ou terapêutica preventiva.
- **Nutrição e sono**: priorize uma alimentação equilibrada e padrões de sono regulares, ajustando horários da criança.
- **Criação de conexões significativas**: busque eventos locais, encontros virtuais ou *workshops* voltados para AH/SD. Um estudo da APA (Associação Americana

de Psicologia) mostra que compartilhar experiências com outros pais melhora a resiliência emocional.

- **Educação do entorno social**: prepare materiais curtos para explicar as características do seu filho a familiares e amigos, promovendo empatia e evitando julgamentos equivocados.
- **Planejamento estruturado**: crie uma agenda semanal priorizando tarefas importantes e reservando horários fixos para descanso. Estudos mostram que pais de crianças com necessidades diferenciadas sofrem mais de fadiga, sendo essencial gerenciar o tempo de forma eficiente.
- **Parcerias na rede de apoio**: divida responsabilidades com outros familiares ou amigos próximos, reduzindo a sobrecarga de tarefas diárias.
- **Reconhecimento do esforço**: liste diariamente três ações positivas realizadas em relação ao seu filho. Segundo estudos sobre parentalidade positiva, essa prática ajuda a reduzir o sentimento de insuficiência.
- **Sistema escolar**: use reuniões escolares para compartilhar as necessidades específicas do seu filho com base em observações detalhadas. A parceria ativa com educadores pode facilitar a implementação de ajustes. Considere atividades extracurriculares enriquecedoras que complementem o ensino tradicional, como programas de robótica, artes ou música.

Sentimento de inadequação da criança

- **Escuta ativa**: reserve momentos diários para ouvir a criança sem interrupções. Estudos mostram que a escuta empática fortalece o vínculo familiar e promove confiança.
- **Mediação por especialistas**: terapias focadas em comunicação, como a cognitivo-comportamental (TCC), podem melhorar significativamente os diálogos em casa. Profissionais que atuam com orientação familiar podem ser grandes aliados da família.

Gestão de comportamentos intensos

- **Estratégias de prevenção**: identifique gatilhos comportamentais e ajuste o ambiente para minimizar crises, como criar espaços sensoriais calmos em casa.
- **Treinamento de autorregulação**: use ferramentas visuais, como quadros de emoções ou aplicativos educativos, para ajudar a criança a entender e gerenciar suas emoções.

Geralmente, as famílias com crianças com AH/SD se esforçam para manter longe delas um entendimento completo de suas habilidades, mas isso é algo sem valia, já que muito provavelmente a criança já se sente diferente das outras. Por isso, seja claro com ela sobre suas condições precoces; é muito importante que ela saiba seus limites e suas dificuldades.

Enfim, ao lidar com crianças com AH/SD e suas famílias, meu pedido é: seja empático. Essa criança e sua família sofrem com julgamentos, rótulos, preconceitos e desinformação, e o que elas precisam é de acolhimento, suporte e entendimento. Quando apoiadas em suas particularidades, essas crianças florescem, encantam e causam mudanças positivas por onde passam, pois suas mentes geniais e curiosas poderão trazer grandes contribuições para o mundo.

Referências

GARDNER, H. *Inteligências múltiplas:* a teoria na prática. Porto Alegre: Artes Médicas, 1995.

MORALES CHÁCON, K. *Alta dotación y talentos en la niñez*: aspectos básicos. San José: C. R. Litografia e Imprenta LIL, 2010.

OUROFINO, V. T. A. T.; GUIMARÃES, T. G. Características intelectuais, emocionais e sociais do aluno com Altas Habilidades/Superdotação. *In*: FLEITH, D. S. (Org.). *A construção de práticas educacionais para alunos com Altas Habilidades/Superdotação*. Brasília: Ministério da Educação, Secretaria de Educação Especial, 2007. p. 53-65.

PORGES S. W. *Teoria polivagal:* fundamentos neurofisiológicos das emoções, apego, comunicação e auto-regulação. Trad. F. Souza. Rio de Janeiro: Sense Aprendizagem e Comunicação, 2012.

SIEGEL, D.; HARTZELL, M. *Parentalidade consciente:* como o autoconhecimento nos ajuda a criar nossos filhos. São Paulo: nVersos, 2017.

VIRGOLIM, A. M. R. *Altas habilidades/superdotação:* encorajando potenciais. Brasília: Ministério da Educação/Seesp, 2007.

WINNER, E. *Crianças superdotadas:* mitos e realidades. Porto Alegre: Artmed, 1998.

18

O TEMPO É O VILÃO? O PRÉ-VESTIBULAR E OS DESAFIOS DE COMUNICAÇÃO PARA PROFESSORES E ALUNOS

O tempo se esvai rapidamente, a quantidade de informações é insana, o coração acelera, a ansiedade se instala. Jovens pré-vestibulandos que passam por essa situação desafiadora constantemente precisam de ajuda para manter a mente tranquila. Neste capítulo, compartilho, a partir de estudos e de minha prática como educadora, reflexões sobre a comunicação afetiva em sala de aula, com o intuito de estimular educadores a estabelecerem um diálogo acolhedor e afetuoso com os estudantes.

ALESSANDRA RUY PERNA MALINVERNI

Alessandra Ruy Perna Malinverni

Contatos
www.redigiroficinadetexto.com
ale.redigir@gmail.com
Instagram: @ale.redigir
19 99119 1188
19 99927 8686 (Curso Redigir)

Professora de Redação e Linguagens, com formação em Psicopedagogia, em Psicanálise e mãe dos amados Rafael e Leonardo. Especialista em Teoria Crítica da Literatura pela Universidade Estadual Paulista (Unesp), atua como professora de adolescentes há 30 anos, ajudando-os a desenvolverem habilidades de escrita. Esse conhecimento e o amor por desenvolvimento humano são utilizados pela professora para tornar a sala de aula um local acolhedor e de bem-estar. Atua como supervisora e corretora de bancas dos vestibulares mais importantes do país e é idealizadora do Curso de Redação Redigir Oficina de Texto, espaço em que, há mais de dez anos, acompanha jovens em busca de seus sonhos, com acolhimento e afeto.

Aos meus alunos, com quem compartilho sonhos todos os dias. Aos meus filhos, Rafael e Leonardo, os quais, com indescritível amor, fazem de mim um ser humano melhor e tornam o meu olhar ainda mais sensível para o mundo. Ao meu marido, Paulo César, grande apoiador e companheiro amoroso de jornada. A todos(as) os(as) professores(as) que se desafiam a fazer da sala de aula um ambiente acolhedor e afetuoso. Juntos e juntas, nossos pensamentos se iluminam e nosso coração se abre alegremente para a novidade do mundo.

"Eu me movo como educador, porque, antes, me movo como gente."
Paulo Freire

Geração ansiosa e a escuta do professor

A vida de um pré-vestibulando, considerando sua figura social de jovem com acesso à educação voltada para a preparação para o ensino superior, é permeada pela pressão e pela instabilidade. A alta competitividade e o modo como se romantizam as rotinas de sobrecarga têm impulsionado jovens a se sentirem mais ansiosos e é importante considerar esse contexto quando se trabalha com tal público, já que a desestabilização na saúde mental influencia no desempenho das provas para ingresso na universidade e na vida do estudante.

São muitas as formas de a escola atuar com responsabilidade para minimizar esse sofrimento. Uma delas, que é a reflexão deste capítulo, é justamente a comunicação emitida pelos(as) professores(as). Ao ministrar a aula, é possível se apropriar de um vocabulário que faça os alunos se sentirem mais confiantes e abertos a aprender. Nesse sentido, o(a) professor(a) deve se preocupar não apenas com a informação, mas principalmente com a forma de transmiti-la, situação que exige um processo de escuta de si e dos educandos.

Prestar atenção aos próprios sentimentos, necessidades e vulnerabilidades ajuda o(a) professor(a) a diminuir e até a não produzir mais falhas de comunicação. Essa atenção pode compreender o universo moderno em que ambos se inserem, desafiados constantemente pela sobrecarga de informações e pela cultura de multitarefa, que dificultam a criação de vínculos mais profundos. Cientes dessas adversidades, os profissionais da educação devem, nos poucos momentos disponíveis para o diálogo, transformá-los em influência positiva e encorajadora. É necessário considerar a importância das ações de gestores escolares no auxílio aos professores em cuidarem de seu bem-estar, para, assim, serem capazes de cuidar dos jovens com um olhar que vá além da matéria transmitida.

Vamos começar escutando os jovens?

Elaborei um formulário para que professores e alunos pudessem se expressar acerca das dificuldades de comunicação durante as aulas e de como algumas falas, constantemente empregadas por professores, podem ser desencorajadoras. A seguir, serão citadas algumas falas de professores de cursos pré-vestibular e do Ensino Médio escutadas e reproduzidas pelos alunos e que, de acordo com os estudantes, causam desconforto e desencorajamento.

Quais frases você já ouviu de professores que causam desconforto e são desencorajadoras?

- "Que nunca é suficiente, tem sempre alguém fazendo mais que você."
- "Você está estudando em uma escola de alto nível e é o mínimo passar nas provas."
- "Basta se esforçar e estudar horas por dia."
- "Você está quase chegando no nível de fulana."
- "Do jeito que você tá indo, vai ter que passar um ano no cursinho."
- "Vocês vão passear no cursinho ano que vem! Vocês acham que os alunos de outros colégios (cidades em que o professor dá aula) vão passar na sua frente? Eles vão."

Após o levantamento de falas como essas, deixei uma questão em aberto para que os estudantes se expressassem acerca de suas dificuldades. Penso que os discursos dos jovens que vou apresentar para vocês a seguir sejam bastante esclarecedores sobre como é importante o cuidado com a forma de se dirigir a eles, quando desejamos, de fato, um processo de aprendizagem amoroso e significativo.

Deixe um recado ou alguma informação que você gostaria de acrescentar sobre os desafios de ser um(a) pré-vestibulando(a)

- "O ambiente competitivo e a rotina densa, a sensação de culpa quando tenho momentos de descanso."
- "Insegurança de achar que não vai dar tempo de ver tudo porque parece que, quanto mais você estuda, mais coisas aparecem. E a insegurança de achar que não vai passar e não decepcionar só você, mas também seus pais, amigos e professores, principalmente quando você é um bom aluno, parece que todos estão contando com a sua aprovação."
- "Muito exaustivo psicologicamente."
- "Estresse absoluto, crises de ansiedade, queda de cabelo, vontade de se machucar, gritos, medo e raiva."

- “Eu não imaginava que fosse tão ruim.”
- “Ser um vestibulando é estar sob pressão o tempo todo: a saúde mental, a autoconfiança e o autoconhecimento são fundamentais nessa fase. Se cuidem!”
- “Ninguém entende o que é ser vestibulando até ser. Ninguém entende o que é estar no cursinho até estar. O pré-vestibulando, principalmente os que estão há mais tempo nesse processo, como é o meu caso, sofre um desdém absurdo de quem vê de fora. As pessoas de fora não estão, muitas vezes, nem aí se você está se esforçando, se você está estudando. As pessoas só gostam de falar e falar e falar e nos pressionar pra passar porque ‘a vida tá passando’; ou porque ‘fulano de tal passou e já tá no terceiro ano de faculdade’, enquanto estamos aqui, estudando pra entrar. Esses comentários do dia a dia só desgastam o emocional de um jovem que já está num processo muito desafiador, e com muitos conflitos e incertezas internas. É como se fôssemos constantemente bombardeados com a necessidade de passar e a desmotivação, ao mesmo tempo. E, confesso, manter-se distante disso tudo sempre é muito difícil.”
- “A ansiedade é a parte mais desafiadora.”

Mover-se como educador: o professor, agente de transformação, também precisa de cuidados

Professores comprometidos estão em constante movimento, ressignificando saberes e formas de transmitir conhecimento. Mover-se como gente antes de mover-se como professor(a) – como aponta o filósofo e educador Paulo Freire – é um dos pilares da educação amorosa, a qual, de fato, torna a aprendizagem significativa, ultrapassa as paredes da sala de aula e faz tanto o(a) professor(a) como o(a) aluno(a) serem afetados pelo conhecimento que será levado por toda a vida, e este é o grande desafio! Em um mundo repleto de imediatismos, competição e diminuição do senso de pertencimento escolar, como pode um professor (e neste capítulo me atenho aos professores de Ensino Médio e pré-vestibular) estabelecer uma comunicação afetiva que ultrapasse os muros do vestibular e traga sentido especial ao que é transmitido? Como criar um ambiente acolhedor e afetuoso para o vestibulando se sentir mais seguro e aprender com menos ansiedade?

Em um levantamento que fiz com 22 professores de cursos pré-vestibular do interior de São Paulo, compreendendo as cidades de Pirassununga, Ribeirão Preto, Porto Ferreira, Leme, São Carlos e Araras, 77% deles afirmaram que o principal desafio em relação à comunicação com os alunos em ano de vestibular é o pouco tempo para transmitir muito conteúdo e, por isso, há diminuição do tempo para o diálogo empático e afetuoso com os jovens (31,8% deles relataram que a apatia dos estudantes atrapalha a comunicação e 22,7% disseram que o problema maior é a agitação dos educandos). Ao expor a ideia de “diálogo afetuoso”, não se trata aqui de ser um(a) professor(a) “bonzinho(a)”, “popular”, “amigão(ona)”. Trata-se de preparar aulas que incluam uma comunicação atenta às necessidades desses jovens em um momento em que a expectativa de futuro, as incertezas e medos gerados pela prova de vestibular os afligem (e às suas famílias!). Esse gesto é essencial para aqueles que desejam transformar o clima emocional da sala de aula e não serem apenas bons "transmissores de informação", mas sim "gente que se move", seres humanos empáticos, preocupados com os outros seres humanos diariamente à sua frente. É urgente despertar a consciência de que esses estudantes são meninos e meninas que, assim como os professores, sofrem com uma sociedade adoecida pelo imediatismo, conectividade em excesso e degradação da atenção.

Ressalto, porém, que só se pode esperar atenção do(a) professor(a) para o clima da sala de aula se suas necessidades e demandas também forem atendidas. Os docentes precisam ser verdadeiramente ouvidos. Algo importante a destacar aqui foi a dificuldade em estimular os professores a pararem uns poucos minutos para escutarem a si mesmos, pensarem em suas necessidades e/ou vulnerabilidades e em seu fazer educativo. Enviamos o formulário para várias escolas, atingindo um grupo de 68 professores, mas apenas 22 deles (32%) pararam para responder. Ainda assim, as respostas foram significativas e representam muito bem o que tenho visto nas salas de professores há anos.

Deixe um recado ou alguma informação que você gostaria de acrescentar sobre os desafios de ser um(a) professor(a) de Ensino Médio e pré-vestibular

- "Acredito que a falta de tempo e a necessidade em me atualizar constantemente gera um pouco de ansiedade. Também tenho sentido os alunos menos interessados, menos dedicados e algumas vezes mais apáticos. É claro que as situações são muito diferentes, porque cada sala acaba tendo um perfil diferente do outro."
- "Esta é a fase em que o professor mais precisa se atentar ao que o aluno não diz."
- "Devido às demandas escolares extrassala de aula, muitas vezes não há tempo de preparar uma aula da forma como gostaria/deveria."
- "Acredito que um desafio tem sido o elevado empoderamento do aluno, dificultando o exercício da autoridade do professor."
- "Para mim, a maior dificuldade está em não ter muito espaço e tempo, desde o modelo de preparação predominante nas escolas, para construir relações afetivas significativas com os alunos. Acredito que a afetividade seja a base para todo processo educacional."

Veja no QR Code mais depoimentos de professores e de alunos.

Em meio à aceleração de nosso tempo, precisamos encontrar caminhos para ajudar professores a cultivarem relações mais saudáveis com os alunos. Nesse sentido, insisto na reflexão sobre a programação de tempo para escuta, a fim de ressignificar nossas ações de cuidado durante as aulas.

Cuidando de professores e de alunos

Ação dos gestores: ajudando o professor a desacelerar

Os gestores da escola devem atuar com responsabilidade e levar a sério o bem-estar do professor. Como estamos falando de um universo em que os professores têm pouco tempo de descanso, por exemplo, algumas mudanças podem ajudar bastante para tornar o cotidiano desses profissionais mais aprazível. Vejamos algumas:

- **Salas de professores amplas e com acústica que diminua o barulho externo**: as pausas em lugar mais tranquilo e confortável trazem momentos de maior relaxamento.
- **Respeitar o horário de descanso do professor**: a coordenação deve evitar usar o horário do intervalo dos professores para discutir questões de trabalho, fazer cobranças etc.
- **Diminuir a burocracia**: priorizar o tempo do professor para que ele se prepare pedagógica e emocionalmente.
- **Programas de formação e de apoio ao professor**: conscientizar sobre saúde mental e oferecer recursos de apoio psicológico fortalece os professores e os incentiva a acolher os estudantes.

Ações do professor para lidar com os estudantes de pré-vestibular e de Ensino Médio

- **A boa aprendizagem está relacionada ao vínculo e à confiança**: ao preparar as aulas, reflita sobre comunicação assertiva e conquiste uma fala acolhedora em vez de ameaçadora.
- **Postura de presença**: anuncie que está ao lado deles e que podem vencer juntos e juntas os desafiadores anos de estudos para o vestibular.
- **Desenvolva capacidade de escuta**: assim se torna possível perceber necessidades de intervenção.
- **Parceria**: peça ajuda da coordenação e de profissionais da saúde mental para conduzir de forma eficaz a comunicação afetiva com os educandos e para nutrir-se emocionalmente.

Dicas para saúde mental

Professores e alunos

- Reflita sobre suas necessidades e peça ajuda quando necessário.
- Fortaleça vínculos: compartilhe experiências e situações desafiadoras com colegas.

- Valorize suas conquistas, aprenda a aceitar elogios e celebre pequenas conquistas diárias.
- Valorize as pausas curtas para renovar suas energias.

Pais, mães e responsáveis

- Participe da vida escolar do seu filho e o ajude a estabelecer uma rotina de estudos.
- Observe o comportamento do seu filho, principalmente quando se aproximam as datas de inscrição e provas de vestibular.
- Escute seu filho com atenção para acolhê-lo em suas emoções e deixá-lo seguro para falar sobre os desafios.
- Mantenha um bom clima emocional e reforce que a importância dos estudos ultrapassa as provas de vestibular. Conhecimento é para a vida toda!

O Programa Redigir

Apaixonada pelas palavras e com vasta experiência em bancas de correção dos principais vestibulares do país, eu criei o Curso e o Programa Redigir não só para aprimorar a redação, mas também para compartilhar sonhos. As aulas são cuidadosamente elaboradas para que os alunos dominem a escrita, reflitam sobre sua vivência como cidadãos e sejam acolhidos em suas emoções.

Os resultados são impressionantes e, a cada ano, torna-se mais evidente que o vínculo entre professor e aluno independe da idade e é possível alcançar sucesso em provas de vestibular por meio de uma educação cuidadosa e afetuosa e de projetos de aula que promovam acolhimento em vez de ameaças.

Veja mais sobre o Curso Redigir no QR Code.

Acredite na força das palavras amorosas.

Referências

BAUMAN, Z. *Amor líquido:* sobre a fragilidade dos laços humanos. Rio de Janeiro: Zahar, 2004.

BRIEU, T. *Escutatória:* desvendando os segredos da comunicação significativa. Santos: H1 Editora, 2024.

FREIRE, P. *Pedagogia da autonomia:* saberes necessários à prática educativa. São Paulo: Paz & Terra, 2019.

WINNICOTT, D. W. *Processos de amadurecimento e ambiente facilitador*. São Paulo: Ubu, 2022.

WINNICOTT, D. W. *Tudo começa em casa*. São Paulo: Ubu, 2022.

19

CRENÇAS LIMITANTES EM RELAÇÃO À APRENDIZAGEM
COMO VOCÊ, PROFESSOR, PODE AJUDAR?

Este capítulo aborda o que são crenças limitantes, qual a origem delas e como elas afetam a aprendizagem. Um dos locais onde a aprendizagem de conteúdos acontece é a escola; assim, é um desafio ao professor contribuir para a manutenção de tais crenças ou trazer luz ao desenvolvimento do processo de aprendizagem com consciência, firmeza e empatia.

LILIAN VENDRAME FONSECA

Lilian Vendrame Fonseca

CRP 06/65755

Contatos
vendramepsicologa@gmail.com
Instagram: @psililianvendrame
WhatsApp: 19 99348 0647

Psicóloga, neuropsicóloga, professora e psicopedagoga. Atua há 15 anos em atendimento de adolescentes e adultos, orientação familiar e profissional. Especialista em tratamentos para ansiedade e depressão, capacitada pela Universidade de São Paulo e pelo Hospital Albert Einstein. Formação em Terapia Cognitivo-Comportamental e Gestalt-terapia. Qualificada para trabalhos com intervenções assistidas por animais (IAAs). Pós-graduada em Psicologia Analítica Junguiana – Perspectiva Multidisciplinar e pós-graduanda em Psicanálise e Saúde pelo Hospital Albert Einstein.

O que são crenças limitantes?

Crenças limitantes são convicções que indivíduos possuem, muitas vezes de forma inconsciente, e que os impedem de alcançar seu potencial máximo. Elas podem se manifestar em diversas áreas da vida, como relacionamentos, carreira, saúde e autoestima. De acordo com pesquisadores como Carol Dweck, essas crenças podem ser profundamente enraizadas em experiências passadas, influências familiares ou culturais, e se basear em medos e inseguranças. Por exemplo, uma criança que recebe críticas constantemente em vez de feedbacks construtivos pode desenvolver a crença de que nunca será boa o suficiente.

Causas das crenças limitantes

A origem das crenças limitantes é multifacetada. Experiências de infância, influências familiares, normas culturais e a influência do nosso ambiente escolar e dos professores desempenham papéis significativos. Por exemplo, um ambiente escolar onde a criança ouve que ela é devagar pode levá-la a acreditar que ela é incapaz.

Nossas experiências vividas, especialmente em momentos críticos, moldam nossas crenças. Por exemplo, uma pessoa que enfrentou uma situação de fracasso na infância pode desenvolver a crença de que não é capaz de ter sucesso em novas empreitadas.

O jeito como processamos e interpretamos essas experiências é fundamental. Se tendemos a ver o mundo de maneira negativa ou focamos nas falhas, é mais provável que internalizemos crenças que nos limitam, como "não sou bom o suficiente" ou "não mereço ser feliz".

As interpretações que damos às nossas experiências também influenciam nossas crenças. Duas pessoas podem passar pela mesma situação, mas se uma delas interpretá-la como uma oportunidade de aprendizado, enquanto a outra a vê como um fracasso pessoal, as crenças que surgem podem ser bastante diferentes.

Esses elementos interagem entre si, criando um ciclo: situações vividas geram interpretações que moldam nossos pensamentos e esses, por sua vez, reforçam crenças limitantes que podem nos impedir de agir ou evoluir. Reconhecer essa dinâmica é o primeiro passo para superar essas crenças e promover o crescimento pessoal.

Como as crenças limitantes afetam a aprendizagem

As crenças limitantes podem prejudicar a aprendizagem de várias maneiras:

- **Autoeficácia**: um aluno que acredita que "nunca será bom em matemática" pode evitar se envolver com a matéria, sendo levado a um desempenho abaixo do seu potencial.
- **Medo do fracasso**: crenças como "se eu falhar, serei um fracasso" podem gerar procrastinação e evitar desafios, limitando o crescimento pessoal.
- **Resistência a feedback**: a dificuldade em aceitar críticas construtivas pode impedir melhorias e adaptações no processo de aprendizagem.
- **Foco em resultados**: a ênfase no resultado em detrimento do processo pode causar ansiedade e frustração, dificultando a absorção de novos conhecimentos.
- **Autossabotagem**: ações inconscientes que validam crenças limitantes, como não se preparar adequadamente para uma prova, reforçam a ideia de incapacidade.

Mensagens negativas formadoras e/ou reforçadoras das crenças limitantes

"Estude mais!", "Onde você está com a cabeça? Presta atenção!", "Você é preguiçoso". Essas são apenas algumas das mensagens reforçadoras que muitos estudantes ouvem de professores e até mesmo de colegas ao longo de sua trajetória. As mensagens negativas têm o poder de moldar a percepção que um estudante tem de si mesmo.

Podemos citar como exemplo a série *The Bear*, que conta a história de Carmy, um chefe de cozinha renomado que, após a morte inesperada de seu irmão, precisa voltar a Chicago para cuidar do restaurante deixado por ele. Quando Carmy estava aprendendo o ofício, com profissionais renomados, teve um chefe abusivo que costumava chamá-lo de "lerdo", e isso ficou tão presente em seu dia a dia, que muitas vezes, enquanto preparava os pratos, ele dizia para si mesmo em pensamento a crítica que ouvia desse chefe. É importante citar que Carmy reprimia muito seus sentimentos e por isso tinha muitas explosões. Isso nos faz refletir que cada pessoa vai lidar de uma forma diferente com as frases que ouve e as situações que vive. No caso de Carmy, ele parecia não se importar com o ambiente caótico do restaurante e parecia entender por que seu chefe tinha aquele comportamento, mas por dentro o caos também existia.

E você, como lida com as críticas? E, se você é professor, já imaginou como seus alunos lidam com as críticas?

Críticas incessantes, como "Isso é fácil, não sei por que você está tendo problemas", não apenas desmotivam, mas também podem levar a um ciclo de autoeficácia reduzida, em que o aluno acredita que não é capaz de aprender.

Além disso, a resiliência e a determinação são fundamentais para o sucesso. Quando os alunos são bombardeados com mensagens que minimizam suas capacidades, como "Você deveria ser mais inteligente", isso pode resultar em baixa motivação e disposição reduzida para enfrentar novos desafios.

O papel dos professores na manutenção de crenças limitantes

Os educadores, mesmo sem intenção, podem contribuir para a manutenção de crenças limitantes. *Feedback* negativo constante, comparações entre alunos, baixas expectativas e falta de um ambiente acolhedor são algumas formas que podem desencorajar o aprendizado. Vale ressaltar que um ambiente que promove o erro como uma oportunidade de aprendizado é crucial para combater essas crenças.

Quem não se lembra de um professor de que não gostava por causa das críticas que ele fazia? Enquanto escrevo aqui, lembro-me da minha professora da primeira série, que escrevia em vermelho "Estude mais" em todas as minhas tarefas. Acredito que ela queria muito me ajudar, mas eu, com meus sete anos, não fazia ideia do que era estudar mais; me questionava: estudar mais o quê? O que estou errando? E, por não ter condições de saber o que precisava estudar e como fazer isso, desenvolvi a crença de que não sou capaz, nem boa o suficiente. Perceba que essa professora não fez nenhuma crítica direta a mim, mas a forma que eu interpretei foi que gerou minha crença. Você pode estar se perguntando: "Mas como vou ter controle sobre isso?", "Como fazer para não prejudicar meus alunos?". Essas perguntas são muito importantes. E a resposta é: vamos fazer o melhor que podemos diante das ferramentas que temos, vamos lidar com o que está sob nosso controle. Por exemplo, no caso da minha professora, ela poderia ter escrito "Olhe na página tal e estude tal coisa", ou poderia ter me chamado e explicado o que eu não estava vendo. Hoje, escrevendo sobre essa professora, não a culpo, pois ela fez o melhor que podia com as ferramentas que tinha. O mais importante é o professor avaliar continuamente seus comportamentos e frases, e estudar sobre formas de melhorar o *approach* para com seus alunos.

Você conhece professores que querem instigar os alunos pela raiva com a intenção de motivá-los? Leia este diálogo:

> **Professor**: "Olha, você realmente acha que vai conseguir passar nesse exame com essa atitude? Você não se esforçou nada até agora! Se continuar assim, nunca vai alcançar nada na vida."
>
> **Aluno**: "Mas eu estou tentando, só que não consigo entender algumas partes do conteúdo."
>
> **Professor**: "Tentando? Isso não é suficiente! Você precisa parar de achar que o mundo vai te dar as coisas de bandeja. Você precisa se impor e mostrar que é capaz. Chega de desculpas!"

Como você acha que esse aluno se sentiu?

Nesse caso, o aluno pode se sentir desmotivado, angustiado e até mesmo humilhado. Esse tipo de diálogo pode gerar raiva, mas também pode levar a sentimentos de inadequação e frustração. Em vez de incentivar a aprendizagem, essa abordagem pode criar um ambiente hostil, dificultando o desenvolvimento da confiança e motivação necessárias para o aprendizado. A pressão excessiva e a falta de empatia podem fazer com que o aluno se feche, em vez de se abrir para o aprendizado.

Muitas vezes, crescemos em ambientes em que a empatia não era algo muito praticado, e crescemos achando isso normal, porém não é. Você gostaria que as pessoas olhassem o seu lado, pudessem entender e colaborar com você de forma não violenta? Acredite: seus alunos também. Lembre-se de que empatia é entender a situação do outro pelos olhos dele, mas isso não te impede de agir com firmeza e fazer o que precisa ser feito.

Leia este diálogo empático e firme:

Professor: "Eu percebo que você está tendo dificuldades com o conteúdo, e isso é completamente normal. Muitas pessoas passam por isso em algum momento. O importante é que você não desista. Como podemos trabalhar juntos para superar esses desafios?"

Aluno: "Eu realmente estou tentando, mas algumas partes são complicadas para mim."

Professor: "Entendo, e é bom que você esteja tentando. Vamos identificar as áreas específicas que estão te incomodando. Podemos revisar isso juntos e, se precisar de mais ajuda, também posso sugerir alguns recursos ou até mesmo um grupo de estudo. O que você acha?"

Nesse diálogo, o aluno pode se sentir mais acolhido e motivado. A empatia do professor cria um ambiente seguro, em que ele se sente ouvido e compreendido. A firmeza vem na forma de encorajamento para que o aluno enfrente suas dificuldades, mas com apoio. Isso pode aumentar a confiança do aluno e a vontade de aprender, transformando um momento de frustração em uma oportunidade de crescimento.

Para falar sobre o poder do professor, vamos fazer uma analogia com uma saga de filmes de ficção científica que conta a história de uma luta entre o bem e o mal em uma galáxia distante. É um sucesso, pois quebrou paradigmas do gênero ficção científica, misturando elementos como robôs com sentimentos, planetas desérticos e relações humanas.

Sei que a saga é brilhante, mas aqui me detive em pontos que podemos trabalhar. Se não assistiu, tentei resumir para abordar as crenças limitantes, o papel dos professores e como desenvolver o lado da luz.

Os personagens fictícios da série representam o bem e o mal, respectivamente: há os guerreiros que usam a Força para a paz, o conhecimento e a defesa. Já os inimigos se dedicam a dominar o Lado Negro da Força e valorizam a raiva como forma de ganhar poder.

E aí? De que lado você está? Siga com a leitura para saber mais.

O poder do professor

Na referida saga, temos a representação do bem e do mal, mas, se você continuar assistindo aos filmes, vai perceber que nem tudo é tão 8 ou 80 assim, exatamente como nas nossas vidas. Temos qualidades que são a nossa luz e nossas dificuldades que são as nossas sombras; o grande poder estar em reconhecer, nomear, integrar e desenvolver consciência de atitudes sobre elas.

Professor, imagine que você recebe um bastão, e esse bastão é um sabre de luz. O que é um sabre de luz? É uma arma que requer habilidade de treino, e que fica muito melhor em combate quando usada em conjunto com a Força (é um campo de energia metafísico e onipresente que une a galáxia e dá poderes aos seres vivos sensíveis a ela). Embora também seja usado pelos guerreiros do mal, o sabre de luz é um sinônimo do bem, e em algumas partes da galáxia acreditava-se que apenas os guerreiros da paz usavam essa arma.

O que você faria em posse de um sabre de luz? Como você usaria esse poder? Qual tipo de mensagem estou mandando aos meus alunos? Como você os incentiva? Se eu olhar para minha sala de aula, como eu me sinto? Quais são as aprendizagens que tive e não gostaria de transmitir aos meus alunos? Como você tem usado seu poder? Suas falas estão mais conectadas com o uso da força para a paz ou da raiva para ganhar poder?

Podemos integrar nossas qualidades e dificuldades desenvolvendo práticas como fornecer feedback construtivo, valorizar o esforço e promover um espaço seguro para a exploração. Ao adotarem essas abordagens, professores podem ajudar a cultivar uma mentalidade de crescimento, incentivando os alunos a acreditarem em suas capacidades e a se empenharem em seus estudos.

Ao trabalhar para transformar essas crenças, é possível promover mudanças positivas que têm impactos não apenas sobre o aprendizado, mas também sobre o bem-estar emocional e social dos alunos.

Professor, sabemos que muitas vezes o trabalho é estressante, cansativo, exigindo horas de preparação de aula, preparação e correção de provas. Além disso, gerenciar as nossas emoções em sala de aula é desafiador. As ilustrações da saga de filmes citada neste capítulo trazem reflexões que nos levam a pensar os professores como guerreiros, mestres dispostos a lidar com as jovens mentes. Pois digo a vocês, professores: que a esperança, a motivação e a força estejam com vocês.

Relato de caso: crenças limitantes e a busca por diagnósticos

Um cliente chegou ao meu consultório apresentando queixas de desatenção e esquecimentos frequentes de objetos. Influenciado pelo que via no TikTok, ele acreditava que poderia ter transtorno do déficit de atenção e hiperatividade (TDAH) e solicitou uma avaliação neuropsicológica. Durante a anamnese, uma fala dele me chamou a atenção: ele mencionou que, enquanto lia, frequentemente pulava palavras e recordou que sua mãe pediu à escola que ele repetisse de ano pelas dificuldades na alfabetização.

Guardei essa informação e prosseguimos com os testes. Avaliamos atenção, memória e leitura, e o desempenho dele se mostrou dentro do esperado, sem nenhum comprometimento significativo. Durante os testes, ele frequentemente expressava insegurança com frases como: "*Ixe*! Isso é de leitura, não sei fazer".

No início das sessões, enquanto estabelecíamos o *rapport*, ele compartilhou um desejo de tocar a empresa sem seu sócio, mas se sentia incapaz, acreditando que não era suficientemente inteligente. Juntos, começamos a perceber que a questão não era o TDAH, mas sim as crenças limitantes que o angustiavam. Essas crenças haviam afetado sua autoestima a ponto de levá-lo a desistir de cursar a faculdade.

Após a devolutiva da avaliação neuropsicológica, ele ficou surpreso por não ter TDAH, afinal, essa era uma forma de justificar sua dor. Assim, iniciou um processo terapêutico focado em aprender a lidar com essas crenças limitantes, buscando resgatar sua autoconfiança e a seguir seus objetivos.

Dicas para saúde mental

- Questione suas crenças limitantes.
- Busque atitudes direcionadas à superação de suas dificuldades.
- Seja assertivo, fale para o outro aquilo que não te faz bem.
- Descubra o que você carrega em você.
- Descubra aquilo que não quer transmitir ao outro.

IMPACTO DA TECNOLOGIA

A seguir, a tão falada tecnologia. A presença constante da tecnologia no cotidiano impacta profundamente o desenvolvimento infantil e a comunicação dentro das famílias. Embora as telas possam ser ferramentas valiosas, é fundamental estabelecer limites e promover o equilíbrio entre o uso digital e a convivência real, a fim de preservar a saúde emocional das crianças e a qualidade das interações familiares. Afinal, como podemos encontrar equilíbrio entre o mundo virtual e o real e garantir que nossas relações continuem sendo nutridas de forma saudável e significativa?

20

IMPACTOS DA TECNOLOGIA DIGITAL NO DESENVOLVIMENTO

COMO PROPORCIONAR EQUILÍBRIO PARA UM USO SAUDÁVEL?

Ao longo da história, a humanidade passou por muitas transformações e elas exigiram adaptações para garantir não só a sobrevivência, mas também a saúde em todos os aspectos. Com a tecnologia não é diferente: ela é uma nova linguagem que exige aprendizados. O ponto principal não é a tecnologia em si, mas como a usamos e como ela modifica a forma de sentir e agir das pessoas.

MAÍRA MELLO

Maíra Mello

CRP 06/99687

Contatos

psicologamairamello@gmail.com

Instagram: @psicologamairamello

Psicóloga graduada pela Universidade São Marcos (USM). Aperfeiçoamento em Neuroaprendizagem e especialização em Neuropsicologia pela Faculdade de Medicina do ABC (FMABC). Formação em Reabilitação Neuropsicológica pelo Hospital das Clínicas da Faculdade de Medicina da Universidade de São Paulo (HCFMUSP). Aprimoramento em Clínica Analítico-Comportamental Infantil pelo Instituto Par Ciências e Tecnologia do Comportamento e formação em Desenvolvimento Humano: Infância e Adolescência pelo Instituto de Psiquiatria – HCFMUSP. Coautora dos livros *Orientação familiar* (capítulo “Os atos de amor frente aos desafios: desenvolvimento de habilidades de tolerância ao estresse e resiliência”) e *Orientação familiar* volume 2 (capítulo “A vivência do estresse e suas repercussões na infância e adolescência”). Palestrante nos congressos Orientação Familiar 1 e 2.

Se o mundo cabe em uma tela, precisamos aprender a transitar por ele com saúde e segurança.
Restano *et al.*, 2023, p. 7.

Atualmente, a tecnologia digital nos atravessa em todos os sentidos: nas relações interpessoais, profissionais, no âmbito da educação, saúde, lazer etc., contudo, seu desenvolvimento acelerado faz com que surjam alguns conflitos geracionais, dentre eles, pais que desconhecem todo o potencial tecnológico e filhos com muitos conhecimentos e informações, mas pouca consciência sobre seu uso equilibrado e saudável.

Portanto, o trabalho de educar pais, professores e profissionais de saúde sobre a importância do desenvolvimento do pensamento crítico para transitar no mundo tecnológico é imprescindível, a fim de garantirmos menos impactos no desenvolvimento das crianças e dos adolescentes.

A Organização Mundial da Saúde (OMS) compreende que não é recomendada a exposição a telas até os dois anos de idade, e a partir dos dois anos o tempo não deve ultrapassar uma hora diária (WHO, 2019). Já a Sociedade Brasileira de Pediatria (SBP) sugere que o tempo de uso seja "limitado e proporcional às idades e às etapas do desenvolvimento" (SBP, 2016, p. 3), porém deve-se considerar a pluralidade de um país tão extenso como o Brasil e ponderar aspectos mais abrangentes, como o conteúdo acessado, a função que os dispositivos têm em cada família, qual lugar ocupam, o que as crianças e os adolescentes estão deixando de fazer para ficarem conectados a algum dispositivo e o quanto se é jovem demais para estar na internet.

Sabe-se que, se utilizada com equilíbrio, a tecnologia digital traz benefícios; assim, desvalorizar o que ela proporciona é não considerar novas experiências humanas e sua evolução. Porém, o foco deste capítulo serão as situações desafiadoras vividas na atualidade, como um aumento significativo das horas dedicadas aos eletrônicos, bem como questões relacionadas a prejuízos no desenvolvimento e transtornos mentais que se intensificam entre crianças e adolescentes.

O objetivo deste capítulo não é responsabilizar ou culpar as famílias, mas pensar na responsabilidade de todos em proteger as crianças e os adolescentes. Para isso, devemos compreender a intenção das grandes organizações e ajudar as famílias a pensarem nos reais riscos a que seus filhos estão expostos diariamente, mesmo estando dentro de seus quartos.

No documentário "O dilema das redes" (2020), ex-funcionários das empresas Twitter, Google e Facebook discorrem sobre como as pessoas são afetadas pelas mídias no dia a dia sem se dar conta disso. As mudanças são gradativas, mas aos poucos alteram os comportamentos e a forma como as pessoas se identificam.

O desenvolvimento da tecnologia digital envolveu estudos sobre o funcionamento humano, por exemplo, como se estabelecem as cadeias de aprendizagem, como se é reforçado para emitir novamente uma resposta, para ficar mais tempo nas telas, esperar por algo novo ou receber uma curtida. Os reforços intermitentes, ou seja, nos quais não há previsibilidade para ter acesso ao reforçador novamente, fortalecem os comportamentos, tornando os hábitos mais intensos, gerando um círculo vicioso em busca da sensação de prazer. Dessa forma, algumas pessoas associam as redes sociais a drogas – aliás, o termo "usuário" dá uma ideia do potencial viciante dos aplicativos e dos jogos.

De acordo com Kang (2021), o tempo excessivo de exposição a telas pode gerar consequências como reações de estresse mais intensas decorrentes do aumento do cortisol e desejo crescente pela sensação gerada pela dopamina (acesso imediato ao prazer), aumentando o risco de vício. Também se percebe a redução na liberação de ocitocina, serotonina e endorfinas, neurotransmissores que auxiliam na saúde e sensação de sucesso e felicidade. Além disso, afetam o poder do foco, sono, humor e habilidades sociais, e têm impactos físicos, como dores, sedentarismo e obesidade.

A intenção das organizações é manter a atenção do usuário e, como disse Tristan Harris, ex-designer do Google, "se você não está pagando pelo produto, então você é o produto". Pensando nisso, você exporia seu filho como produto? Deixaria-o sozinho para lidar com todos os perigos a que seria exposto?

Refletir sobre a forma como as crianças e os adolescentes estão se relacionando com a tecnologia digital e como os adultos são modelos desse uso é fundamental, pois, além de identificar a situação como um problema, isso favorece possíveis ações de prevenção e proteção aos menores.

Mas será que as famílias apresentam repertórios comportamentais para auxiliar nesse processo de forma segura? Alguns deles se referem ao desenvolvimento do raciocínio crítico (tempo de uso, conteúdo e formas de manipulação), estratégias de checagem de informação e ética com os acessos e mensagens recebidas.

Nesse sentido, a parentalidade pode guiar boas escolhas no uso da tecnologia digital de forma saudável e os profissionais podem auxiliar as famílias a tomarem decisões com base em informações científicas e a partir de uma perspectiva crítica. Além disso, construir um relacionamento afetivo e que garanta a comunicação favorece o desenvolvimento de crianças e adolescentes mais seguros e motivados.

Segundo Peixoto, Cassel & Bredemeier (2020), os estudos indicam impactos em funções neuropsicológicas como atenção, memória, linguagem, funções executivas, prejuízos em aspectos sociais, emocionais e comportamentais, além de o uso excessivo levar à dependência.

Aparentemente, os grupos mais prejudicados são as crianças e os adolescentes, pois estão desenvolvendo o córtex pré-frontal, associado a comportamentos de julgamento, tomada de decisão, controle dos impulsos, autorregulação e noções de consequências a longo prazo.

Na primeira infância, os maiores impactos estão relacionados ao desenvolvimento da linguagem, estabelecimento do vínculo, qualidade da exploração do ambiente e alterações no brincar. Nesse período, é muito importante ter um adulto que sustente a conexão e os estímulos relacionados a comunicação e exploração segura.

Estudos indicam que o aumento do uso de telas se relaciona à diminuição de brincadeiras, da interação entre pais e irmãos (Vandewater; Bickham & Lee, 2006) e leituras (Lavigne, Hanson & Anderson, 2015). Também se observam impactos na quantidade e na qualidade das interações familiares e no processo de socialização. (Skalická *et al.*, 2019). De acordo com Peixoto, Cassel & Bredemeier (2020), parece haver correspondência entre o uso de mídia dos pais e dificuldades comportamentais dos filhos, indicando que o uso dos cuidadores tem associação com piores responsividade e atenção parental (Radesky *et al.*, 2015; Hiniker *et al.*, 2015, *apud* Peixoto; Cassel & Bredemeier, 2020). Segundo Vandewater, Bickham & Lee (2006), uma criança de até seis anos de idade que permanece uma hora por dia assistindo à televisão perde 45 minutos diários de momentos com os pais.

Na adolescência, as mídias interativas vão ao encontro de comportamentos normativos para a faixa etária, como busca de novas experiências, conexão entre os pares e engajamento social, aumento da intensidade emocional e exploração criativa, busca de autonomia e desenvolvimento da identidade (Siegel, 2016). No entanto, a natureza evolutiva do cérebro em desenvolvimento dificulta perceber os comportamentos problemáticos relacionados ao uso das mídias digitais.

Segundo Abreu (2019), ter seu próprio smartphone ou fazer parte de redes sociais é um rito de passagem, porém os jovens mudaram os padrões tanto de uso como formas de se relacionar; além disso, permitiram o contato ilimitado e imediato pelas mensagens e redes sociais. Essas características favorecem maior dependência, por ser mais fácil burlar o monitoramento dos pais e pela necessidade de recompensas e feedbacks imediatos. Atualmente, fala-se em "nomofobia", a fobia da falta do celular, e "toquesiedade", a ansiedade pela sensação de que o celular está tocando (Abreu, 2019).

Segundo Kang (2021), houve um aumento significativo nas taxas de ansiedade e depressão e a OMS estima que os jovens enfrentarão uma nova pandemia: a solidão. A Associação Americana de Psiquiatria incluiu, na quinta edição do *Manual diagnóstico e estatístico de transtornos mentais* – DSM-5, o transtorno do jogo pela internet, definido pela perda de controle sobre o jogo e sintomas de abstinência (APA, 2014), porém alguns especialistas preferem utilizar o termo "transtorno do controle dos impulsos", que englobaria mais comportamentos clinicamente relevantes não relacionados aos jogos, como o uso de redes sociais, plataformas e acesso à pornografia. Essa falta de consenso pode dificultar a identificação de crianças e adolescentes dependentes e, consequentemente, os encaminhamentos necessários.

Alguns fatores de risco associados à dependência são: sociais (contexto familiar), de personalidade (baixa autoestima, solidão e emoções negativas) e digitais (relacionamentos sociais e jogos). Além disso, alguns estudos sugerem que a intervenção parental apresenta alguma associação com a vulnerabilidade (Abreu, 2019).

Muitas vezes, os familiares têm dificuldade de identificar os sinais de uso problemático até que alguns prejuízos se tornem mais evidentes, como fracasso acadêmico, isolamento, dificuldades de interação etc. Alguns sinais de alerta para dependência do smartphone são: verificar o celular sem motivo e de forma frequente, ficar agitado ou ansioso ao pensar em ficar sem o dispositivo, preferir permanecer no celular a interagir socialmente, acordar no meio da noite para verificar o celular e diminuição do desempenho acadêmico (Abreu, 2019).

A dependência é o processo no qual os comportamentos vão ocorrendo e se repetindo até se tornarem um hábito que gera prejuízo, e a primeira forma de reversão de hábitos é tornar-se consciente de quais consequências estão envolvidas. No entanto, a mudança de hábito envolve grandes dificuldades, por isso ser empático e auxiliar as pessoas a terem consciência dos impactos dos seus comportamentos, bem como monitorar suas ações e desenvolver uma visão crítica com relação ao uso, pode auxiliar em melhores decisões.

Outro tema de extrema importância é o bullying virtual, pois, por sua disseminação ilimitada, exerce um efeito contínuo na vítima, sendo muitas vezes causa de pensamentos suicidas, como foi relatado em estudos (Hinduja & Patchin, 2010, *apud* Abreu, 2019).

Será que estamos prontos para saber o que milhares de pessoas pensam sobre nós, na busca por aprovação social constante?

Essa construção da identidade e de compreensão da vida baseada nas redes sociais gera confusão entre o real e o virtual, causando angústia e sofrimento, chegando ao extremo de alguns adolescentes se submeterem a procedimentos cirúrgicos para ficarem parecidos com os filtros ("síndrome do Snapchat"). Isso influi não só na forma como passam o tempo, mas em como se veem e em sua autoestima, assumindo o senso de controle de identidade.

Dessa forma, se crianças e adolescentes estão sendo treinados em um mundo mediado por telas, quais repertórios irão ou não desenvolver?

É importante olhar o perfil de uso de cada um, envolvendo frequência, duração, momento do dia em que se utiliza, contexto e função do uso, bem como observar mudanças na saúde física, comportamentos como autocuidado, produtividade, desempenho escolar e indícios de alteração no sono, além de menor concentração, memória, irritabilidade e relacionamentos (Abreu, 2019). Além disso, as pessoas precisam ter consciência de que o acesso a alguns dispositivos gera uma sensação de um mundo editado, com menos desafios e grandes reforços para pouco esforço ("chuva de dopamina"). Dessa forma, muitas pessoas se esquivam de experiências aversivas buscando conforto no mundo digital ("chupeta digital"), como mostrado no documentário "O dilema das redes".

Assim como nos problemas comportamentais, quanto mais cedo o uso disfuncional de mídias for identificado, mais fácil será tratá-lo. Porém, é necessário que haja planos governamentais de intervenção, como triagens, programas de prevenção, tratamento ou internação (Young, 2013 *apud* Abreu, 2019).

Diante do uso problemático, a terapia pode ajudar na confrontação de crenças desadaptativas, autoconscientização e recuperação do cliente. A psicoeducação aos familiares é essencial, para ajudarem seus filhos na generalização dos aprendizados, relembrando as habilidades e as estratégias.

Dicas para saúde mental

- **Função**: qual o lugar que a tecnologia ocupa na sua vida?
- **Prejuízos**: o uso está causando algum prejuízo?
- **Limite**: estabeleça horários sem tecnologia. Silencie as notificações.
- Concentre-se no uso consciente, crítico e autônomo.
- A supervisão parental é essencial (conteúdo e limite do tempo de uso).

Referências

ABREU, C. N. Entendendo o impacto cognitivo da dependência de internet em adolescentes. *In*: ABREU, C. N.; YOUNG, K. S. *Dependência de internet em crianças e adolescentes:* fatores de risco, avaliação e tratamento. Porto Alegre: Artmed, 2019.

AMERICAN PSYCHIATRIC ASSOCIATION (APA). *Manual diagnóstico e estatístico de transtornos mentais:* DSM-5. 5. ed. Porto Alegre: Artmed, 2014.

KANG, S. *Tecnologia na infância:* criando hábitos saudáveis para crianças em um mundo digital. Trad. Tássia Carvalho. São Paulo: Melhoramentos, 2021.

LAVIGNE, H. J.; HANSON, K. G.; ANDERSON, D. The influence of television coviewing on parent language directed at toddlers. *Journal of Applied Developmental Psychology*, v. 36, n. 1, p. 1-10, 2015. doi: http://dx.doi.org/10.1016/j.appdev.2014.11.004.

O DILEMA das redes. Direção de Jeff Orlowski. Produção de Larissa Rhodes. Roteiro: Davis Coombe. EUA: Exposure Labs; Agent Pictures; The Space Program, 2020. (94 min.), son., color.

PEIXOTO, M. J. R.; CASSEL, P. A.; BREDEMEIER, J. Implicações neuropsicológicas e comportamentais na infância e adolescência a partir do uso de telas. 2020. *Research, Society and Development*, v. 9, n. 9, e772997188, 2020. doi: http://dx.doi.org/10.33448/rsd-v9i9.7188.

RESTANO A. *et al. Crianças bem conectadas:* como o uso consciente da tecnologia pode se tornar um aliado da família e da escola. São Paulo: Maquinaria Sankto, 2023.

SKALICKÁ, V. *et al.* Screen time and the development of emotion understanding from age 4 to age 8: A community study. *British Journal of Developmental Psychology*, v. 37, n. 3, p. 427-443, 2019. doi: https://doi.org/10.1111/bjdp.12283.

SIEGEL, D. J. *Cérebro do adolescente:* a coragem e a criatividade da mente dos 12 aos 24 anos. Trad. Ana Claudia Hamati. São Paulo: nVersos, 2016.

SOCIEDADE BRASILEIRA DE PEDIATRIA (SBP). *Saúde de crianças e adolescentes na era digital.* Manual de Orientação. 2016. Disponível em: http://www.sbp.com. br/fileadmin/user_upload/2016/11/19166d-MOrient-Saude-Crian-e-Adolesc.pdf. Acesso em: 01 mar. 2025.

VANDEWATER, E. A.; BICKHAM, D. S.; LEE, J. H. Time well spent? Relating television use to children's free-time activities. *Pediatrics*, v. 117, n. 2, 2006. doi: https://doi.org/10.1542/peds.2005 0812.

WORLD HEALTH ORGANIZATION (WHO). Guidelines on physical activity, sedentary behaviour and sleep for children under 5 years of age. Geneva: World Health Organization, 2019. Disponível em: http://apps.who.int/iris. Acesso em: 01 mar. 2025.

21

TECNOFERÊNCIA
O IMPACTO DO USO DE TELAS NA COMUNICAÇÃO FAMILIAR

A interação tecnológica tem transformado as dinâmicas familiares, trazendo avanços, mas também desafios significativos. Este capítulo aborda o tema da tecnoferência e propõe uma reflexão sobre a interferência da tecnologia nas relações interpessoais, destacando as consequências no contexto da comunicação familiar.

MICHELE TROGLIO

Michele Troglio

CRP 05/82122

Contatos

@micheletroglio

@universo.omnus

21 99852 3396

Orientadora familiar e facilitadora de grupos de habilidades socioemocionais no ambiente escolar e terapêutico com crianças, adolescentes e adultos. Psicóloga clínica. Especialista em Mediação de Conflitos. Autora do Programa Omnus de Habilidades Socioemocionais. Sócia-diretora do InTCC Rio - Instituto de Ensino, Pesquisa e Atendimento Individual e Familiar. Coordenadora do Ambulatório de Atendimento Psicológico do InTCC Rio. Especialista em Orientação Familiar e Educação Parental. Coordenadora do Núcleo de Orientação Familiar (N.O.F.) e do Grupo Omnus de Habilidades Parentais. Coordenadora dos cursos de especialização em Orientação Familiar e Educação Parental e em ACT (Terapia de Aceitação e Compromisso) do InTCC Rio. Sócia-diretora do ConCriArt - Congresso Brasileiro de Terapia Cognitiva na Infância e Adolescência. Coautora dos livros *Orientação familiar* volumes 1, 2 e 3 e do *Box Intenção de Mãe*.

Dedico este capítulo aos meus filhos,
que estão inseridos na era digital,
e às famílias que, neste momento,
estão educando crianças e adolescentes.

A tecnologia revolucionou profundamente todos os aspectos da vida moderna, desempenhando um papel central nas relações sociais e familiares. O acesso crescente às tecnologias digitais tem gerado efeitos inegáveis em diversas áreas da vida cotidiana (Young & Abreu, 2019).

Com a revolução digital, observamos uma conectividade crescente que permite a realização de múltiplas atividades, como ouvir música, fazer pesquisas, estudar novos assuntos e jogar, além de possibilitar novas formas de interação e comunicação que transcendem barreiras físicas, geográficas e culturais. O contexto digital atual não apenas amplia as opções de entretenimento, mas também redefine as dinâmicas de interação social e os métodos de educação, afetando de maneira significativa o modo como as crianças e os adolescentes se comunicam e aprendem.

No entanto, a presença constante de dispositivos digitais pode criar barreiras na interação social, especialmente entre pais e filhos. Atualmente, as famílias lidam com os "intrusos" digitais, que invadem a privacidade e afetam a construção de vínculos afetivos (Young & Abreu, 2019).

Assim, momentos de conversa, que deveriam ser ocasiões de conexão, frequentemente são interrompidos por notificações ou pelas distrações das telas, gerando uma sensação de desconexão.

A tecnoferência, termo que combina "tecnologia" e "interferência", tem se tornado um elemento perturbador na dinâmica familiar. McDaniel & Coyne (2016) definem tecnoferência como interrupções que ocorrem nas relações cotidianas e interpessoais provocadas pelos dispositivos digitais e móveis.

Como destacam Young & Abreu (2019), a tecnologia está transformando a natureza da infância. Essa afirmação nos leva a refletir sobre o contato cada vez mais precoce das crianças com mídias eletrônicas, como televisão, computadores e smartphones, que tem ocasionado mudanças significativas nas áreas de interesse, hábitos e brincadeiras. Brinquedos tradicionais como bolas, bicicletas, pipas, bonecas e carrinhos estão sendo substituídos por dispositivos móveis, videogames e outras tecnologias que oferecem uma gama diversificada de entretenimento, mas limitam o convívio social, essencial para o desenvolvimento em diversas fases da vida.

Nesse sentido, a neurociência indica que a superexposição a dispositivos digitais tem efeitos diretos no desenvolvimento cerebral das crianças e dos adolescentes. Damásio (2015) enfatiza a importância das emoções e da experiência social na formação de conexões neuronais. Para um desenvolvimento saudável, é fundamental que as pessoas vivenciem emoções em contextos sociais, nos quais a interação humana promove a regulação emocional e a construção do eu. Entretanto, a dependência de interações digitais pode comprometer essas experiências fundamentais, resultando em dificuldades na formação de laços afetivos e na regulação emocional, além de contribuir para uma série de problemas de saúde mental.

As mídias digitais e seu uso abusivo se tornaram uma realidade predominante entre crianças, adolescentes e adultos, atravessando todas as faixas etárias. Esse cenário interfere diretamente na qualidade dos vínculos familiares e sociais, enfraquecendo as interações presenciais.

Um aspecto especialmente preocupante é a falta de monitoramento parental. Muitos pais, ao negligenciarem uma educação digital eficaz, deixam de preparar seus filhos para lidar com os desafios impostos pela presença constante da tecnologia, como a exposição a conteúdos inadequados, o cyberbullying e o desequilíbrio entre o uso recreativo e o tempo de interação familiar.

Os impactos negativos do uso excessivo de dispositivos eletrônicos afetam todas as idades, mas são especialmente críticos durante a infância e a adolescência. Essas são fases de intensas transformações cognitivas, emocionais e sociais, em que a exposição às telas é considerada um fator de risco.

O excesso de tecnologia pode interferir, por exemplo, no desenvolvimento neuropsicomotor, resultando em possíveis atrasos nas habilidades de linguagem, comunicação e motricidade, além de comprometer aspectos essenciais para a saúde socioemocional.

Ao fortalecer constantemente a busca por recompensas imediatas, o uso inadequado das telas compromete significativamente o desenvolvimento socioemocional de crianças e adolescentes, o que dificulta a internalização de valores como paciência, perseverança e autoconfiança.

Ao estarem imersos em um ambiente em que tudo está disponível instantaneamente, eles têm dificuldade em lidar com frustrações e compreender a importância do esforço gradual para atingir objetivos. Essa cultura do imediatismo promovida pelas tecnologias representa um desafio significativo para o processo educativo, que precisa competir com as constantes distrações digitais e a superficialidade das interações virtuais.

Essa busca incessante por estímulos prazerosos provoca a liberação de dopamina de forma semelhante a comportamentos aditivos, como aponta a psiquiatra Anna Lembke (2022), criando um círculo vicioso que dificulta a construção de habilidades fundamentais para a vida em sociedade, como empatia, autocontrole e resiliência.

Ao priorizar as interações digitais superficiais, as crianças e os adolescentes não apenas evitam enfrentar situações emocionais desafiadoras, mas também perdem a oportunidade de desenvolver estratégias para lidar com frustrações. Além de prejudicar o bem-estar emocional, esse excesso pode levar à anedonia, que afeta o interesse por atividades anteriormente prazerosas, como brincar ao ar livre ou interagir com amigos e familiares presencialmente.

Outro ponto relevante é a dificuldade que os pais enfrentam ao tentar estabelecer limites claros e consistentes em relação ao uso da tecnologia. A ausência de regras definidas pode gerar confusão quanto ao que é aceitável em relação ao uso dos dispositivos. Essa falta de estrutura não apenas afeta o aprendizado, mas também prejudica o desenvolvimento de um senso de responsabilidade e autodisciplina. Sem limites bem estabelecidos, os pais encontram dificuldades para orientar seus filhos de maneira eficaz, tornando o processo educativo mais difuso e menos assertivo.

A tecnoferência não se limita apenas à distração durante a convivência familiar; ela também pode influenciar a maneira como as crianças e os adolescentes percebem e interagem com o mundo ao seu redor.

Quando os pais estão mais atentos aos dispositivos do que às necessidades emocionais dos filhos, cria-se um ambiente familiar inseguro e invalidante (Young & Abreu, 2019). Essa desconexão emocional pode levar os jovens a desenvolverem uma autoimagem negativa, acreditando não serem dignos de atenção ou amor, o que afeta sua autoestima e sua capacidade de formar vínculos saudáveis. Ao vivenciarem a "presença ausente" dos pais, eles podem passar a perceber os outros como indisponíveis emocionalmente, além de nutrir uma visão pessimista sobre suas relações futuras.

Paralelamente, comportamentos como inquietação ou reclamações surgem como tentativas de chamar a atenção dos adultos, mas frequentemente essas reações não resultam em mudanças significativas. Uma distração promovida pelo conteúdo digital pode ser suficientemente envolvente para que os pais ignorem, mesmo que involuntariamente, as necessidades emocionais e sociais dos filhos naquele momento. Esse padrão ensina aos filhos que sua posição nas interações familiares é secundária aos dispositivos, afetando a qualidade do vínculo familiar e sua percepção de valor (Kang, 2021). Assim, a tecnoferência não apenas afeta o momento presente, mas também molda a forma como crianças e adolescentes vão se relacionar consigo mesmos, com os outros e com o futuro.

McDaniel & Radesky (2018) conduziram uma pesquisa sobre tecnoferência em famílias com crianças consideradas de comportamento difícil. Os resultados sugeriram dinâmicas bidirecionais, nas quais os pais, estressados pelo comportamento difícil das crianças, apresentavam a tendência de se afastar das interações entre pais e filhos utilizando a tecnologia. Em contrapartida, foi possível observar que, ao acrescentar a tecnologia durante as interações entre pais e filhos, também foram notados comportamentos externalizantes, como explosões de raiva quando há privação do acesso à mídia, e afastamento da criança ao longo do tempo.

A interação entre a família perdeu um espaço significativo, e a presença dos pais, principais mediadores entre os filhos e o mundo, foi substituída pelas telas. Muitos pais, enquanto fazem outras atividades, utilizam as telas (televisão, celulares, tablets, computadores) como entretenimento para os filhos ou para mantê-los ocupados; outros alegam permitir esse uso para fins educativos. Quando os pais permitem que as telas substituam o tempo de interação com seus filhos, é importante compreender que não estão delegando a educação às tecnologias – na verdade, estão entregando essa responsabilidade a estranhos. Isso ocorre porque as telas são apenas um meio, uma ponte que conecta os filhos a conteúdos, pessoas e influências sobre as quais, muitas vezes, os pais têm pouco ou nenhum controle.

Por trás de cada vídeo, aplicativo ou jogo, há criadores de conteúdo, algoritmos e interesses comerciais que podem moldar valores, comportamentos e percepções de forma invisível. O que parece ser uma solução prática para entreter ou acalmar os filhos pode, na verdade, abrir espaço para influências externas que não refletem os princípios e os cuidados que os pais desejam transmitir.

Assim, mais do que "terceirizar" a educação para a tecnologia, há uma transferência de influência e aprendizado para uma rede desconhecida, composta por indivíduos, empresas e ideologias. A falta de engajamento direto dos pais com seus filhos afeta a capacidade das crianças e adolescentes de formar e manter relacionamentos saudáveis e pode aumentar o risco de conflitos familiares, já que a tecnoferência interfere na construção de uma comunicação aberta, respeitosa e validante e de um ambiente de apoio dentro da família.

À medida que o uso de telas se torna uma constante na vida das crianças e dos adolescentes, o desenvolvimento de habilidades socioemocionais enfrenta novos desafios. Por isso, é fundamental que os pais assumam um papel ativo na mediação do uso das telas, oferecendo tempo de qualidade e sendo protagonistas na formação de seus filhos. Afinal, nenhuma tecnologia pode substituir a importância da interação humana na construção de vínculos, valores e de uma infância saudável.

Para lidar com os desafios e as demandas atuais, os jovens precisam desenvolver um repertório cada vez mais elaborado de habilidades sociais. De acordo com Del

Prette & Del Prette (2001), as habilidades sociais são classes de comportamentos presentes no repertório do indivíduo que compõem um desempenho socialmente competente. Muitas vezes, embora uma pessoa possua essas habilidades, ela pode não as utilizar por fatores como ansiedade, crenças errôneas e dificuldade em interpretar sinais do ambiente. Essa dificuldade em interpretar os sinais do ambiente torna-se especialmente relevante no cenário atual, quando consideramos o impacto da tecnoferência nas relações familiares e sociais, que, entre outros efeitos, pode obstruir a capacidade de reconhecer e responder adequadamente às próprias emoções e às dos outros.

A supressão emocional, caracterizada pela inibição ou repressão das emoções, tem efeitos significativos na eficácia da comunicação. Em um contexto de uso crescente da tecnologia, as interações frequentemente tornam-se mais superficiais, com a perda de nuances emocionais e sinais não verbais cruciais essenciais para uma comunicação autêntica. Quando as emoções são reprimidas, essa desconexão se intensifica, resultando em dificuldades para expressar necessidades e sentimentos de forma clara. A supressão emocional pode levar à desregulação emocional, o que afeta a capacidade de comunicação e, consequentemente, o uso de habilidades sociais (Leahy, Tirch & Napolitano, 2013).

Dado um cenário em que o uso excessivo de dispositivos digitais permeia diversas esferas da vida das crianças, torna-se essencial adotar uma abordagem preventiva e educativa, tanto no ambiente familiar quanto nas instituições de ensino e na sociedade em geral. Assim, o cuidado com o bem-estar infantil em relação ao uso de tecnologias digitais deve ser uma prioridade. A família é vista como um sistema dinâmico que precisa se adaptar tanto às mudanças internas, como o desenvolvimento dos filhos, quanto às demandas externas, como pressões sociais e culturais. Nesse contexto, os pais exercem um papel fundamental ao liderarem esse sistema familiar, moldando o ambiente em que as crianças aprendem habilidades sociais, emocionais e cognitivas. A capacidade de equilibrar autoridade com afeto e de se adaptar às circunstâncias é crucial para o bem-estar das crianças (Minuchin, Nichols & Lee, 2009).

As escolas desempenham papel fundamental ao oferecerem orientação sobre o uso consciente de dispositivos e ao promover atividades que fortaleçam habilidades como empatia, resiliência e comunicação.

Do mesmo modo, o Estado, como responsável por políticas públicas voltadas para a infância e a adolescência, tem o compromisso de estabelecer diretrizes que incentivam o uso equilibrado da tecnologia, integrando recursos educativos com abordagens que protejam o desenvolvimento saudável das novas gerações. É necessário, portanto, que haja um controle para a construção de um ambiente favorável ao crescimento integral das crianças e adolescentes, reforçando a importância de um olhar atento e preventivo aos impactos da tecnologia em suas vidas.

Nesse contexto, a presença da orientação familiar no uso da tecnologia, juntamente com ações coordenadas da sociedade e do Estado, torna-se essencial para a educação digital responsável, que permite às crianças e aos adolescentes usufruírem dos benefícios tecnológicos sem comprometer seu desenvolvimento e a qualidade das interações familiares.

Dica para saúde mental

Transforme o uso de telas em uma oportunidade educativa! Em vez de proibi-las, promova um uso equilibrado e consciente, estabelecendo regras claras e participando ativamente das experiências digitais com seus filhos. Lembre-se de que o comportamento dos pais serve como modelo: ao demonstrar um uso saudável e responsável da tecnologia, você contribui para o aprendizado e bem-estar de toda a família.

Referências

ABREU, C. N. Entendendo o impacto cognitivo da dependência de internet em adolescentes. *In*: YOUNG, K. S.; ABREU, C. N. (org.). *Dependência de internet em crianças e adolescentes*: fatores de risco, avaliação e tratamento. Porto Alegre: Artmed, 2019.

ABREU, C. N.; EISENSTEIN, E.; ESTEFENON, S. G. B. (org.). *Vivendo este mundo digital:* impactos na saúde, na educação e nos comportamentos sociais. Porto Alegre: Artmed, 2013.

ABREU, C. N.; GÓES, D. S.; LEMOS, I. L. (org.). *Como lidar com dependência tecnológica:* guia prático para pacientes, familiares e educadores. São Paulo: Hogrefe, 2020.

BECK, J. S. *Terapia cognitivo-comportamental:* teoria e prática. Porto Alegre: Artmed, 2022.

DAMÁSIO, A. *O mistério da consciência:* do corpo e das emoções ao conhecimento em si. Trad. Laura Teixeira Motta. São Paulo: Companhia das Letras, 2015.

DEL PRETTE, A.; DEL PRETTE, Z. *Psicologia das habilidades sociais na infância:* teoria e prática. Petrópolis: Vozes, 2001.

DEL PRETTE, A.; DEL PRETTE, Z. *Competência social e habilidades sociais:* teoria e prática. Petrópolis: Vozes, 2018.

DESMURGET, M. *A fábrica de cretinos digitais*: os perigos das telas para nossas crianças. Trad. Mauro Pinheiro. São Paulo: Vestígio, 2021.

ESCOBAR, A. *Meu filho tá online demais:* equilibrando o uso das telas no dia a dia familiar. Santana de Parnaíba: Manole, 2024.

KANG, S. *Tecnologia na infância:* criando hábitos saudáveis para crianças em um mundo digital. Trad. Tássia Carvalho. São Paulo: Melhoramentos, 2021.

KILBEY, E. *Como criar filhos na era digital.* Trad. Guilherme Miranda. São Paulo: Fontanar, 2018.

LEAHY, R. L.; TIRCH, D.; NAPOLITANO, L. A. *Regulação emocional em psicoterapia:* um guia para o terapeuta cognitivo-comportamental. Porto Alegre: Artmed, 2013.

LEMBKE, A. *Nação dopamina:* encontrando o equilíbrio na era do prazer instantâneo. São Paulo: XYZ, 2022.

MCDANIEL, B. T.; COYNE, S. M. Technology interference in the parenting of young children: Implications for mothers' perceptions of coparenting. *The Social Science Journal*, v. 53, n. 4, p. 435-443, 2016.

MCDANIEL, B. T.; RADESKY, J. S. Technoference: parent distraction with technology and associations with child behavior problems. *Child Development* v. 89, n. 1, p. 100-109, 2018.

MINUCHIN, S.; NICHOLS, M. P.; LEE, W.-Y. *Famílias e casais:* do sintoma ao sistema. Porto Alegre: Artmed, 2009.

SCHUBERT, R. Transtorno de dependência de tela: o uso e abuso de telas por crianças e jovens hoje. *Psicologia Clínica e Neuropsicologia*, São Paulo, 2024.

YOUNG, K. S.; ABREU, C. N. (org.). *Dependência de internet em crianças e adolescentes:* fatores de risco, avaliação e tratamento. Trad. Mônica Giglio Armando. Porto Alegre: Artmed, 2019.

TRANSTORNOS EXPLOSIVOS E DESREGULAÇÃO EMOCIONAL

Conviver com crianças que apresentam comportamentos desafiadores, como explosões de raiva, oposição constante e dificuldades de regulação emocional, pode gerar angústia e desgaste na família. Transtornos como TOD, Transtorno Explosivo Intermitente (TEI) e TDDH demandam paciência, compreensão e estratégias eficazes para criar conexões de qualidade e construir um ambiente mais acolhedor e funcional. Os capítulos a seguir apontam esses desafios, a importância da conexão e do apoio adequado para lidar com os comportamentos das crianças e as dificuldades familiares.

22

COMO CONVIVER COM CRIANÇAS DESAFIADORAS E OPOSITORAS?

Por sua complexidade, existe uma necessidade e um cuidado muito grande quando falamos sobre o transtorno opositor desafiador (TOD). É preciso entender não somente o seu universo, mas cada mundo que o cerca. O cuidado é para todos: a criança com TOD, a família e a escola, todos no mesmo barco em um mar de emoções.

DENISE SIQUEIRA

Denise Siqueira

CRP 06/80554

Contatos

denisesiqueirapsicologa@hotmail.com

Instagram: @denisesiqueirac

12 98890 4758

Psicóloga, especialista em Terapia Cognitivo-Comportamental pela Universidade de São Paulo (USP). Pós-graduada em Neuropsicologia e em Reabilitação Cognitiva pelo Hospital das Clínicas da Faculdade de Medicina da USP (HCFMUSP), em Transtorno do Espectro do Autismo: Atenção Multiprofissional pelo Instituto de Ensino e Pesquisa Albert Einstein e em Psicopedagogia Clínica e Organizacional. Certificações internacionais em Psicologia Positiva pelo Wholebeing Institute, em Positive Discipline Classroom Educator e em Positive Discipline Parent Educator, ambas pela Positive Discipline Association. Certificação em Parentalidade Consciente. Coautora dos livros *Box Intenção de Mãe*, *TDAH e você: como esse transtorno impacta a sua vida*, *O mundo da criança* volume 2 e *Orientação Familiar volume 3 teoria e prática*, pela Literare Books. Ministra cursos e palestras.

Dedico este capítulo a minha amada mãe, Sylvia,
a minhas filhas, Bianca e Luiza, e
a meu companheiro de vida, Cristiano.

Ama-me quando menos mereço, porque é quando mais preciso.
Jaume Funes

Transtorno de oposição desafiante: sabes bem quem eu sou?

A chegada dos pais de uma criança com transtorno de oposição desafiante (TOD) ao consultório sempre vem carregada de dúvidas, medos, incertezas e muito, muito desgaste emocional. Uma das primeiras perguntas dos pais é: "Isso é normal? Faz parte da idade?" Seguida de uma expressão extremamente cansada e encerrando com a frase: "Não sei mais o que fazer".

Um padrão comportamental frequente e persistente que gera sofrimento para o indivíduo ou para os outros, no contexto social, familiar, educacional e com os pares. Assim, o TOD é descrito já nas primeiras linhas dos critérios diagnósticos da quinta edição revisada do *Manual diagnóstico e estatístico de transtornos mentais* (DSM-5-TR). Para o diagnóstico, faz-se necessário que o indivíduo apresente quatro sintomas de qualquer das categorias e que tenha ocorrido com pelo menos um indivíduo que não seja um irmão, com uma duração de pelo menos seis meses. Os sintomas são: perder a calma com frequência, ser sensível ou facilmente incomodado, raivoso e ressentido, frequentemente questionar figuras de autoridade ou adultos, desafiar ou se recusar a obedecer às regras ou pedidos de figuras de autoridade, incomodar deliberadamente outras pessoas, culpar os outros pelos seus erros ou mau comportamento, ou seja, não assumir a responsabilidade pelos seus atos.

Ao longo do curso, quando não diagnosticado e tratado, o TOD pode levar a problemas emocionais, de convivência social, problemas escolares e ao adoecimento da família.

Ainda segundo o DSM-5-TR, o transtorno ocorre em 1 a 11% da população, sendo mais comum em meninos do que em meninas, em uma proporção de 1,59:1. Surge da fase pré-escolar até o início da adolescência.

Separando o joio do trigo: afinal, é um comportamento esperado para a idade ou um transtorno?

Quando o tempo fecha
Dentro do seu coração
E tudo vira grande tempestade...
Mundo Bita

Explosão de raiva, descontrole emocional, choro, grito, jogar-se no chão, agredir fisicamente, impulsividade e episódios de frustração ou angústia são comportamentos frequentemente observados em crianças, principalmente entre o primeiro e o quarto anos de vida (Seabra, 2016).

Por se tratar de crianças, com áreas neurais ainda em desenvolvimento, determinados comportamentos podem ser interpretados pelos pais como sendo desafiadores, opositores, fora do comum, inadequados ou até mesmo rotulados como problemáticos. A área frontal do cérebro, responsável por habilidades cognitivas como flexibilidade, controle inibitório, regulação emocional, estratégia e planejamento, ainda está em pleno desenvolvimento; por isso, inibir e controlar um comportamento que não é adequado para determinada situação, ou regular as emoções diante de uma frustração, torna-se um comportamento mais comum de ser presenciado nessa faixa etária de um a cinco anos de idade. Esses comportamentos, que estão dentro do esperado nessa faixa etária, acabam gerando sentimentos de frustração, insegurança, medo, constrangimento e culpa nos cuidadores, uma vez que em muitas situações as crianças vão "testar" os limites e, sendo impedidas, reagirão com choro descontrolado, podem se jogar no chão ou até serem mais agressivas verbal e fisicamente para conseguirem o que querem. O manejo funcional dos pais e cuidadores será fundamental para reforçar, intensificar ou gerar uma mudança comportamental na criança. Quando a criança aprende formas mais assertivas de agir e desenvolve a aprendizagem de habilidades sociais, os comportamentos tendem a perder força em sua frequência e intensidade.

Quando falamos do TOD, estamos nos referindo a um padrão de comportamento mais intenso e frequente. Essas crianças apresentam agressividade e irritabilidade, por exemplo, com frequência e intensidade muito maiores, gerando prejuízos significativos nos diversos contextos, afetando suas relações e muitas vezes o desempenho escolar.

De acordo com o neuropediatra Clay Brites, as birras são diferentes dos comportamentos opositores, como exemplificado no quadro comparativo adaptado a seguir:

	Birras	Comportamento opositor
Idade	Um a cinco anos	Persiste além dos cinco anos
Tempo e remissão dos sintomas	Reduz com o tempo e ação assertiva dos pais	Persistência ao longo da infância e adolescência; não reduz facilmente
Desenvolvimento da criança	Normal	Pode ter atraso de desenvolvimento, dificuldades escolares, de socialização e comunicação, oscilação de humor, hiperatividade, impulsividade, sintomas autísticos
Socialização com pares e cuidadores	Normal	Difícil, irritadiça, agressiva, centralizadora, problemas com outras crianças, com figuras de autoridade e com adultos
Problemas de sono	Ausentes	Comuns e muito presentes
Problemas de alimentação	Ausentes	Comuns e muito presentes
História familiar de transtornos	Ausentes	Comuns e muito presentes

Impactos na saúde mental da família

Já, já tudo passa
Deixe a paciência
Levar pra longe os raios e trovões.
Mundo Bita

Cansaço, desesperança, estresse, ansiedade, culpa, impotência, medo e insegurança são alguns sintomas que a família traz na bagagem quando chega ao meu consultório. Pai, mãe e irmãos de crianças com TOD estão frequentemente expostos a situações de conflitos, brigas, discussões, cobrança e frustração, gerando altos níveis de ansiedade. Fragilizados por experimentarem sentimentos tão ambivalentes, esses pais estão à procura de respostas, de alguém que mostre um caminho, que os faça se sentirem orientados e seguros. A criação de filhos com comportamento opositor desafiador é, sem sombra de dúvida, um desafio diário, um constante mar de emoções, um mar agitado e de ondas fortes, sendo esses pais um barquinho na imensidão desse oceano, experimentando a todo instante a inconstância do mar, ora com suas ondas revoltas, fortes e agitadas, ora mais calmas e tranquilas, mas sempre em estado de alerta, porque, a qualquer mudança sutil, as ondas podem desestabilizar o barquinho que já está frágil pelas inconstâncias do mar revolto.

Todo esse contexto faz com que os pais voltem toda sua atenção e energia para as demandas do filho com TOD. Com isso, os impactos também são sentidos pelos irmãos, que são afetados constantemente pelos comportamentos opositores e desafiadores e experimentam sentimentos de negligência e ansiedade. Em sessão de terapia, esses irmãos relatam tristeza, raiva, abandono e muitas vezes solidão. Muitas vezes, sentem vergonha e insegurança de convidar amigos para o ambiente familiar, pois temem expô-los a situações de fúria da criança com TOD.

O mesmo sentimento é compartilhado pelos pais que, em um movimento maior de isolamento social, evitam reuniões ou deixam de ser convidados para eventos sociais, uma vez que o comportamento da criança é imprevisível e pode ocorrer em qualquer ambiente e por qualquer motivo, gerando constrangimento e vergonha para a família. Segundo esses pais, essa situação acaba gerando uma condição de solidão e desgaste emocional.

Esse contexto vem mostrar a importância de uma rede de apoio e acompanhamento psicoterapêutico para todos os membros da família, e não só para a criança com o transtorno, uma vez que o impacto sofrido por todos é significativo na saúde emocional e na estrutura familiar.

Impactos no ambiente escolar

Pra lidar com a raiva
Só mesmo com calma
Usando o ar que há em seus pulmões
Mundo Bita

Na escola, tudo acontece: discussões com os professores, recusa para realizar as atividades, a seguir as regras, a trabalhar em grupo. Todos são culpados, menos a criança com TOD! Fazê-la aceitar as ordens e seguir os combinados é algo difícil de ser conquistado, pois deseja tudo do seu jeito, desacata, agride, perturba os outros, tumultua... um caos instalado.

Como os recursos de intervenção são limitados em um ambiente escolar, a angústia dos educadores começa a surgir: o que mais posso fazer para ajudar? Por onde caminhar? O que fazer? As demandas em uma sala de aula são inúmeras e os recursos que o educador tem de intervenção são limitados; assim, acaba sendo recorrente acionar os pais a todo instante, a cada momento e a cada comportamento do aluno. Em uma ponta encontramos a escola, que não sabe como agir em determinadas situações, e na outra ponta a família, que está cansada de ser chamada a cada comportamento de desregulação do filho. Muitas vezes, a família é chamada no momento em que está trabalhando, o que também gera um sentimento de desespero, angústia e ansiedade. Em meu trabalho, tenho a oportunidade de ter os diversos olhares: a escola compartilha como é angustiante trabalhar com o aluno com TOD; a família se sente cansada e aflita a cada ligação ou bilhete na agenda apontando os comportamentos da criança; por outro lado, as famílias dos colegas cobram uma posição da escola por sentirem que de alguma forma seus filhos estão sendo prejudicados; e, no meio de tudo isso, há uma criança que sofre.

Dicas para saúde mental da família

Não se desespere
Sempre existe solução
Seguindo a trilha da serenidade
Mundo Bita

A convivência com crianças que possuem o TOD, no ambiente familiar, escolar ou social, é um desafio constante. No entanto, é uma oportunidade de crescimento e de fortalecimento do vínculo familiar.

Na minha experiência profissional, quando recebo uma criança com o diagnóstico de TOD, inicio o tratamento focando na família, olhando cuidadosamente para os pais. As primeiras perguntas a serem feitas são: como está a dinâmica familiar? Como está a saúde mental dos pais?

Não há tratamento eficaz se os pais estão adoecidos, fragilizados, desmotivados, estressados, sentindo-se impotentes, sem confiança e sem propósito no exercício e no papel de pais. É preciso ajudá-los a cuidarem em primeiro lugar de sua saúde mental, pois só assim terão estrutura para lidar com as diversas situações desafiadoras que o TOD desencadeia no ambiente familiar. O primeiro passo é manter o equilíbrio emocional da família, para que todos possam conviver melhor e apoiar a criança de maneira mais efetiva. Para isso, alguns passos são de extrema importância:

- **Menos culpa, por favor!** Entender o transtorno é libertador. A psicoeducação sobre o transtorno é fundamental para que se compreendam as causas, sintomas, consequências e o tratamento para, então, trabalhar estratégias de como realizar uma melhor intervenção. É importante lembrar que a pessoa vem antes do diagnóstico e existe uma individualidade, traços de personalidade, uma história de vida e um contexto ambiental diferente para cada um, o que faz com que cada criança e adolescente seja único, mesmo trazendo o diagnóstico de TOD.
- **Pratique o autocuidado!** Reserve tempo para si: pratique exercício físico, cuide da sua alimentação, reserve momentos de quietude e atenção plena.
- **Rede de apoio é fundamental!** Busque apoio emocional, seja com pessoas da sua confiança, seja com um profissional de saúde mental. Grupos de apoio para pais também podem auxiliar no processo.
- **Um ambiente saudável e acolhedor**: cuide para que o ambiente familiar seja respeitoso, procure ser presente e participativo na vida dos seus filhos.

- **O estabelecimento de regras e limites é fundamental**: toda criança necessita de previsibilidade, regras, combinados e consequências bem estabelecidas, que sejam claras e objetivas, mas é importante lembrar que as consequências precisam ser educativas, geradoras de aprendizagem e não punitivas.
- **Uma aliança na forma de educar**: pai e mãe devem concordar e compartilhar na forma de educar seus filhos, mesmo em caso de pais separados. Divergências ou formas muito discrepantes fragilizam a educação e a formação da criança, abrindo espaço para comportamentos disfuncionais e até mesmo de manipulação com os pais quando não há uma unicidade.
- **Seja constantemente um exemplo para seus filhos**: não posso ensinar pacificidade tendo ações de intolerância e explosões de raiva. O maior modelo de aprendizagem para a criança é o ambiente em que ela vive e as figuras significativas que convivem com ela.
- **Fortaleça a autoestima e a saúde mental dos seus filhos**: crianças com TOD carregam junto com o diagnóstico um autoconceito de que são pessoas ruins, inadequadas e que só causam problemas. Por isso, é de extrema importância reforçar e validar cada progresso e atitude positiva dos seus filhos. Fique atento para sinais de depressão e ansiedade, muito comuns de serem desencadeados. Estimule a prática de esporte e dê preferência às práticas coletivas, assim poderá trabalhar habilidades sociais, regras, limites e tolerância à frustração (Teixeira, 2009).
- **Acompanhamento multidisciplinar**: o processo de psicoterapia na abordagem da terapia cognitivo-comportamental tem mostrado resultados significativos no tratamento do TOD, muitas vezes associado ao acompanhamento médico.

Lembre-se sempre de olhar além do diagnóstico. Seu filho sempre será seu filho, cheio de possibilidades e potencialidades, um ser sempre pronto para ser amado.

Família é como uma canoa em um oceano:
todos remam juntos com o mesmo propósito.
Autor desconhecido

Referências

AMERICAN PSYCHIATRIC ASSOCIATION. *Manual diagnóstico e estatístico de transtornos mentais:* DSM-5-TR. 5. ed. Texto revisado. Porto Alegre: Artmed, 2023.

BRITES, C. *Transtorno opositor desafiador*: da teoria à prática. Londrina: Neurosaber, *[s.d.]*.

FUNES, J. *Ama-me quando menos mereço, porque é quando mais preciso*. São Paulo: Planeta, 2019.

MUNDO BITA. Para lidar com a raiva. Compositor: Chaps Melo. Disponível em: https://mundo-bita.lyrics.com.br/letras/3651972/#google_vignette. Acesso em: 8 dez. 2024.

SEABRA, F. I. L. *Birras infantis:* desenvolvimento e estudo de um instrumento de avaliação. Coimbra: Universidade de Coimbra, Faculdade de Psicologia e de Ciências da Educação, 2016.

TEIXEIRA, G. *O reizinho da casa*: entendendo o mundo das crianças opositivas, desafiadoras e desobedientes. Rio de Janeiro: Rubio, 2009.

23

TRANSTORNO EXPLOSIVO INTERMITENTE

"UMA FAMÍLIA PISANDO EM OVOS"

Este capítulo apresenta o Transtorno Explosivo Intermitente (TEI), suas características diagnósticas, tratamento e os impactos que podem acarretar no cotidiano das pessoas e suas famílias. Esse transtorno começou a ser estudado recentemente, mas já é possível fazer seu diagnóstico a partir dos seis anos de idade.

ANA CLÁUDIA DO NASCIMENTO JACOUB

Ana Cláudia do Nascimento Jacoub

CRP 05/30730

Contatos

ac.jacoub@gmail.com

Instagram: @psicoacjacoub

21 99614 2772

Casada com Jorge, mãe do amado Pedro Jorge, Psicóloga clínica atuando há mais de 20 anos com crianças, adolescentes e suas famílias. Psicomotricista pelo Conselho Federal de Psicologia (CFP). Membro da Associação Brasileira de Psicomotricidade. Neuropsicopedagoga pelo Instituto Cognitive. Especialista em Neuropsicologia. Especialista em Terapia Cognitivo-Comportamental pelo CBI of Miami. Formação em Terapia Cognitivo-Comportamental na Infância e Adolescência pelo CBI of Miami. Facilitadora do Programa Socialize-se. Autora do livro infantil *As emoções de Marina*. Coautora do livro *Educação socioemocional: da instituição para a vida*. Coautora do livro *Orientação familiar: teoria e prática* volume 3 (Literare Books).

O transtorno explosivo intermitente (TEI), popularmente conhecido como a síndrome do Hulk, é um transtorno do controle do impulso que afeta uma parcela significativa da população mundial, afetando não só os indivíduos que sofrem com ele, mas também suas famílias, amigos e aqueles que convivem ao redor. O TEI foi descrito pela primeira vez no *Manual diagnóstico e estatístico de transtornos mentais* na sua terceira edição (DSM-III), em 1987, e desde então tem sido objeto de revisão, estudo e aperfeiçoamento. Em sua quinta edição, o DSM-5-TR descreve o TEI como parte de um grupo de transtornos classificados como disruptivos, do controle de impulso e da conduta. Esse transtorno, que vem sendo cada vez mais estudado, ainda é frequentemente mal compreendido e muitas vezes confundido com outros tipos de agressividade ou impulsividade, o que pode dificultar a identificação precoce e o tratamento adequado.

Critérios diagnósticos do TEI

De acordo com o DSM-5-TR, para o diagnóstico TEI, devem ser atendidos certos critérios específicos:

1. Explosões comportamentais recorrentes que representam uma falha em controlar impulsos agressivos, manifestados de diversas formas, como agressões verbais, discussões, xingamentos ou agressões físicas, que ocorrem, em média, duas vezes por semana, durante um período de três meses.
2. A magnitude das explosões de agressividade é desproporcional em relação à provocação ou ao estressor que a desencadeou.
3. As explosões não são premeditadas, ou seja, são reações impulsivas ou geradas por raiva, sem intenção de alcançar um objetivo tangível (como dinheiro, poder ou intimidação).
4. O transtorno causa sofrimento significativo ao indivíduo, ou prejudica seu funcionamento profissional, interpessoal, ou leva a consequências financeiras ou legais.
5. A idade mínima para o diagnóstico é de seis anos, ou um nível de desenvolvimento equivalente.
6. O quadro não pode ser mais bem explicado por outro transtorno mental, como transtorno bipolar, transtorno de conduta, ou por condições médicas, como traumatismos cranianos ou doenças neurodegenerativas.

Esses critérios oferecem uma estrutura clara e objetiva para o diagnóstico TEI, permitindo que os profissionais de saúde identifiquem a condição de maneira precisa e com base em parâmetros bem definidos. É importante destacar que o diagnóstico de TEI deve ser realizado por um profissional qualificado, que levará em consideração a história clínica do paciente, a presença dos sintomas descritos e a exclusão de outras condições médicas ou psiquiátricas que possam apresentar sintomas semelhantes. Com isso, é possível garantir um tratamento adequado e eficaz, que considere as particularidades de cada indivíduo e ajude a minimizar o impacto do transtorno na sua vida diária.

Características do TEI

O TEI se caracteriza por explosões emocionais intensas, que surgem de maneira aparentemente irracional, sem uma causa imediata e visível. Muitas vezes, as situações que desencadeiam essas explosões podem parecer triviais para observadores externos, o que torna o comportamento do indivíduo difícil de ser compreendido por aqueles ao seu redor. Contudo, o que se percebe após a explosão é um arrependimento profundo por parte do indivíduo, que frequentemente sente vergonha e remorso por suas atitudes.

Essa dinâmica cria um círculo vicioso: a pessoa explode, sente-se mal, se isola e, em seguida, esse arrependimento pode gerar ainda mais tensão emocional. Como resultado, a convivência social, familiar e profissional tende a ser severamente prejudicada. A pessoa com TEI frequentemente se sente incompreendida e, em muitos casos, a família e os amigos também se veem presos em um estado constante de expectativa e insegurança, sem saber quando ocorrerá a próxima explosão.

Relação entre a raiva e o TEI

A agressividade, muitas vezes associada ao transtorno, é uma resposta natural do ser humano a ameaças externas. Ela tem uma função protetora, ajudando-nos a reagir em situações de perigo. No entanto, quando a agressividade ultrapassa limites saudáveis e se manifesta de maneira desproporcional, ela pode se tornar patológica, gerando prejuízos tanto para o indivíduo quanto para aqueles ao seu redor. A raiva, então, é um dos principais componentes do TEI. Essa emoção, se não for devidamente regulada, pode levar a reações desmedidas que acabam por afetar a vida da pessoa de maneiras prejudiciais.

O TEI, portanto, se manifesta por meio dessa incapacidade de regular as emoções, principalmente a raiva. A pessoa pode se ver em situações cotidianas, como um desentendimento simples, e reagir de forma desproporcional, como se estivesse sendo atacada ou ameaçada de maneira extrema. Isso gera não só o desconforto imediato, mas também consequências para sua autoestima, pois o indivíduo pode se sentir incapaz de controlar suas reações, o que frequentemente leva a sentimentos de vergonha e frustração.

Possíveis causas e fatores de risco

O TEI é um transtorno multifatorial, ou seja, sua origem envolve uma combinação de fatores biológicos, psicológicos e sociais. Do ponto de vista biológico, estudos indicam que o córtex pré-frontal, responsável por controle cognitivo, tomada de decisões e planejamento, apresenta diferenças em indivíduos com TEI. Além disso, os neurotransmissores, principalmente a dopamina e a serotonina, que estão diretamente ligados ao controle do comportamento impulsivo, tendem a estar em níveis mais baixos em pessoas com o transtorno. Essa alteração química pode estar relacionada à dificuldade de regular a raiva e a impulsividade, características marcantes do TEI.

No entanto, os fatores biológicos não são os únicos envolvidos. A infância e as experiências familiares desempenham um papel fundamental no desenvolvimento desse transtorno. Crianças que vivenciam traumas, negligência ou abuso tendem a ter um desenvolvimento cerebral comprometido, com redes de autorregulação emocional menos funcionais. Quando o ambiente familiar é disfuncional, com padrões de interação agressivos ou desorganizados, as crianças podem internalizar esses comportamentos e, ao crescer, reproduzi-los em suas próprias relações e reações emocionais.

Compreende-se, portanto, que o TEI resulta da interação de fatores biológicos e experiências precoces. Pesquisas apontam que a prevalência do transtorno ao longo da vida pode variar entre 0,1 e 2,7%, com uma taxa de 3,1% estimada no Brasil. Embora os estudos sobre a prevalência do TEI sejam mais frequentes com adultos, o diagnóstico pode ser feito já a partir dos seis anos de idade, e existem casos que iniciam ainda mais precocemente, durante a infância (Seger *et al.*, 2020).

A família e o TEI: "pisando em ovos"

A convivência com uma pessoa com TEI pode ser extremamente desafiadora. Muitas vezes, as famílias se sentem como se estivessem "pisando em ovos", nunca sabendo quando uma nova explosão de raiva vai ocorrer. Essa imprevisibilidade gera tensão constante e afeta profundamente o relacionamento entre os membros da família. É comum que os familiares tentem minimizar as situações que possam levar a uma explosão, evitando confrontos, mudanças no ambiente ou até mesmo eventos sociais. No entanto, isso não resolve a questão de fundo, que é a falta de controle emocional da pessoa com TEI.

O impacto do TEI na família pode ser devastador. Casos de explosões emocionais recorrentes podem gerar não só um desgaste emocional, mas também isolamento social, pois a família se vê constantemente evitando interações externas para se proteger das possíveis crises. Além disso, os familiares muitas vezes se sentem culpados, como se estivessem falhando em ajudar o ente querido, o que pode intensificar ainda mais o estresse emocional.

Tratamento e suporte familiar

O tratamento do TEI é multifacetado e envolve uma abordagem integrada, que leva em consideração tanto os aspectos individuais quanto familiares. A terapia cognitivo-comportamental (TCC) é uma das abordagens mais eficazes para o manejo do transtorno, já que tem como objetivo compreender e modificar os padrões de pensamento que levam às explosões de raiva. A TCC permite que o indivíduo identifique seus gatilhos emocionais e aprenda estratégias de regulação emocional, além de técnicas de resolução de problemas e controle da impulsividade.

No entanto, o tratamento não se limita à pessoa afetada. A família desempenha um papel crucial nesse processo, e a orientação familiar se torna uma parte essencial do tratamento. É importante que os familiares compreendam as dinâmicas do transtorno e aprendam a manejar as situações com mais empatia e estratégias adequadas. A psicoeducação sobre o TEI ajuda a quebrar o ciclo de culpa e frustração, e promove uma comunicação mais assertiva e menos reativa dentro da casa.

A orientação familiar é um processo que visa auxiliar e desenvolver pais, cuidadores e responsáveis em suas funções, proporcionando autoconhecimento e desenvolvimento. Por intermédio da tomada de consciência, possibilita que os pais sejam transformadores de seus próprios comportamentos e dos comportamentos de seus filhos (Rayes, 2024). Nas seções de orientação familiar, é necessário identificar se há outros integrantes da família que também apresentam o transtorno, e como a família age quando essas explosões acontecem. Deve-se ajudá-los a buscar atitudes quanto ao melhor manejo e fazê-los entender que se afastar do ente familiar não ajuda a resolver o problema.

Na orientação familiar, a princípio o foco se coloca no autoconhecimento dos pais. Quanto aos pais, precisamos identificar como se sentem e agem em relação aos comportamentos explosivos do seu filho, como agem quando eles também apresentam comportamentos dessa magnitude, e como o transtorno afeta o relacionamento da família. Não é fácil lidar com uma pessoa que apresenta o transtorno, mas o tratamento adequado e a orientação familiar criam situações em que é possível melhorar em muito esses comportamentos. Como já mencionado, a raiva é uma emoção comum e necessária, mas ao mesmo tempo é uma emoção muito malvista pela nossa sociedade.

A importância da psicoeducação e do apoio profissional

A psicoeducação é uma ferramenta poderosa no tratamento do TEI, não só para os indivíduos diagnosticados, mas também para os familiares e para a comunidade em geral. Muitas vezes, a falta de entendimento sobre o transtorno leva a julgamentos e estigmatização, dificultando ainda mais o processo de tratamento. Ao educar as pessoas sobre o que é o TEI, sobre os fatores biológicos e emocionais que o desencadeiam, é possível diminuir a vergonha e aumentar a compreensão, criando um ambiente de apoio mais eficaz.

Além disso, em alguns casos, o uso de medicamentos, como os inibidores seletivos da recaptação de serotonina (ISRS), pode ser necessário para ajudar a regular o equilíbrio químico no cérebro e facilitar o controle das explosões de raiva. No entanto, o uso de medicação deve sempre ser acompanhado de perto por um profissional de saúde mental, que avaliará a necessidade e a dosagem apropriada para cada caso.

Considerações finais

Em tempos de constantes desafios emocionais e psicológicos, o autocuidado nunca foi tão essencial. Priorizar a saúde mental é uma forma de garantir que, mesmo diante das adversidades, podemos seguir com mais equilíbrio. O primeiro passo é reconhecer as próprias necessidades emocionais e procurar formas de lidar com o estresse diário de maneira construtiva. Práticas como a respiração consciente, o mindfulness e a meditação têm se mostrado eficazes no auxílio ao controle emocional, pois ajudam a manter a mente mais centrada e a prevenir reações impulsivas.

Dicas para saúde mental

Se, por algum motivo, você perceber que está se sentindo sobrecarregado(a) ou não está conseguindo lidar sozinho(a) com suas emoções, é importante procurar ajuda profissional. A terapia oferece um espaço seguro e acolhedor, no qual você pode explorar suas emoções, identificar padrões de comportamento prejudiciais e aprender novas formas de lidar com os desafios da vida.

Lembre-se: buscar ajuda não é um sinal de fraqueza, mas uma demonstração de cuidado com o seu bem-estar e de respeito pela sua própria saúde mental.

Referências

AMERICAN PSYCHIATRIC ASSOCIATION (APA). *Manual diagnóstico e estatístico de transtornos mentais:* DSM-5-TR. 5. ed., texto revisado. Porto Alegre: Artmed, 2023.

RAYES, C. (coord.). *Orientação familiar*. São Paulo: Literare, 2024. v. 3.

SEGER, L. *et al. Como lidar com a raiva e o transtorno explosivo intermitente:* guia prático para pacientes, familiares e profissionais de saúde. 4. ed. São Paulo: Hogrefe, 2020.

24

INTERVENÇÃO EM GRUPO PARA FAMÍLIAS COM CRIANÇAS DIAGNOSTICADAS COM TRANSTORNO DISRUPTIVO DA DESREGULAÇÃO DO HUMOR

Este capítulo sublinha a importância do desenvolvimento emocional infantil e da regulação emocional familiar para a saúde mental das crianças, exemplificado por casos de famílias com crianças diagnosticadas com transtorno disruptivo da desregulação do humor (TDDH). A integração de intervenções terapêuticas e o fortalecimento das competências parentais são cruciais. Estratégias de regulação emocional, validação e corregulação, fundamentadas em teorias da Psicologia do Desenvolvimento, são essenciais para o equilíbrio emocional e comportamental das crianças, promovendo um ambiente familiar saudável e colaborativo.

MAURA PASTICK

Maura Pastick

CRP 02/14467

Contatos
maura_pastick@hotmail.com
Instagram: @psi.maurapastick

Mãe dos amados Henrique, Rayssa e Vinícius. Pedagoga, iniciou sua trajetória como professora infantil e depois trabalhou como psicomotricista relacional na mesma escola. Graduada em Psicologia Clínica pela Faculdade de Ciências Humanas de Olinda (FACHO). Experiência em educação infantil e orientação parental. Palestrante sobre orientação de pais e professores em Pernambuco. Treinadora parental em psicologia positiva (profa. Fernanda Lee) e terapia do esquema (profa. Elaine Chagas). Atende no Grupo AMAR (Recife). Especialista em Terapia Cognitivo-Comportamental para crianças e adolescentes pelo Instituto de Terapia Cognitivo-Comportamental (InTCC Porto Alegre). Certificada internacionalmente pelo Positive Experience Games. Cursos sobre intervenções para transtorno do espectro autista (TEA), transtorno do déficit de atenção e hiperatividade (TDAH), transtorno opositor desafiador (TOD), ansiedade, adolescência, abuso sexual, luto e suicídio. Professora substituta no curso de Psicologia da Universidade Católica de Pernambuco (Unicap). Professora do curso Imersão TDAH 360. Coautora de livros e baralhos de relacionamento.

Dedico este capítulo ao meu marido, Milton Rodrigues de Crasto, por nossa relação amorosa e nosso incansável companheirismo nesta missão como pais.

O transtorno disruptivo da desregulação do humor (TDDH) é caracterizado por uma severa dificuldade no controle emocional, manifestando-se frequentemente por crises de raiva, irritabilidade persistente e frustração desproporcional. Crianças diagnosticadas com TDDH exibem uma resposta emocional intensa e difícil de regular, que impacta negativamente suas interações sociais e acadêmicas.

Essas crianças frequentemente manifestam irritabilidade constante e são facilmente provocadas, resultando em explosões emocionais frequentes. Apresentam impulsividade e tendem a agir sem pensar nas consequências, o que pode levar a conflitos com pares e adultos. Expressam crises de raiva descontroladas, muitas vezes em resposta a frustrações menores. Sentimentos de tristeza e desânimo podem se alternar com períodos de grande excitação, causando instabilidade no humor.

A intervenção precoce e o apoio contínuo são fundamentais para ajudar essas crianças e suas famílias a desenvolverem estratégias eficazes de regulação emocional e promoção de um ambiente familiar e escolar mais harmonioso.

O ambiente familiar desempenha um papel significativo no desenvolvimento emocional e comportamental, sendo vital a participação ativa dos cuidadores no tratamento.

Segundo Linehan (1993), a validação emocional é essencial para ajudar as crianças a reconhecer, entender e gerenciar suas emoções de maneira funcional. Essa estratégia não implica permissividade, mas sim a criação de um ambiente onde a criança se sinta compreendida e apoiada, contribuindo para a diminuição de comportamentos disruptivos e impulsivos.

Estudos de Siegel e Bryson (2011) destacam que a regulação emocional é mais eficaz quando os pais oferecem atenção, empatia e compreensão às necessidades emocionais dos filhos. As estratégias de corregulação, em que os pais atuam como modelos de gestão emocional saudável, são fundamentais para promover mudanças consistentes no comportamento e bem-estar infantil. Essa abordagem está alinhada a conceitos amplamente reconhecidos na psicologia contemporânea, especialmente dentro da terapia cognitivo-comportamental (TCC) e da psicoeducação.

Pesquisadores como Judith Beck e Aaron Beck, pioneiros na TCC, enfatizam a importância da participação ativa dos pais no tratamento de seus filhos, promovendo habilidades de regulação emocional e comportamental com estratégias terapêuticas e de apoio contínuo.

Grupos terapêuticos para pais com crianças diagnosticadas com TDDH

Em minha prática clínica, realizo grupos de pais semanalmente para orientações e treinamentos. Os grupos são organizados com a participação de 10 casais e ou 20 cuidadores, de acordo com as faixas etárias e demandas específicas das crianças. O plano de tratamento tem como objetivo promover a superação de desafios, melhoria da comunicação, entendimento mútuo e fortalecimento dos vínculos familiares. Ao desenvolver estratégias para solucionar conflitos e aprimorar relacionamentos, essa prática estabelece um ambiente mais saudável e harmonioso, vital para todas as famílias, com ou sem diagnósticos, pois promove o conhecimento e a compreensão entre seus integrantes. As famílias foram indicadas por médicos psiquiatras infantis, neuropediatras, pediatras e psicólogos colaboradores, após diagnósticos ou hipóteses diagnósticas de TDDH dos filhos. Essas indicações levam em consideração algumas características que permeiam de forma intensa os comportamentos das crianças, causando prejuízos sociais e/ou acadêmicos. Os pais buscam alternativas para melhorar o comportamento dos filhos, relatam desgaste emocional e um crescente distanciamento nas relações familiares, além de sofrimento emocional dos filhos, com impulsividade, inquietação comportamental, irritação intensa e raiva descontrolada, afetando o bem-estar dos filhos e a dinâmica familiar. Essa intervenção visa melhorar o desenvolvimento emocional e a qualidade das relações familiares, destacando a complexidade das interações e o impacto dos transtornos emocionais e comportamentais nas famílias e na sociedade.

Ao identificar os principais fatores que contribuem para a exaustão parental, são implementadas estratégias de apoio psicológico e terapêutico.

As intervenções focam na regulação emocional dos pais, na promoção da comunicação assertiva dentro da família e no reforço das competências parentais para enfrentar os desafios emocionais e comportamentais das crianças. Essas ações levam em consideração as características de cada membro da família e seu contexto, assegurando uma abordagem abrangente e eficaz. Além de reduzir a carga emocional dos pais, o tratamento visa fomentar um entendimento mais profundo das dificuldades e da dinâmica familiar, promovendo práticas de interação e cuidado mais saudáveis com as crianças e seus irmãos.

Um aspecto crucial do plano de tratamento é abordar a resistência dos pais e outros membros da família à terapia e à possível medicação, promovendo a aceitação do tratamento familiar coletivo, o que beneficia o desenvolvimento emocional e comportamental de todos.

Integração

- **Criação de um ambiente acolhedor**: uso de atividades visuais e participativas para fomentar a expressão, descontração e integração do grupo, incentivando uma comunicação honesta e compreensão mútua.

- **Aplicabilidade (melhor compreensão e aplicação das estratégias)**: um ambiente acolhedor facilita a absorção e aplicação das estratégias discutidas, tornando-as mais efetivas no dia a dia. Participantes mais engajados tendem a aproveitar melhor as sessões e aplicar as aprendizagens de forma mais consistente. A sensação de pertencimento e apoio dentro do grupo pode contribuir significativamente para o bem-estar emocional dos participantes.

Essas práticas ajudam a criar um espaço seguro e produtivo em que todos possam aprender, crescer e se apoiar mutuamente.

Psicoeducação

- **Educação sobre TDDH e outros transtornos com hipersensibilidade e desregulação emocional**: explicação detalhada sobre o TDDH, transtorno de ansiedade generalizada (TAG), transtorno do déficit de atenção e hiperatividade (TDAH), transtorno opositor desafiador (TOD), altas habilidades (AH) e superdotação (SD). Discussão sobre os sintomas, causas e tratamentos, além da importância da regulação emocional.
- **Aplicabilidade**: fornecer informações claras e precisas para que os pais identifiquem, reconheçam e compreendam os transtornos e saibam como lidar com os desafios associados.

Avaliação dos estilos parentais

- **Anamnese**: realização de uma anamnese detalhada para investigar os estilos parentais (autoritário, permissivo, negligente) e suas consequências na regulação emocional dos filhos. A análise das dinâmicas familiares e estratégias disciplinares fundamentará um diagnóstico, orientando futuras intervenções e reforçando competências parentais.
- **Aplicabilidade**: identificar as origens dos problemas comportamentais dos filhos pelo entendimento do ambiente familiar.

Levantamento de dificuldades e desafios parentais

- Oferecer aos pais um entendimento mais aprofundado de suas dificuldades emocionais e comportamentais, conscientizando-os sobre o impacto de suas ações e decisões no bem-estar dos filhos, superando a tendência a focar apenas nas limitações. O intuito é reforçar a autoestima dos pais e promover uma relação mais positiva entre pais e filhos.
- **Aplicabilidade:**
  - Estabelecer um diálogo aberto e seguro, com conscientização dos desafios diários, por meio da técnica Top 10 dificuldades dos pais para com os filhos.
  - Promover reflexões e autoconsciência nos participantes, utilizando o jogo Cultivando as Relações. Explorar novas possibilidades e atitudes, encorajando a reconsideração de pontos de vista positivos.

Aprimoramento das competências parentais

- Desenvolver competências parentais efetivas, como comunicação assertiva e controle emocional, para estabelecer um ambiente familiar harmonioso e saudável.
- **Aplicabilidade**: explicar os conceitos de dificuldades emocionais e comportamentais, ajudando os pais a reconhecerem e entenderem suas reações e ações, promovendo uma autorreflexão saudável, por meio de exemplos práticos e exercícios interativos, proporcionando ferramentas aplicáveis no dia a dia, ensinando como expressar sentimentos e necessidades de forma clara e respeitosa, promovendo a escuta ativa e a resolução de conflitos.

Desenvolvimento da autorregulação emocional

- **Entendimento das emoções**: foco no entendimento das próprias emoções, atitudes e comportamentos para incentivar a autorregulação e a adaptabilidade cognitiva. Desenvolvimento de estratégias para abordar situações estressantes de maneira equilibrada e consciente.
- **Aplicabilidade**:
  - Por meio do Jogo da Convivência (Cris Rayes), promover melhores comunicação e convivência, capacitando as famílias com estratégias para administrar suas respostas emocionais. Desenvolver técnicas de controle emocional, incluindo mindfulness, respiração e reestruturação cognitiva, praticando-as em situações simuladas.
  - Criar planos de ação específicos para abordar dificuldades individuais e estabelecer metas claras, assegurando que os pais tenham um plano viável.

Verificar fatores estressores e organização familiar

- Identificar os elementos que contribuem para o estresse e o cansaço parental, fornecendo suporte psicológico e estratégias de intervenção para diminuir a carga emocional dos pais e aperfeiçoar a dinâmica familiar.
- **Aplicabilidade**: identificar as principais fontes de estresse e cansaço dos pais, compreendendo as causas específicas do estresse parental e mapeando as áreas que necessitam de intervenção. Utilizar técnicas como a escuta ativa e a validação emocional.

Apoio ao estabelecimento de rotinas

- Ajudar os pais a estabelecerem e manterem uma rotina diária que inclua técnicas de gestão do tempo na organização familiar e priorização de atividades prazerosas.
- **Aplicabilidade**: criar horários fixos para refeições, sono, estudos e lazer ajuda a criar uma sensação de estabilidade no lar. Planejar o dia pode reduzir o estresse e a ansiedade.

Promoção de práticas de autocuidado

- Incentivar os pais a adotarem práticas de autocuidado, reservando tempo para *hobbies*, atividades físicas e momentos de relaxamento. Oferecer orientação sobre como integrar essas práticas na rotina diária, ajudando-os a manterem seu próprio bem-estar. Favorecer a presença frequente do "adulto saudável", essencial para a criação de um ambiente familiar saudável.
- **Aplicabilidade**: criar um plano de autocuidado personalizado que inclua tempo para *hobbies*, exercícios físicos e momentos de descanso. Facilitar a integração dessas atividades na rotina diária, assegurando que os pais reservem tempo para cuidar de si mesmos.

Técnicas de relaxamento

- Incentivar a prática regular de atividades físicas, explicando seus benefícios para a saúde mental e física. Melhorar o bem-estar geral dos pais, aumentando a energia e a disposição para enfrentar os desafios diários.
- **Aplicabilidade**: ensinar técnicas de relaxamento, como respiração profunda, meditação e ioga. Oferecer sessões práticas em que os pais possam experimentar e praticar essas técnicas.

Fechamento

- **Sessões de acompanhamento**: realização de sessões periódicas para avaliar o progresso das famílias, ajustando as estratégias conforme necessário para atender às necessidades individuais e fornecer feedback contínuo.
- **Aplicabilidade**: garantir a eficácia das intervenções e promover a continuidade do desenvolvimento emocional e comportamental saudável das crianças e dos cuidadores.

Essas abordagens visam proporcionar um suporte abrangente e personalizado, promovendo um ambiente familiar mais equilibrado e saudável.

Dicas para saúde mental

Implementar e manter uma rotina pode inicialmente ser desafiador, mas, com paciência e consistência, as famílias tendem a experimentar uma melhora significativa na dinâmica doméstica e no bem-estar geral.

As dicas para a saúde mental a seguir estão focadas na qualidade do relacionamento entre casais, tanto os que estão juntos quanto os que estão separados:

Para casais juntos:

- **Momentos de qualidade**: dedicar tempo ao casal longe das distrações.

- **Cumplicidade e conexão**: demonstrar afeto e compartilhar interesses.
- **Comunicação eficaz**: manter um diálogo aberto e honesto.
- **Resolver conflitos**: abordar problemas de forma construtiva.
- **Autocuidado**: cuidar de si mesmo para contribuir positivamente na relação.

Para casais separados:

- **Respeito e amizade**: manter uma relação respeitosa, especialmente na presença dos filhos.
- **Parentalidade assertiva**: garantir decisões parentais consistentes e alinhadas.
- **Comunicação clara**: manter diálogo claro e respeitoso sobre os filhos.
- **Flexibilidade**: ser aberto a ajustes nas rotinas parentais.
- **Planejamento conjunto**: planejar eventos importantes em conjunto para apoiar os filhos.

Essas práticas ajudam a promover um ambiente familiar harmonioso e a saúde mental de todos os envolvidos.

Referências

BECK, J. S. *Terapia cognitivo-comportamental:* teoria e prática. 3. ed. Porto Alegre: Artmed, 2022.

CALAZANS, V. *Mente impulsiva, comportamento explosivo:* transtorno explosivo intermitente. Novo Hamburgo: Sinopsys, 2017.

CHAGAS, E. M. *Programa de orientação familiar baseado na terapia do esquema.* Porto Alegre: Arte em Livros, 2023.

CHAGAS, E. M.; FREITAS, M. *A SUPERsentidora Nicole:* uma história de SUPERação e validAÇÃO. Porto Alegre: Arte em Livros, 2023.

COPELAND, N. *et al.* Prevalência, comorbidade e correlatos do transtorno disruptivo de desregulação do humor proposto pelo DSM-5. *The American Journal of Psychiatry*, v. 170, n. 2, p. 173-179, 2013.

LIMA, A.; CARDOSO, M. P. Orientação e treinamento de pais: uma vivência clínica. *Revista Brasileira de Psicologia e Educação*, v. 20, n. 1, p. 6-19, 2018. Disponível em: https://periodicos.fclar.unesp.br/doxa/article/view/10872/7383. Acesso em: 4 mar. 2025.

LINEHAN, M. M. *Cognitive-behavioral treatment of borderline personality disorder*. The Guilford Press, 1993.

NATIONAL INSTITUTE OF MENTAL HEALTH. *Disruptive mood dysregulation disorder*: the basics. Bethesda, 2023. Disponível em: https://www.nimh.nih.gov/health/publications/disruptive-mood-dysregulation-disorder. Acesso em: 9 maio 2025.

PAPALIA, D. E.; FELDMAN, R. D. *Desenvolvimento humano.* Porto Alegre: Artmed, 2009.

RAYES, C. *Orientação familiar*: teoria e prática. São Paulo: Literare, 2022. v. 1.

SIEGEL, D. J.; BRYSON, T. P. *The whole-brain child: 12* revolutionary strategies to nurture your child's developing mind. Delacorte Press, 2011.

WAINER, R. *et al.* (org.). *Terapia cognitiva focada em esquemas:* integração em psicoterapia. Porto Alegre: Artmed, 2016.

ZAMBERLAN, M. A. T.; FREITAS, M. G.; FUKAMORI, L. Relações pais e filhos adolescentes e estratégias de prevenção a riscos. *Paidéia*, v. 9, n. 17, p. 35-49, 1999.

25

CRIANDO CONEXÕES DE QUALIDADE COM CRIANÇAS DIFÍCEIS

Neste capítulo, abordaremos o impacto que as características temperamentais podem causar nas práticas parentais e como é desafiador para os pais não reproduzirem experiências nocivas semelhantes às que tiveram na infância ao lidarem com um filho com temperamento difícil. Discute-se essa questão com conceitos advindos da Teoria do Esquema, de Jeffrey Young e de outros teóricos.

MARINA DE OLIVEIRA PATRÍCIO

Marina de Oliveira Patrício

CRP 04/31919

Contatos

marinaopatricio@gmail.com
Instagram: @marinapatriciopsicologa
32 99958 0517
32 99871 0843

Mãe do pequeno Nilo, de cinco anos. Psicóloga clínica atuando há 15 anos com crianças, adolescentes e orientação familiar. Especialista em Terapia Cognitivo-Comportamental. Formação em Terapia do Esquema. Facilitadora em Educação Emocional Positiva. Educadora parental em Disciplina Positiva pela Associação Brasileira de Disciplina Positiva (PDA Brasil). Professora nos cursos Semente: Capacitação e Aperfeiçoamento em Psicologia, ministrando aulas de Terapia do Esquema com Crianças e Adolescentes e Orientação a Pais, e na especialização em Orientação Familiar e Educação Parental no Instituto de Terapia Cognitivo-Comportamental (InTCC Rio), sobre Orientação Familiar em Terapia do Esquema.

Dedico este capítulo a todos os pais e mães de crianças difíceis. A tarefa é árdua, mas recompensadora, uma vez que entendemos que eles são a mais bela extensão de nós.
Nilo, mais uma vez uso a escrita para reelaborar minha experiência materna e me tornar alguém melhor para você.

Quando estava grávida do meu primeiro e ainda único filho, durante uma das várias conversas que tinha com uma amiga, que já era mãe há alguns anos, escutei a seguinte reflexão: "Você só terá controle do seu filho enquanto ele ainda estiver na sua barriga, depois que nascer não terá mais". Essa frase me impactou profundamente, mas eu não a entendi naquele momento. Como assim, não terei o controle de tudo?

Após cinco anos do nascimento do meu filho, entendo minha amiga. Sou mãe de um menino lindo, alegre e intenso. Um garotinho de temperamento difícil, que morde, bate e grita para conseguir o que quer. Ele tem uma energia impressionante, que o impede em alguns momentos de se sentar para comer ou para aprender na escola. Não gosta de colorir, mas ama correr sem destino e não tem medo do perigo. Várias noites se recusa a dormir mesmo estando muito cansado, e usa do choro e de mais agressividade para conseguir ficar acordado, pois para ele dormir não é legal.

Todas essas características temperamentais fazem o processo de educação do meu filho ser complexo e estressante. Educá-lo sem utilizar métodos negativos de correção tornou-se uma dificuldade para mim e uma discussão no meu casamento. Era frustrante ver que métodos mais calmos e gentis de educá-lo não funcionavam. Em contrapartida, formas rígidas e autoritárias de contê-lo, sim. E, assim, a angústia de não saber se estávamos no caminho certo cresceu em mim e em meu marido.

Temperamento refere-se ao "como" do comportamento e não ao seu "quê" ou ao "porquê". A forma como as crianças expressam seus comportamentos para os pais faz com que eles a percebam como "fáceis" ou "difíceis", influenciando assim as atitudes e os comportamentos dos pais para com elas.

Crianças de temperamento difícil apresentam uma irregularidade nas funções biológicas, respostas negativas a novos estímulos e expressão de humor predominantemente negativa. São crianças que apresentam padrões de sono irregulares, baixo grau de adesão a comidas novas, períodos prolongados de adaptação a novas rotinas, pessoas ou situações e, por vezes, podem passar longos períodos a chorar. Crianças com essas características podem incitar uma parentalidade mais inconsistente.

De acordo com Martins (2010), pais e filhos se influenciam mutuamente, cada um agindo em função do comportamento do outro, justificando a relevância de se analisar as características da criança (temperamento) e dos pais (estilos parentais).

O conceito de bom ajustamento (*goodness of fit*), proposto por Thomas e Chess, descreve uma harmonia entre as características individuais e as exigências e expectativas do meio em que o indivíduo está inserido. Para Jeffrey Young, criador da terapia do esquema, o ambiente em que a criança está inserida, seja ele favorável, seja adverso, pode dominar muito o temperamento. Por exemplo, uma criança tímida inserida em um ambiente familiar amoroso e seguro pode ser sociável em alguns momentos, mas se o ambiente familiar for de rejeição, até mesmo uma criança sociável pode se tornar retraída.

Wainer (2016) reforça que, durante a infância, o suprimento de afeto, cuidado, responsividade, tranquilidade e empatia dos cuidadores é a base para a saúde mental. As famílias contribuem para a formação da personalidade do indivíduo quando fornecem bons modelos de como lidar com situações estressantes do crescimento.

Na literatura científica, encontramos definições sobre estilos e práticas parentais. Os estilos parentais são definidos como um conjunto de atitudes dos pais com seus filhos que geram um clima emocional no qual se verifica a expressão de comportamentos.

Os estilos parentais podem ser organizados a partir de duas dimensões: exigência e responsividade. A exigência parental seriam as atitudes parentais usadas com o objetivo de controlar o comportamento dos filhos, estabelecendo limites e regras. Já a responsividade é definida como as atitudes compreensivas utilizadas pelos pais para com os seus filhos, visando ao desenvolvimento de autonomia, boa autoestima e habilidades sociais.

A partir dessas duas dimensões, foram definidos quatro estilos parentais. O estilo autoritário está presente quando os pais demonstram um controle elevado sobre os seus filhos, contrastando com baixos níveis de afetividade. No estilo permissivo, os pais possuem um baixo nível de controle e um elevado nível de afetividade; são pais que se caracterizam pela dificuldade na imposição de regras. No estilo negligente, os pais apresentam baixo nível de controle e afetividade; assim, a criança não recebe poucos direcionamentos e cuidados. Por fim, os pais que recorrem a um estilo democrático (autoritativo) demonstram elevado grau de controle e afetividade; eles incentivam e promovem uma relação positiva com os seus filhos e esperam deles determinados comportamentos de acordo com as regras que fazem parte do funcionamento familiar.

Uma combinação entre temperamento e estilos parentais que não gera sucesso na parentalidade é aquela entre crianças que apresentam uma persistência negativa (teimosia) e uma adaptação lenta (dificuldade de adaptar a novos estímulos) com pais permissivos ou autoritários. Os pais permissivos não conseguem impor limites claros, e a própria criança passa a definir suas atividades e a controlar o ambiente familiar. No outro lado, a criança dos pais autoritários resiste ao controle excessivo imposto, fazendo com que não haja colaboração de ambas as partes, pois o clima familiar será definido por lutas de poder e castigos severos.

Um estudo desenvolvido por Patterson, citado em Marinho & Caballo (2002), lista quatro estágios para o desenvolvimento do comportamento antissocial, que se inicia no ambiente familiar chegando à delinquência. O primeiro estágio desenvolve-se na família, quando os pais descrevem a criança como difícil, diferente dos irmãos ou outros familiares, mas isso não se torna motivo de preocupação e não há procura de ajuda. Uma disciplina ineficiente por parte dos pais é observada, com pouca monitoria das atividades da criança; seu temperamento difícil é identificado nessa fase. O segundo estágio ocorre no ambiente escolar, onde começam as reclamações a respeito da criança, como: ser inadequada à classe, pois faltam-lhe habilidades para aprender; e baixa probabilidade de se relacionar bem com seus pares e desenvolver habilidades sociais e acadêmicas. O terceiro estágio indica a reação do meio social ao rejeitá-la; a criança é impulsionada a buscar apoio em ambientes alternativos. O quarto e último estágio revela o adolescente internado em instituições (hospitalar, educacional ou correcional).

Para a terapia do esquema, ao longo das gerações de uma família podem ser transmitidos padrões desadaptativos ou nocivos de envolvimento parental com os filhos, fazendo com que esses pais não promovam o preenchimento correto das cinco necessidades emocionais da criança. São elas: (1) vínculos seguros com outras pessoas, incluindo segurança, estabilidade e aceitação; (2) autonomia, competência e senso de identidade; (3) liberdade para expressar necessidades e emoções; (4) espontaneidade e lazer; (5) limites realistas e autocontrole (Reis, 2019).

Por meio da interação entre o temperamento emocional da criança e um ambiente familiar prejudicial, em que os estilos parentais não atendem às necessidades emocionais básicas, acontece a formação dos esquemas iniciais desadaptativos (EIDs), que se configuram como formas autoderrotistas de entender e interpretar as experiências de vida, podendo levar à formação de uma personalidade patológica (Camilo, 2017).

Ao nos tornarmos pais, devemos desenvolver uma forma competente de agir, na qual seremos capazes de preencher as necessidades emocionais básicas de nossos filhos. Porém, também precisamos ser capazes de preencher as nossas necessidades emocionais. Necessidades emocionais são universais, contudo, na vida adulta a busca pela satisfação dessas necessidades deve ser realizada pelo próprio indivíduo em todas as suas relações, sejam elas amorosas, sejam de trabalho, de amizades e parental.

Um filho com temperamento mais reativo tende a requerer mais cuidado no preenchimento de suas necessidades, principalmente a necessidade de limites realistas e autocontrole. Mas, ao voltarmos à definição de que o temperamento é o determinante biológico da personalidade e não pode ser totalmente modificado pelas influências ambientais, e que essas tendências genéticas herdadas podem ser ampliadas, reduzidas, encobertas ou expressas em sua natureza, mas nunca eliminadas ou aumentadas exageradamente, podemos deduzir uma grande probabilidade de que um dos genitores também apresenta um temperamento difícil e não teve suas necessidades emocionais corretamente supridas por seus genitores.

É muito comum escutarmos frases como: "Eu era assim na infância, mas aprendi a lição", "Apanhei e sobrevivi", "Se eu sou alguém hoje, devo à criação firme que meus pais me deram". São frases que mascaram a dor causada pelas práticas parentais negativas que tentavam domar uma criança que só queria ser amada e compreendida com seu jeito de ser "intenso".

A experiência de se tornar pai ou mãe promove o encontro com a nossa criança interior e nossas vulnerabilidades não compreendidas. Na tentativa de lidar com o turbilhão de emoções advindo desse reencontro, alguns pais ouvem as vozes internalizadas de seus cuidadores e podem reproduzir fielmente o estilo parental com que foram educados, pois, ao internalizar os ensinamentos de seus cuidadores, criaram um sistema de crenças de como um pai ou uma mãe deve agir. Outros podem querer não reproduzir a educação que tiveram na infância, pelos traumas que carregam, passando a agir de maneira oposta ao que conhecem e também acabam agindo de maneira prejudicial com seus filhos.

Diante disso, o trabalho com os pais deve ter o objetivo de fortalecer um modo de parentalidade competente, compreendendo o temperamento não só do filho, mas o seu também, para que consigam preencher as necessidades emocionais de ambos, diminuindo o uso de estratégias negativas para conseguir educar sua criança. Isto é, serem mais afetuosos, responsivos e favorecedores de um futuro mentalmente saudável para seus filhos.

O filho difícil cutuca nossas feridas emocionais. Ele relembra as faltas e traumas da nossa infância. Por isso não sabemos agir, pois permitir sentir a dor dessas feridas não é o que queremos ou conseguimos. Por isso, engolir a raiva e a frustração que sentimos se torna o certo a fazer. Mas erramos! É preciso ter autocompaixão para aceitar essas feridas e ressignificá-las fora da relação parental, conseguindo assim suprir as necessidades dos nossos filhos sem esquecer de nós mesmos.

Dicas para a saúde mental dos pais

- As características temperamentais não podem ser totalmente modificadas, porém podem ser minimizadas pelas atitudes parentais.
- Participe de grupos de apoio a pais ou converse com pais de crianças semelhantes às suas, percebendo que vocês não são os únicos com esses problemas.
- Pratique autocompaixão. Não se culpe tanto. Sua criança não é difícil por escolha ou falta sua.
- A raiva que seu filho sente não é de você ou de algo que você fez. É somente o processo de amadurecimento que está acontecendo.
- Você não precisa estar pronto para corrigir e ensinar o seu filho a todo momento.

- Promova momentos de diversão em família que serão escolhidos pelo seu filho. Você não precisa ter o controle de tudo.
- Demonstre seu amor por meio de carinhos físicos e gestos de cuidado simples.
- Aprenda sobre comunicação assertiva. Seu filho precisa ter clareza de entendimento e confiança no seu direcionamento. Seja um guia compassivo e consistente.
- Peça ajuda profissional quando se sentir perdido na parentalidade.

Referências

CAMILO, I. C. R. R. *O modelo alemão da terapia cognitiva focada no esquema na psicoterapia infantil para o tratamento de transtornos disruptivos, do controle de impulsos e da conduta:* proposta de protocolo de atendimento. 2017. Dissertação (Mestrado em Psicologia Aplicada) – Universidade Federal de Uberlândia, Programa de Pós-Graduação em Psicologia, Uberlândia, 2017.

CHESS, S.; THOMAS, A. *Temperament:* theory and practice. New York: Brunner/Mazel Publishers, 1996.

Marinho, M. L.; Caballo, V. E. Comportamento anti-social infantil e seu impacto para a competência social. *Psicologia, Saúde e Doenças,* v. 3, n. 2, p. 141-147, 2002. Disponível em: https://www.redalyc.org/articulo.oa?id=36230203. Acesso em: 6 maio 2025.

MARTINS, S. P. *O temperamento das crianças e os estilos e sentido de competência parentais.* 2010. Dissertação (Mestrado em Psicologia Clínica, subárea de especialização: Sistémica, Saúde e Família) – Universidade de Coimbra, 2010.

REIS, A. H. *Terapia do esquema com crianças e adolescentes:* do modelo teórico à prática clínica. Campo Grande: Episteme, 2019.

WAINER, R. *et al. Terapia cognitiva focada em esquemas:* integração em psicoterapia. Porto Alegre: Artmed, 2016.

YOUNG, J. E.; KLOSKO, J. S.; WEISHAAR, M. E. *Terapia do esquema:* guia de técnicas cognitivo-comportamentais inovadoras. Porto Alegre: Artmed, 2008.

26

ORIENTAÇÃO FAMILIAR EM CASOS DE DESREGULAÇÃO EMOCIONAL INTENSA

O presente capítulo tem como objetivo elucidar, à luz da ciência, a importância de os pais aprenderem a reconhecer e lidar com as desregulações emocionais de seus filhos, a fim de que possam prevenir desfechos desfavoráveis, com relação a seu desenvolvimento saudável.

FLORENCE PIMENTA

Florence Pimenta

CRP 04/24129

Contatos
florencepimenta@hotmail.com
Instagram: @florencepsampaio
31 98879 9441

Mãe do Betinho e do João Emílio. Graduada em Psicologia pela Pontifícia Universidade Católica de Minas Gerais (PUC Minas). Pós-graduada em Terapia Cognitivo-Comportamental pelo Instituto de Educação Continuada (IEC - PUC Minas), em Análise do Comportamento Aplicada ao Transtorno do Espectro Autista pela Universidade Federal de São Carlos (UFSCar) e pós-graduanda em Neuropsicologia com Formação em Reabilitação Cognitiva pelo Hospital das Clínicas da Faculdade de Medicina da Universidade de São Paulo (HCFMUSP), com diversas formações na área da infância e adolescência, entre elas a Terapia de Regulação Infantil (TRI) clínica e preventiva, pelo Instituto TRI. Formação em Orientação Parental e Psicopatologia Infantil. Atua na clínica com crianças e adolescentes com diversos transtornos, incluindo transtornos de humor graves, assim como transtornos do neurodesenvolvimento como transtorno do espectro autista, transtorno do déficit de atenção e hiperatividade e outros. Realiza orientação e treinamento de pais como um dos pilares da sua clínica.

Introdução

A ideia de escrever sobre este tema surgiu a partir da minha experiência clínica, atendendo a meus pacientes, crianças e adolescentes, e seus familiares, o que me possibilita vivenciar, com muita frequência, o sofrimento que as crises de desregulação emocional trazem, tanto para os próprios jovens quanto para suas famílias. Aprender a manejar e prevenir essas crises é essencial para que se possa criar um ambiente familiar saudável, com relações de afeto, carinho e confiança.

Neste capítulo, proponho-me a ajudar os pais e cuidadores a terem um outro olhar para as desregulações emocionais de seus filhos e, assim, serem mais assertivos nas suas relações e no processo de educação e aprendizagem.

Podemos dizer que a regulação emocional é uma habilidade transdiagnóstica, ou seja, perpassa vários diagnósticos, e a necessidade de desenvolvê-la é primordial para a nossa saúde mental.

Mas, afinal, o que é essa tal de regulação emocional? Para que servem as emoções?

Quando comecei a estudar mais profundamente sobre regulação emocional, ficava me perguntando como poderia ajudar os meus pacientes a regularem alguma coisa que não podemos controlar. É isso mesmo: não podemos controlar a forma de sentir as emoções! Elas aparecem como respostas fisiológicas, assim como sentimos sede ou vontade de fazer xixi.

As emoções servem para nos proteger, sejam elas agradáveis ou desagradáveis de sentir, e nos comunicam, por meio de sensações corporais, como devemos ou não agir em determinadas situações.

No entanto, nem sempre devemos agir ou reagir aos impulsos das emoções, devendo, antes, analisar os prós e contras de se comportar dessa ou daquela maneira e quais os benefícios ou prejuízos isso pode nos trazer. Assim, dizemos que não podemos controlar sentir as nossas emoções, mas podemos controlar o que fazemos com o que sentimos.

"Regular as emoções é ser livre para decidir quando devo agir sob o impulso da emoção e quando não quero ou não devo" (Dias & Gonzales, 2024).

Para alcançarmos a regulação emocional, é preciso que acionemos o nosso córtex pré-frontal, área do cérebro responsável pela capacidade de autorregulação, além de outras funções superiores muito complexas e elaboradas. Entretanto, devemos considerar que crianças e adolescentes ainda estão em processo de desenvolvimento e maturação do cérebro, principalmente da área pré-frontal, que, inclusive, é a última parte do cérebro a amadurecer. Sendo assim, precisam contar com um suporte externo, auxiliar, que os ajudará e ensinará a se regularem e lidarem com as emoções e as situações desafiadoras.

O que é desregulação emocional?

A desregulação emocional caracteriza-se pela intensidade e a frequência com que sentimos as emoções, além da forma como reagimos a elas.

Algumas pessoas nascem com maior sensibilidade para sentir as emoções, apresentando, portanto, maior vulnerabilidade emocional, que pode ser definida como intensa emocionalidade negativa, hipersensibilidade a estímulos emocionais, hiper-reatividade e lento retorno ao estado basal. Além disso, é importante destacar que crianças e adolescentes com desregulação emocional também são impulsivas, o que dificulta a inibição dos comportamentos, agindo como se estivessem com a mente racional desativada.

Chamamos essas crianças e adolescentes que apresentam maior sensibilidade emocional de "supersentidores" e elas precisam, portanto, de maior suporte para se autorregularem.

Por que a criança se comporta assim? Como podemos manejar as crises?

A regra de ouro é identificar qual é a real necessidade daquela criança ou adolescente. Quando redirecionamos o nosso olhar e nos conectamos verdadeiramente a suas emoções e necessidades, deixamos de focar apenas no comportamento-problema (a ponta do iceberg) e, consequentemente, conseguimos agir de maneira diferente, ajudando-os a se autorregularem.

É importante criar conexão com os filhos. Validar as suas emoções. Ser validante não significa concordar com o comportamento dos filhos, mas mostrar que eles podem contar conosco, que estamos ali para ajudá-los e que entendemos o que estão sentindo.

Adotar comportamentos punitivos não será a melhor solução no longo prazo, uma vez que o castigo não ensina comportamento. Em um primeiro momento, pode ser que aparentemente resolva, pois a criança e o adolescente ficarão com medo de serem punidos e, por esse motivo, não se comportarão "daquela" maneira. No entanto, no longo prazo, voltam a se comportar de maneira inadequada ou disfuncional, pois não aprenderam a se comportar de outra forma.

Sendo assim, em vez de punir, os pais precisam ensinar seus filhos como devem se comportar de maneira mais funcional e efetiva. A melhor estratégia para ensinar comportamento é o reforço positivo, ou seja, reforçar o comportamento esperado pelos pais, mais funcional e adequado, com elogios ou recompensas que sejam reforçadoras para aquele jovem e que aumentem a probabilidade de esse comportamento ser repetido.

O manejo de contingências é utilizado para promover a mudança de respostas (comportamentos), a partir da análise funcional, sendo muito útil para que se possam identificar quais são os gatilhos (antecedentes) ou reforçadores (consequências) que fazem com que determinada resposta seja emitida. Identificando os antecedentes e as consequências, é possível intervir com mais assertividade para prevenir os comportamentos-problema.

Como prevenir as crises de desregulação

Ambientes validantes e afetivos favorecem a comunicação e a interação entre os indivíduos. Conectar-se com os filhos faz com que eles deixem a reatividade e migrem para a receptividade. Precisamos ensinar os jovens a lidarem com as suas emoções. A falta de habilidade faz com que eles não consigam gerenciar o estresse.

O grande desafio é ensinar esses jovens a comunicarem suas necessidades e melhorarem a comunicação imprecisa, visando prevenir os comportamentos inadequados e disfuncionais, que muitas vezes, inclusive, colocam suas vidas em perigo, como comportamentos de risco, autolesivos e ideações suicidas.

Além dessa dificuldade de expressarem ou comunicarem suas reais necessidades, eles não possuem repertório para lidar com o desconforto emocional. Crianças e adolescentes "supersentidores" precisam aprender a manejar suas próprias emoções para evitar que isso traga tantos prejuízos para eles.

A regulação emocional dos pais também influencia nos comportamentos dos filhos, já que são modelos para eles. A família é responsável pelas práticas disciplinares e de cuidado das crianças. Quando tais práticas são combinadas com a sensibilidade emocional, podem caracterizar menor ou maior vulnerabilidade ao estresse. Podemos então concluir que, quando uma criança mais vulnerável à emoção é educada por práticas parentais negativas, ficando exposta a condições estressantes e situações de trauma, apresentará menos recursos para lidar com sua intensidade emocional, podendo assim desenvolver transtornos psicopatológicos.

Crianças expostas ao estresse apresentam níveis mais elevados de cortisol, prejudicando seu desenvolvimento saudável, além de afetar partes do seu sistema imunológico. Além disso, o estresse tem um impacto significativo no sistema serotoninérgico. A serotonina é um neurotransmissor cuja função está vinculada à regulação das emoções, principalmente na modulação da impulsividade e da agressividade. Baixos índices de serotonina podem estar associados a depressão e ansiedade. Por outro lado, crianças que apresentam um relacionamento afetuoso e saudável com os seus pais apresentam maior chance de ter um sistema imunológico mais forte.

Desenvolver a regulação emocional pressupõe ativar o lobo pré-frontal e reestruturar os pensamentos disfuncionais. Entre o estímulo e a resposta ou comportamento, deve-se fazer uma pausa, reconhecer a emoção e analisar se o que ela está "mandando" fazer é a melhor opção, de acordo com o contexto e as próprias necessidades. Essa habilidade de reconhecer e observar as emoções é chamada de mindfulness, que significa estar atento(a) ao momento presente. Quanto mais somos capazes de nos perceber, maiores serão as chances de conseguirmos lidar com nossas próprias emoções.

Estímulo ⟶ **Resposta**

↓

"O que eu faço?"

Por último, é importante lembrar que, quando uma criança começa a se comportar de maneira inadequada ou apresenta sinais de que isso vai acontecer, é preciso observar se ela está com fome, cansada, com sono ou sozinha. Essa conexão consigo e com o outro ajuda a observar o início do mau comportamento e redirecioná-lo, de maneira mais efetiva, para o caminho desejado.

A importância de se autorregular e ser modelo na relação

Finalmente, gostaria de destacar a necessidade de os pais estarem regulados emocionalmente e de serem modelos positivos. É importante entender quais são as emoções dos pais com relação aos filhos, pois isso vai impactar sobremaneira a forma como vão lidar com eles.

A história da infância dos pais pode nos oferecer pistas sobre como foram as suas primeiras experiências de apego com seus cuidadores. Saber como foram essas relações ajuda os pais a entenderem seus comportamentos atuais com os filhos e, a partir daí, saberem que podem agir de maneira diferente, evitando dores e desafetos.

Crianças que estabelecem uma relação de apego segura com os seus pais, baseada em amor, cuidado e confiança, têm maiores chances de se desenvolverem de forma mais saudável, tornando-se adolescentes e adultos mais seguros e felizes.

O treinamento e a orientação de pais possibilitam trabalhar todas essas questões, permitindo que os pais possam desenvolver o autoconhecimento, além de novas habilidades que os auxiliarão na criação dos filhos.

Dicas para saúde mental

Mude seu ponto de vista com relação aos comportamentos-problema dos filhos! Eles são somente a ponta do iceberg. Esses comportamentos, na verdade, não são o problema, mas sim a solução encontrada para lidar com os reais problemas ou as necessidades não atendidas.

A pergunta-chave é: qual é a função desse comportamento? A resposta será o guia para que você redirecione seu olhar para as reais necessidades "escondidas", fazendo com que tenha uma intervenção muito mais assertiva e de fato ajude seu filho a encontrar novos caminhos e soluções.

Também podemos utilizar alguns recursos de autorregulação, como materiais sensoriais, além de livros e materiais de psicoeducação. Algumas práticas ou habilidades podem ser eficazes para auxiliar nos momentos de crise ou mesmo preveni-los, promovendo bem-estar e relaxamento. Acesse o QR Code para atividade de mindfulness. Sugestões de materiais e livros de psicoeducação estão disponíveis a seguir, nas Referências.

Referências

AMERICAN PSYCHIATRIC ASSOCIATION (APA). *Manual diagnóstico e estatístico de transtornos mentais:* DSM-5. 5. ed. Porto Alegre: Artmed, 2014.

CALAZANS, P. *Brincando de mindfulness*. São Paulo: Matrix, 2018.

DIAS, M.; GONZALES, C. *Habilidades da DBT para pais e filho.* Novo Hamburgo: Sinopsys, 2024.

RAYNAL, S. *Eu medito e me conheço.* – 1ª ed. – São Paulo: Companhia das Letrinhas, 2020.

RESS, C. *O livro da raiva para crianças*. Porto Alegre: Artmed, 2023.

SIEGEL, D. J. *O cérebro da criança*. São Paulo: nVersos, 2015.

SNEL, E. *Quietinho feito um sapo*. Rio de Janeiro: Bicicleta Amarela, 2016.

TRANSTORNOS PSICOLÓGICOS E SAÚDE MENTAL

Cuidar da saúde mental é uma responsabilidade de todos, afetando gerações e os vínculos familiares. Nos próximos capítulos, temas importantes, como a angustiante espera das mães por diagnósticos, um período marcado por incertezas e esperanças. A ansiedade, que entra em nossa casa e pode se manifestar em sintomas físicos, como dores ou falta de ar, e nas dificuldades sociais, especialmente durante a adolescência. A sensação de não pertencimento, tão comum nessa fase, deixa um vazio profundo e exige acolhimento. A depressão infantil e adolescente, muitas vezes confundida com preguiça ou mau humor, pede um olhar atento, capaz de perceber o sofrimento por trás do silêncio. O TOC infantil, com seus rituais e pensamentos incontroláveis, traz desafios internos que a criança não consegue enfrentar sozinha. O estresse pós-traumático e o trauma complexo, embora invisíveis, deixam cicatrizes que afetam as relações, a autoestima e a forma de viver. A dependência emocional, que aprisiona o indivíduo na necessidade do outro, muitas vezes faz o medo de perder superar a própria vontade. E quando o trabalho ocupa todos os espaços, o workaholism e o burnout esvaziam os vínculos afetivos, tornando a presença física em uma ausência emocional. Falar sobre saúde mental é abrir espaço para refletir sobre esses temas e entender que cuidar desde cedo, acolher e buscar ajuda é um ato de coragem e amor.

27

E AS MÃES? COMO FICAM À ESPERA DE UM DIAGNÓSTICO?

Neste capítulo, são trazidos alguns dados e informações para que famílias atípicas aprendam como lidar com seus medos e inseguranças diante da maternidade atípica e para que os profissionais que atendem crianças e adolescentes ampliem seu conhecimento, olhar e empatia também para a família.

LUCIANA SANTOS RODRIGUES

Luciana Santos Rodrigues

CRP 06/129740

Contatos
lucianasantosrodrigues.com.br/home
lucianasantosrodrigues@gmail.com
Instagram: @psicolucianarodrigues

Mãe da Giovanna, esposa do Marcelo. Atua como psicóloga clínica no atendimento a crianças, adolescentes e adultos em São Paulo e on-line. Especialista em Terapia Cognitivo-Comportamental. Facilitadora em Comunicação não Violenta. Autora organizadora dos livros *Oficina das emoções* volumes 1 e 2, *Caderno de atividades socioemocionais para oficinas de crianças, adolescentes e adultos*, além de diversos e-books relacionados a oficinas e grupos. Realiza oficinas, grupos e workshops para todos os públicos, presencial e on-line. Tem grande prazer em mentorar profissionais que desejam empreender por meio de grupos e oficinas.

Dedico este capítulo a Deus, que tem me dado a oportunidade de me desenvolver como ser humano por meio da minha filha. A minha família, minha mãe, meu pai e madrinha (in memoriam), que me ensinaram a importância da fé, dedicação ao trabalho e amor à família. Ao meu marido, que sempre esteve ao meu lado com muito amor e incentivo, a toda a comunidade autista e, principalmente, a minha filha, Giovanna, que é meu motor e a pessoa que me ensina todos os dias o que é o amor!

Como ficam as mães diante de um diagnóstico? Elas têm consciência e percepção de suas emoções?

A verdade é que a grande maioria das mães já vive um mar de emoções desde a gestação e muitas vezes se questionam: será que estou me alimentando corretamente? Meu bebê está bem? Será que vou ser uma boa mãe? Será que vou conseguir conciliar todos os meus papéis?

Tentamos equilibrar todos os nossos papéis e, com a chegada do bebê, vem uma série de situações muitas vezes nunca vividas. Como mães, estamos alertas ao desenvolvimento do nosso filho; mas o que acontece quando começamos a perceber um atraso na fala, uma agitação psicomotora, dificuldade de atenção, comentários de outras pessoas sobre o desenvolvimento do nosso filho, recados semanais enviados pela escola? Será que meu filho tem algum transtorno? E agora, o que fazer?

No meu caso, comecei a perceber o atraso de fala da Gi aos dois anos e meio e ela começou um tratamento com a fonoaudióloga. Com aproximadamente três anos e meio, a fono a encaminhou para uma avaliação, mas eu, como mãe, achava que era apenas um atraso de fala e que seus sinais eram muito leves. Com o tempo, fui percebendo, além do atraso de fala, dificuldade de atenção, concentração e agitação motora, relatados também pela escola, mas nada que pudesse se enquadrar no diagnóstico ainda.

Assim começou a busca por vários profissionais, idas a médicos diferentes em busca de uma avaliação, mas ainda assim nenhum diagnóstico se confirmava. Aos quatro anos, foi dada a hipótese diagnóstica de transtorno do espectro autista (TEA). E agora, como ficaram a cabeça e o coração da mãe? Angústia, insegurança, negação, desespero e, principalmente, medo e ansiedade.

Com o passar dos anos e com as terapias, alguns sinais que a Gi apresentava foram melhorando e dificultando ainda mais a conclusão desse diagnóstico. Eu, como mãe, continuava ansiosa, angustiada, preocupada e com medo do que estava por vir.

Em virtude da minha profissão, sempre me mantive em terapia e nas minhas sessões relatava a angústia, mas de repente notei algumas falhas no meu couro cabeludo: meu cabelo estava caindo há tempos sem que eu percebesse. Muitas vezes, nós naturalizamos alguns sintomas e, mesmo sendo psicóloga e fazendo terapia, não percebia o quanto a ansiedade havia se intensificado e vinha me trazendo sintomas.

Aos nove anos da Gi, após a pandemia, as estereotipias surgiram e tivemos a confirmação do diagnóstico de TEA. Confesso que meu sentimento foi de alívio, porém ainda assim a preocupação com o futuro é constante: como será nos estudos? Ela terá amigos? Sofrerá bullying? Terá professores acolhedores? Conseguirá lidar com seus próprios desafios sozinha? Vai conseguir namorar, formar uma família, fazer uma faculdade, ter uma profissão, ser independente? E o principal: ser feliz?

Atualmente, a Gi tem 12 anos. Minhas inseguranças como mãe continuam, mas tento a cada dia me concentrar no potencial, nas qualidades e evoluções da minha filha. Participo de grupos de mães de filhos com TEA, mas posso dizer que inicialmente essa aceitação não foi fácil e eu evitava participar desses grupos que hoje me fazem tão bem.

Entrevista com as mães atípicas

Para entender as emoções e os comportamentos das famílias atípicas, enviei um formulário que foi respondido por 62 pessoas, sendo as mães 100% das respondentes. Abordei temas como: qual foi a fase mais difícil: antes ou após o diagnóstico? Segundo as entrevistadas, segue:

Momentos relatados como mais difíceis (Percentual sobre o total de respondentes – respostas múltiplas):

- 59,7% – Na espera pelo diagnóstico
- 53,2% – Após o diagnóstico
- 19,4% – Ao receber o diagnóstico

Importante: Como as entrevistadas podiam marcar mais de uma resposta, os percentuais somam mais de 100%.

Quais foram as emoções mais vivenciadas? Segundo as mães, negação, angústia, frustração, dúvida, insegurança e, na grande maioria das respostas, medo, ansiedade e tristeza.

No que diz respeito às preocupações do dia a dia e aos pensamentos, as respostas foram: ambiente escolar, acesso a todas as terapias necessárias, medo de desenvolver depressão, se o filho sofrerá bullying, será aceito ou terá amigos, o olhar das pessoas, falta de empatia, finanças, exaustão materna, inclusão.

Em relação ao medo do futuro: se será independente, conseguirá emprego, namorar, casar-se, terá capacidade de fazer as coisas do dia a dia, ter filhos, se vai falar, andar, fazer uma faculdade, se conseguirá dar estabilidade financeira para ele ser o que quiser, e quem cuidará dele após sua morte.

A seguir, algumas emoções e preocupações relatadas:

- *"Medo do futuro, da aceitação pela sociedade e dos colegas de escola."*
- *"Não seria nem o TEA e sim tudo que temos que enfrentar para garantir os direitos que nossos filhos têm, ter que brigar o tempo todo por respeito, inclusão, aceitação, por professores acolhedores e que se interessem, enfim, tudo é só no grito."*
- *"São muitos sentimentos conflituosos. Apesar da sensação privilegiada de tranquilidade por saber que, diferente da realidade da maioria das famílias atípicas no Brasil, meu filho tem a oportunidade de realizar todo o tratamento multidisciplinar sem grandes preocupações, eu me sinto constantemente exausta. Acredito que exaustão é a palavra que mais me define nos dias de hoje. A rotina de uma família atípica é extremamente exaustiva. Ainda que eu divida com o pai as responsabilidades da criação do nosso filho, toda a parte operacional (consultas, exames, terapias etc.) é resolvida por mim. Isso acaba gerando uma ansiedade gigantesca pelo medo de falhar em algum momento, pelo medo de não dar conta de tantas responsabilidades, tendo em vista que, além de mãe, eu também trabalho, estou fazendo uma segunda faculdade e uma segunda pós-graduação. Tudo isso aumenta demasiadamente a sensação de exaustão física e mental."*
- *"Quando ele vai para escola: como está sendo tratado, será que ele sabe se defender? Sofrer bullying, ser excluído e sofrer por isso. Não perceber que estão se aproveitando ou 'zoando' com ele. Será que conseguirei lidar/ensinar, será que terei condições financeiras e emocionais para ajudar ele?"*
- *"Revolta pelo despreparo da equipe escolar, impotência diante dos preconceitos."*
- *"Se ele vai falar, andar, estudar, talvez fazer uma faculdade, trabalhar, com ele vai ficar se acontecer alguma coisa comigo."*

Diante dos relatos da grande maioria das mães, vemos em todos uma preocupação de situações reais e que se fazem constantes e parte do dia a dia de famílias atípicas antes e após o diagnóstico. Por isso, se faz necessário e extremamente importante que eles mantenham o autocuidado para que possam desempenhar seus papéis com mais leveza e qualidade de vida.

Na pesquisa, pais e mães trouxeram algumas recomendações de como acham que as famílias devem lidar com essas questões:

- *"A mensagem seria de que todo dia é um aprendizado novo, mas que cada conquista, cada sorriso torna tudo mais leve, nos dando a certeza de que estamos fazendo o melhor para nossos filhos."*
- *"Não levem tudo ao pé da letra! Busquem a Deus para não perder a fé de dias melhores. Façam terapia, façam amizades com outras mães atípicas! Façam terapia em grupo. Vivam! Diagnóstico não é sentença!"*

- *"Aos profissionais, que possam ter a sensibilidade de acolher com empatia aquela família que busca e necessita do apoio profissional. Muitas vezes vocês podem ser a última esperança dessa família, já tão fragilizada, de conseguir qualquer tipo de evolução. Aos pais, que busquem apoio para si próprios também. Sei que, na maioria das vezes, isso é quase impossível de acontecer, principalmente para as mães, que quase sempre são a única rede de apoio do filho autista. Sua saúde mental também é essencial para o sucesso do tratamento do seu filho. Comemore cada avanço do seu filho, por menor que seja, pois isso mostra que todo o seu empenho e sacrifício sempre vale a pena."*

Conclusão da pesquisa

Os dados revelam que o período pela espera do diagnóstico traz angústia e preocupação e, mesmo após a confirmação e o maior entendimento do assunto, os pais continuam convivendo com emoções como medo e ansiedade constante no dia a dia.

Segundo Ferreira *et al.* (2022), é comum que as mães de crianças atípicas sintam-se com medo, culpadas e tristes diante do diagnóstico, o que gera uma grande angústia pelo fato de ninguém ter ensinado como ser mãe de uma criança autista e dúvidas sobre os cuidados de que ela vai necessitar. Com esses sentimentos ambivalentes, a mãe tende a dedicar-se inteiramente a essa criança. Sendo assim, essa mãe precisa ter uma rede de apoio, que pode ser composta por marido, avós, equipes especializadas e grupos de mães atípicas.

Em seu artigo, Ferreira *et al.* (2022) ressalta que a sobrecarga de cuidadores de crianças com autismo é definida como uma perturbação resultante do lidar com a dependência física e a incapacidade mental do indivíduo alvo da atenção e dos cuidados. Ao assumir a responsabilidade de cuidador ou responsável pelo bem-estar e pela prestação de cuidados a um familiar dependente, o indivíduo fica sujeito à tensão e a agentes estressores, mas também a ganhos, como sentir satisfação e bem-estar pelo que pode proporcionar a seu familiar.

Já a partir dos estudos de Pinto *et al.* (2016), é de suma importância que pais e profissionais busquem compreensão e maior entendimento sobre o autismo e, principalmente, sobre as consequências advindas dele. Expectativas positivas ou negativas quanto ao desenvolvimento e ao futuro do filho podem ser influenciadas pelo entendimento das informações e dos recursos oferecidos, necessários ao bom desenvolvimento da criança.

Assim, conclui-se que todos os esclarecimentos e peculiaridades em torno de um diagnóstico, assim como o processo de aceitação, podem ajudar no fortalecimento da família.

Dicas para a saúde mental

- Busque o autoconhecimento e compreenda a importância de priorizar o autocuidado mental, físico, espiritual e social.

É importante salientar que os indivíduos com TEPT-C necessariamente preenchem os critérios para estresse pós-traumático e outros sintomas, como raiva, dificuldade nos relacionamentos e percepção negativa de si.

O diagnóstico de TEPT só deve ser considerado após a permanência de um mês dos sintomas. Antes desse período, dizemos que a vítima está em fase de estresse agudo.

Como podemos ver, esse evento pode trazer muitos problemas e comorbidades. Infelizmente, os impactos também se estendem à família da vítima, que muitas vezes sofre os impactos emocionais e comportamentais do transtorno e se sente impotente para ajudar a si e ao outro. Logo, são algumas sugestões de como a família pode agir em casos de TEPT/TEPT-C:

- **Psicoeducação**: buscar entender o diagnóstico ajuda a reduzir o estigma, aumenta a compreensão e auxilia na melhora do quadro.
- **Respeitar os limites**: nem sempre o paciente está pronto para conversar sobre o evento. Forçar o relato pode causar retraumatização. É importante entender quando e como ele deseja falar a respeito.
- **Buscar auxílio psicológico e psiquiátrico**: o tratamento, tanto psicológico quanto psiquiátrico, é essencial para que o indivíduo (e por vezes a família) ganhe qualidade de vida e melhore a saúde mental.
- **Não desvalidar ou racionalizar o sofrimento**: às vezes acreditamos que o sofrimento do indivíduo não é tão significativo; no entanto, é importante validá-lo e nunca considerá-lo uma bobagem ou algo tolo. Isso pode impedir a expressão do outro.
- Muitas vezes, um pequeno gesto, como um abraço, uma palavra de conforto ou um sorriso, já acalenta o coração o suficiente.
- **Não minar a autoconfiança**: por mais que seja uma vítima, o excesso de proteção pode ser prejudicial e minar a autonomia e confiança do sujeito. Em vez disso, deve-se guiá-la para se reintegrar e se proteger de modo saudável de futuros abusos.
- **Sempre estar atento a frases de alerta como "minha vida parece que está perdendo o sentido" ou "eu só queria sumir"**: nesses casos, é importante questionar se a vítima tem tido pensamentos relacionados a tirar a própria vida (e sim, precisamos ser diretos a respeito disso). Em caso afirmativo, procure o serviço de emergência mais próximo.

E como nós, profissionais da saúde mental, trabalhamos essa demanda? Traumas exigem uma abordagem delicada, que respeite os limites e o ritmo do paciente, e existem muitas técnicas disponíveis. Algumas das mais utilizadas hoje são:

- **Terapia de exposição gradual**: a exposição gradual aos gatilhos do trauma pode ajudar na dessensibilização dos estímulos relacionados.
- **Terapia cognitivo-comportamental (TCC)**: uso da reestruturação cognitiva e identificação de pensamentos disfuncionais relacionados ao trauma.

- **Mindfulness e técnicas de regulação emocional**: ensinar a pessoa a se reconectar com o momento presente pode ajudar a reduzir a hipervigilância e a ansiedade que acompanham o TEPT.
- ***Eye movement desensitization and reprocessing* (EMDR)**: a EMDR é uma intervenção baseada na revivência da memória traumática (dessensibilização) e seu reprocessamento por meio dos movimentos oculares. Essa técnica tem sido muito eficaz no alívio dos sintomas relacionados aos traumas.
- **Terapia comportamental dialética (DBT)**: a DBT possui protocolos importantes para o tratamento de TEPT e suas comorbidades, como o risco aumentado para o suicídio ou comportamentos autolesivos. Os estudos incluem intervenções de primeira linha, tanto individuais quanto em grupo.

No consultório, muitas técnicas podem ser utilizadas para auxiliar o paciente a trabalhar seus traumas. Algumas das que emprego atualmente (e que possuem ampla indicação na literatura) incluem: respiração diafragmática, relaxamento muscular, estratégias de *mindfulness* e visualização de um lugar seguro.

Dicas para sua saúde mental

Eu, como vítima, sei que não é fácil reescrever nossa história. Sei também que não é tão simples sair do papel de vítima e de procurar culpados, e querer que aquela dor não incomode nunca mais.

Infelizmente, quando falamos de traumas, estamos nos referindo a uma cicatriz: cicatrizes sempre doem eventualmente (mas não com a mesma frequência e intensidade). Eu prometo a você que, com o tempo e a ajuda adequada, as coisas poderão se ajustar. Algumas dicas para te ajudar nessa jornada são:

- **Aceite o fato de que os gatilhos virão**: como dito, a cicatriz eventualmente doerá e é importante que você pare de lutar contra esse fato. Quando houver aceitação, ficará mais fácil e mais leve lidar quando a dor vier. Mas você aprenderá a lidar com ela.
- **Faça um diário**: a escrita terapêutica tem sido uma grande aliada para ajudar nas nossas emoções relacionadas aos traumas.
- **Descubra e invista nas suas potencialidades**: tocar algum instrumento, pintar, cantar, não importa. Isso será um ótimo estímulo mental.
- **Atividade física**: não é segredo que a atividade física ajuda no bem-estar psicológico e físico. Assim, é importante escolher uma de sua preferência, seja uma caminhada ao ar livre, seja vôlei, academia, natação etc.
- **Espiritualidade**: o exercício da espiritualidade tem impactos positivos na vida dos indivíduos que a praticam. Não importa a religião ou a filosofia seguida; o relevante é a busca por algo mais profundo durante a vida e a conexão com algo maior, de modo que transcenda o materialismo.

- **Grupos de apoio**: a conexão com outras pessoas que passaram por experiências semelhantes pode auxiliar de várias maneiras, nas estratégias de enfrentamento, na sensação de pertencimento, na formação de novos vínculos, entre outras.
- **Sair do modo "reclamão"**: é importante sairmos daquela posição na qual a vida sempre nos machuca, nos prejudica e as pessoas sempre são injustas conosco. Experiências traumáticas podem nos trazer esse viés, porém precisamos nos abrir para enxergar as coisas boas e oportunidades que a vida nos traz.
- **Tirar as vestes de culpa**: uma das mentiras que a voz do trauma nos conta é que somos maus e culpados pelo que aconteceu. Consequentemente, esse pensamento pode até nos perseguir em situações no dia a dia sem que a gente perceba. Por isso, precisamos tirar essas vestes de culpa e agir com autocompaixão. Caso sinta-se à vontade, faça uma carta acolhendo a si mesmo como se o estivesse fazendo com seu melhor amigo.

Referências

AMERICAN PSYCHIATRIC ASSOCIATION (APA). *Diagnostic and statistical manual of mental disorders, fifth edition, text revision:* DSM-5-TR. Washington: American Psychiatric Association Publishing, 2022.

BORGES, J. L.; DELL'AGLIO, D. D. Relações entre abuso sexual na infância, transtorno de estresse pós-traumático (TEPT) e prejuízos cognitivos. *Psicologia em Estudo*, v. 13, n. 2, p. 371-379, 2008. Disponível em: http://www.scielo.br/scielo.php?script=sci_arttext&pid=S1413-73722008000200020&lng=pt&nrm=iso&tlng=pt. Acesso em: 5 mar. 2025.

BRUNNET, A. E. *et al.* Protocolos de terapia cognitivo-comportamental culturalmente adaptados para tratamento de TEPT: uma revisão sistemática da literatura. *Gerais: Revista Interinstitucional de Psicologia*, v. 14, n. 1, p. 1-19, 2021.

IZOTTON, T. W. *et al.* Efetividade da EMDR no tratamento do transtorno de estresse pós-traumático: uma revisão integrativa/Effectiveness of EMDR in the treatment of post-traumatic stress disorder: an integrative review. *Brazilian Journal of Health Review*, v. 3, n. 6, p. 15852-15871, 2020.

OPPENAUER, C. *et al.* Dialectical behaviour therapy for posttraumatic stress disorder (DBT-PTSD): transportability to everyday clinical care in a residential mental health centre. *European Journal of Psychotraumatology*, v. 14, n. 1, p. 2157159, 31 dez. 2023.

Sugestão de leitura

EHRING, T.; EHLERS, A. *Como lidar com trauma e transtorno de estresse pós-traumático*: guia prático para pacientes e familiares. São Paulo: Hogrefe, 2021.

35

SITUAÇÕES DE EMERGÊNCIAS E DESASTRES

Neste capítulo, vamos explorar como podemos nos preparar para lidar com essas situações e como a psicologia tem uma atuação importante durante e após um cenário de crise. Vamos discutir quais são alguns possíveis cenários de emergências e desastres, a importância e atuação do psicólogo, o que podemos esperar das pessoas nessas situações, como auxiliá-las e como nos prepararmos para emergências futuras.

SOFIA VARGAS BREVES

Sofia Vargas Breves

CRP 05/68221

Contatos
sbreves@yahoo.com
Instagram: @sofiabreves.psi
21 99993 6784

Graduada em Psicologia pela universidade Estácio de Sá. Sócia-proprietária do Florescer da Saúde Mental. Especialista em Terapia Cognitivo-Comportamental na Infância e Adolescência, Orientação Familiar, Neuropsicologia Clínica e especialização em Transtorno de Estresse Pós-Traumático pelo Instituto de Terapia Cognitivo-Comportamental (InTCC Rio) e especialista em Desenvolvimento Infantil pelo CBI of Miami. Membro da Comissão de Psicologia em Emergências e Desastres do Conselho Regional de Psicologia do Rio de Janeiro (CRP-RJ).

Definição de emergências e desastres

Ao longo da vida, somos apresentados a inúmeras situações desafiadoras, que nos colocam à prova e às vezes nos mostram que nossos limites vão além do que imaginávamos conseguir. Por vezes, são situações em que somos os protagonistas, outras que nos atingem diretamente e outras ainda em que apenas somos espectadores. Mas, de todas elas, saímos mexidos em algum nível.

Emergências e desastres, sejam de origem natural, sejam decorrentes de crises pessoais, são momentos de intenso estresse e incertezas. Os indivíduos que lidam com essas situações podem ter um impacto profundo e duradouro. Como seres sociais e emocionais, os membros da família não só compartilham os mesmos espaços físicos durante uma crise, mas também as experiências emocionais, o que pode gerar um vínculo ou, por outro lado, aumentar os conflitos e a tensão.

Quando falamos em situações de emergências e desastres, é importante entendermos sobre o que realmente estamos falando. Segundo a Defesa Civil (2019), podemos considerar como emergência uma situação anormal, que causa danos e prejuízos, comprometendo parcialmente a capacidade de resposta do Poder Público. Já um desastre é o resultado de um evento adverso que causa danos humanos, materiais e ambientais.

Temos a tendência natural de imaginar/acreditar que uma situação dessas está muito longe de acontecer de fato com a gente, como se fosse algo extremamente distante da nossa realidade, pois é mais "fácil" lidar e estar pronto para ajudar quando ocorre com outra pessoa, pois temos um vislumbre de controle dos danos com que somos atravessados. No entanto, ao nos distanciarmos dessas possibilidades reais, corremos o sério risco de agravar os danos quando algo realmente acontece por subestimarmos os sinais de que é uma situação mais séria, como ter que abandonar sua casa e seus pertences às pressas para se proteger fisicamente e depois verificar os possíveis danos.

Apesar de estarmos em um país geograficamente protegido de eventos como tsunamis, tornados, terremotos e furacões, vivemos diariamente "pequenos desastres" pessoais, em que pequenas situações cotidianas se tornam imprevisíveis, como uma perda significativa, crise financeira ou emocional, acidentes, diagnósticos de doenças graves ou até mesmo um incidente familiar inesperado. Esses eventos, apesar de socialmente não parecerem ter tanta importância por não afetarem um grande número de pessoas, nos atingem diretamente e até em intensidade significativa, sendo gigantescas em nosso mundo pessoal. Por isso não podemos usar "nossa régua" para medir o sofrimento alheio, pois algo que é extremamente importante para alguém pode ser completamente insignificante para outra pessoa.

Cada tipo de crise provoca uma reação diferente, mas todas têm o potencial de gerar ansiedade, medo, confusão e, em muitos casos, desencadear ou agravar problemas do âmbito da saúde mental. Para a família, a experiência pode ser uma montanha-russa emocional, pois, assim como somos seres únicos, a forma pela qual passamos por uma situação é singular para cada um dos envolvidos. Enquanto alguns podem ter uma resposta rápida e adaptativa, outros podem vivenciar sobrecargas emocionais, possivelmente tornando o ambiente familiar mais desafiador e alterando a dinâmica do núcleo. Isso ocorre porque somos atravessados por nossas crenças e pelas experiências pelas quais passamos anteriormente, como se fossem as lentes com que enxergássemos o mundo e, consequentemente, processássemos o evento. Diante de uma situação desafiadora, seja uma catástrofe, seja um acidente ou até mesmo um "simples" assalto, por vezes nos surpreendemos com a reação que uma pessoa acaba tendo.

Nesses momentos, é completamente normal que sentimentos como medo e pressão possam gerar desentendimentos, assim como é esperado que sejam vivenciadas emoções como raiva, tristeza e até culpa. Além disso, a incerteza e a falta de controle, tanto sobre o ocorrido quanto com a previsão de retorno à "normalidade" anterior, se somam a ciclos de tensão e até sentimentos de desamparo, como se, apesar de estar junto de outras pessoas, cada um se sentisse sozinho na própria dor.

Além disso, na tentativa de ajudar, há o costume cultural de usarmos palavras "mágicas" que, em vez de trazerem o acolhimento desejado, exprimem a mensagem de que a forma como a pessoa está se sentindo é errada, que está dando muita importância àquilo e que tudo se resolverá de maneira positiva, quando, em muitas situações, não ficará "tudo bem" e nem tudo sairá da forma que se gostaria. Pode parecer um detalhe sem importância, mas, para a pessoa que está passando pelo sofrimento, isso pode ter um peso significativo e até gerar a sensação de que não adianta tentar se expressar, pois ela está sozinha e ninguém de fato vai entender o que está sentindo, ou até que não deveria estar sofrendo tanto por isso, devendo focar em outras coisas, como o "simples fato de estar viva" e pensando que "para tudo se dá um jeito, logo ficará bem".

Além de a pessoa precisar de tempo e espaço para processar todas as mudanças, é por meio do trabalho com um profissional capacitado para ajudar com estratégias de enfrentamento e prevenção de agravos (como síndrome do pânico, crises de ansiedade, transtorno de estresse pós-traumático etc.), ela pode falar livremente de sua vivência e ser acolhida em suas dores, confusões e sentimentos, sem julgamento de valores e de importância diante do sofrimento passado.

A psicologia durante a crise

Em meio à crise, os primeiros socorros psicológicos têm um papel crucial para mitigar os efeitos emocionais de um desastre. A atuação do psicólogo, nesse contexto, não se limita ao acolhimento, mas é também uma ferramenta de estabilização emocional e espaço para manifestar reações e processar o ocorrido.

A atuação do psicólogo no momento da crise visa ajudar a pessoa a entender e processar o que está acontecendo de forma segura e orientativa. O profissional capacitado pode trabalhar, por exemplo, com a redução do impacto imediato, aliviando sintomas como ansiedade, pânico ou sensação de estar fora de controle. Muitas vezes, a pessoa está tão sobrecarregada com as demandas externas, como a perda material, ou com a responsabilidade de cuidar dos outros, que não consegue perceber ou dar atenção às suas próprias necessidades físicas e emocionais. O psicólogo se torna, então, uma ferramenta orientativa, direcionando as questões de ordem prática e sendo o "espaço" seguro para essa pessoa expressar seus medos, frustrações e sentimentos de impotência, sem julgamentos e sem pressa para "superar" a dor.

Posteriormente, a terapia pode ser uma importante ferramenta para ajudar a restabelecer a confiança e a esperança, fatores essenciais para a recuperação emocional em momentos tão difíceis.

O pós: a importância do acompanhamento psicológico

O período pós-crise pode ser tão desafiador quanto o momento durante o desastre. A recuperação de uma situação traumática não acontece de forma linear e é comum que surjam reações inesperadas após a diminuição da pressão imediata do evento. Muitos podem começar a experimentar um turbilhão de emoções reprimidas, o que inclui tristeza, raiva, ansiedade ou sensação de que não se está "fazendo o suficiente" para superar a perda ou a dor. Isso não significa que todas as pessoas que passam por uma situação desafiadora como as mencionadas irão desenvolver um quadro de pânico ou transtorno de estresse pós-traumático. É fundamental compreender que o impacto emocional de uma crise não desaparece após o término imediato do evento.

Por essa razão, o acompanhamento psicológico é uma possibilidade, não apenas para tratar os sintomas mais complexos, mas também para ajudar na reconstrução das identidades individuais e familiares. O terapeuta pode auxiliar o paciente a integrar a experiência traumática à sua vida de maneira mais equilibrada e adaptativa. Esse acompanhamento também é importante para monitorar o retorno de possíveis sintomas de saúde mental, como transtornos de ansiedade ou depressão, que podem se manifestar à medida que as pessoas começam a enfrentar as consequências mais profundas da experiência.

É importante que a família, como um sistema coletivo, participe de forma ativa do processo de recuperação, respeitando os tempos e as limitações de cada um. O apoio mútuo deve ser fundamentado na compreensão de que o processo de cura pode exigir paciência e que cada indivíduo pode precisar de diferentes formas de apoio ao longo dessa jornada.

Preparação para emergências futuras

Embora muitas vezes não possamos controlar quando ou como uma crise acontecerá, a preparação para emergências futuras pode reduzir significativamente o impacto de eventos inesperados, em termos tanto físicos quanto emocionais. A formação e o treinamento contínuos sobre como lidar com situações de emergência, por meio de cursos de primeiros socorros, evacuação ou treinamento socioemocional, são passos relevantes para que os profissionais que desejam atuar junto às famílias e comunidades tenham segurança para responder de maneira mais eficaz e direcionada.

Por mais que instintivamente tenhamos vontade de ajudar quando ouvimos sobre uma situação emergencial ou um sofrimento de qualquer grau, é muito importante estar atento para não ser um "agente do caos", que mais vai atrapalhar do que ajudar. A decisão de ajudar em uma crise tem que partir de organizações, coordenadores ou pessoas que estejam à frente do movimento e que tenham condições de orientar para que seja uma atuação eficiente e direcionada aos socorros que a pessoa/grupo realmente precisa naquele momento.

Como profissionais, devemos entender que um cenário de crise é um ambiente atingido por diversas variáveis, como múltiplas pessoas em um mesmo ambiente, onde muitas vezes não existe privacidade, espaço físico ou pessoal para processar o sofrimento. Assim, pode existir uma despersonalização por estar muito distante da realidade na qual se encontrava anteriormente e pelas diversas perdas. É um cenário muito diferente de um ambiente controlado de consultório.

Recursos e suporte emocional

Em situações de emergência e desastre, a atuação do profissional não pode se limitar apenas à intervenção técnica ou à ajuda imediata. É fundamental que o psicólogo, assistente social ou qualquer outro profissional de apoio entenda que sua função vai além de uma simples "solução" para o sofrimento imediato; o verdadeiro trabalho começa em oferecer um suporte emocional adequado, que atenda àqueles que estão vulneráveis, mas sem reforçar a sensação de desamparo ou impotência.

A primeira abordagem deve ser cuidadosa e atenta. O profissional precisa ser capaz de perceber o nível de sofrimento, respeitar os limites do indivíduo e não pressionar para uma "expressão" do que está acontecendo, caso a pessoa não esteja pronta para isso. Ouvir ativamente e validar os sentimentos de quem está sofrendo, sem pressa para dar conselhos ou respostas rápidas, é essencial. Além disso, ao se deparar com um ambiente de crise, o psicólogo precisa ser flexível, sabendo que o suporte emocional deve ser moldado para a situação e para a pessoa em questão. Isso envolve a capacidade de lidar com grandes intensidades emocionais, respeitar o tempo de cada um e, acima de tudo, ajudar o indivíduo a se sentir visto e escutado.

Outro ponto importante é que, em um contexto de crise, o apoio não precisa se limitar à intervenção individual. Muitas vezes o suporte emocional pode ser ampliado para o grupo familiar ou comunitário, com o objetivo de criar uma rede de apoio mais sólida e colaborativa. O profissional pode atuar como um mediador nesse processo, entre o indivíduo e a rede de profissionais atuantes. Isso ajuda a diminuir as sensações de solidão e de desamparo, tão comuns em momentos de grande estresse.

É importante lembrar sempre que o profissional só deve prestar esse suporte e acolhimento se ele sentir-se apto a lidar com essas demandas e estiver devidamente capacitado, para evitar piorar uma situação que já está desafiadora o suficiente. Perceber e aceitar seus limites pessoais e profissionais é antes de tudo respeitar a si e àquele que está diante do sofrimento. É muito mais ético reconhecer e direcionar algum profissional que esteja em condições de prestar o suporte adequado.

Dicas para saúde mental

Pessoas em situações de emergência e vítimas de desastres

- Concentre-se no que está ao seu alcance e que pode ser feito, de forma direcionada. Isso trará a sensação de um mínimo de controle da situação.
- Evite ficar remoendo o que aconteceu e diferentes cenários do que podia ter sido feito.
- Mesmo sem vontade, é importante se alimentar e tentar dormir ou descansar, o mínimo que seja.
- Não se isole e, quando precisar, procure ajuda. Isso não é sinal de fraqueza.
- Limite as fontes de informação de maneira confiável e sem sensacionalismo, a fim de evitar sobrecarga mental.
- Se estiver em condições, ofereça ajuda. O contato com outras pessoas pode ajudar a passar por esse momento de forma mais integrada e com senso de propósito.

Referências

CONSELHO REGIONAL DE PSICOLOGIA DO RIO DE JANEIRO – CRP.RJ. Comissão especial de psicologia em emergências e desastres – orientações básicas. Cartilha – volume III – ética, direitos humanos e desastres. 2024. Disponível em: https://www.crprj.org.br/uploads/revista/334/FGAwl-YtMno7NcmsoLROUNlFIMjAEy5U.pdf. Acesso em: 9 abr. 2025.

DEFESA CIVIL – PE. Manual técnico de defesa civil. Governo do Estado de Pernambuco. 2019. Disponível em: https://www.gov.br/mdr/pt-br/assuntos/protecao-e-defesa-civil/boas-praticas/Manual2019finaltamanhomenor.pdf. Acesso em: 9 abr. 2025.

PARANHOS, M. E.; WERLANG, B. S. G. Psicologia nas emergências: uma nova prática a ser discutida. *Psicologia: Ciência e Profissão*, v. 35, n. 2, p. 557-571, 2015. Disponível em: https://doi.org/10.1590/1982-370301202012. Acesso em: 9 abr. 2025.

36

DEPENDÊNCIA EMOCIONAL

Em relações saudáveis, além do companheirismo, da parceria e da intimidade, também existem os momentos de distância, individualidade e independência. Entretanto, o equilíbrio desses dois mundos é um grande paradoxo para um dependente emocional. Neste capítulo, vamos explorar este tema, que pode ser extremamente difícil e gerar profundo sofrimento.

ROMILDA DE AVILA PEREIRA ALMEIDA

Romilda de Avila Pereira Almeida

CRP 07/17090

Contatos

pereira_romilda@yahoo.com.br
romildapsic@gmail.com
Instagram: @romildapereiraalmeida
51 99635 2874

Mãe do Luís Otávio e da Maria Luiza, que a motivam a evoluir a cada dia como pessoa e principalmente como mãe, buscando acompanhá-los em cada fase do desenvolvimento, equilibrando afeto e limites no grande desafio que é a parentalidade. Casada com Marcelo Almeida, parceiro nessa grande aventura de educar seus filhos e grande apoiador. Psicóloga clínica atuando no atendimento de crianças, adolescentes, adultos e em orientação de famílias. Especialista em Educação Inclusiva, pós-graduada em Terapia Cognitivo-Comportamental na Infância e Adolescência e especialista em Orientação Familiar e Educação Parental. Coautora nos livros *Educação e afeto* e *Orientação familiar* volumes 2 e 3.

"Minha vida só tem sentido quando estamos juntos!"

Essa frase, que para muitos pode representar uma eloquente manifestação de amor e carinho, em outros momentos pode servir como sinal de alerta para algo bem menos romântico e mais perturbador.

Nos relacionamos o tempo todo! São relacionamentos familiares, amorosos, de amizade e até mesmo os de simples convivência por onde circulamos. A vida do ser humano é embasada nos mais diferentes tipos de relacionamentos, sendo eles muito importantes para a manutenção da nossa saúde psíquica.

É natural desenvolvermos um carinho especial por pessoas que fazem parte do nosso cotidiano, ver esse carinho crescer e até virar amor, conforme o tipo de relacionamento em questão. Nessas horas, a vontade de estar junto cresce de maneira exponencial e é muito importante que tenhamos a consciência dos limites de um relacionamento saudável. Afinal, sabemos que a vida de cada um vai muito além dessas relações.

Se a ideia de estar longe de alguém com quem nos relacionamos lhe traz algum desconforto, tristeza profunda ou pensamentos do tipo "a vida já não tem a mesma graça longe daquela pessoa", cuidado! Esses são sintomas da dependência emocional e você pode já estar sofrendo de algum grau dessa condição. A necessidade excessiva de contato, afeto e/ou validação de outra pessoa para com as coisas que você faz são traços desse transtorno.

A dependência emocional gera um medo profundo de rejeição e abandono, o que leva ao sentimento de insegurança cada vez maior quando se está sozinho e comportamentos que excedem os limites saudáveis de qualquer relacionamento. O dependente emocional sente como se não conseguisse viver sem a outra pessoa.

Mas como se desenvolve a dependência emocional?

O desenvolvimento emocional de um indivíduo provém de uma combinação de fatores, sendo eles: o fator biológico (genética); fatores psicológicos (bastante regulados pelas primeiras interações com seus pais e/ou cuidadores); e fatores sociais (as demais experiências que o indivíduo vai experimentando ao longo da vida). São as experiências emocionais da infância, entretanto, que ditarão muito do equilíbrio emocional futuro, causando grande impacto no nível de segurança e dependência emocional.

A atmosfera em que um indivíduo se desenvolve afeta diretamente sua autoestima. Crianças que crescem em lares nos quais o amor é condicionado (acolhimento somente após o atendimento das expectativas) ou existe negligência emocional (falta de atenção, carinho e cuidado) entendem que seu valor está ligado ao atendimento de determinadas condições, o que leva ao desencadeamento de medo de rejeição e da necessidade patológica de agradar para ser amado.

Famílias com lares disfuncionais podem, inclusive, levar à repetição de um ciclo. Ao viver em um ambiente onde a criança enxerga a relação de dependência emocional entre seus pais ou familiares próximos, ela pode absorver inconscientemente esse padrão e repeti-lo em seus próprios relacionamentos. Podem ser famílias em que os pais viveram dificuldades emocionais na formação de sua base ou que passaram por desafios como a dificuldade de engravidar ou complicações ao longo de uma gestação muito desejada, mas que, independentemente do motivo, transferiram uma grande carga emocional para seus filhos.

O ambiente com superproteção ou altamente controlador, onde a autonomia emocional não é encorajada, leva ao desenvolvimento de crianças que não confiam em suas próprias capacidades de lidar com as dificuldades da vida. Logo, uma pessoa que se desenvolve com baixa autoestima e emocionalmente dependente de outros para o enfrentamento de desafios e tomada de decisões vai sempre necessitar de uma relação em que possa buscar aprovação para se sentir valorizada, reforçando ainda mais o ciclo da dependência. Ela não se sente suficientemente boa ou digna de seu próprio amor e confiança.

John Bowlby, psicanalista britânico (1907-1990), desenvolveu a teoria do apego, a qual sugere que os vínculos formados na primeira infância, especialmente os estabelecidos com os primeiros cuidadores, moldam a forma como a pessoa se relaciona emocionalmente ao longo do restante da vida. Segundo Bowlby, existem diferentes estilos de apego:

- **Apego seguro**: quando a criança recebe afeto e cuidado consistente. Ela desenvolve maior segurança e confiança nas relações, o que favorece sua autonomia emocional na vida adulta.
- **Apego inseguro-ansioso**: quando a criança experimenta cuidado inconsistente. Em virtude da insegurança e do medo de abandono, pode ter necessidade de constante validação, características encontradas no íntimo de um dependente emocional.
- **Apego evitante**: quando a criança recebe pouco afeto emocional. Por causa dessa carência deixada na infância, pode desenvolver medo demasiado e rejeição a relacionamentos profundos. Paradoxalmente, também pode desenvolver padrões de dependência extrema, buscando validação da outra parte para tudo o que faz como forma de compensar essa carência.

Dependência emocional familiar

O conceito de família significa muito mais que um grupo de indivíduos com os mesmos laços sanguíneos. As famílias podem se mostrar nos formatos mais distintos, mas, independentemente da organização social em que se encontram, o que a melhor caracteriza são as relações afetivas e a proximidade entre esses indivíduos.

Com base nesse conceito e pensando no ciclo do desenvolvimento da dependência emocional familiar, a problemática se inicia quando um ou mais dos indivíduos desse núcleo familiar passa a manifestar um vínculo excessivo e nocivo em relação aos demais membros do grupo. Podem ser os pais, irmãos, filhos ou até mesmo um cuidador que faz parte do cotidiano dessa família. São manifestações que geralmente levam à necessidade intensa de afeto e validação desses indivíduos, sacrificando a autonomia, os desejos e a identidade do dependente emocional em prol de uma falsa sensação de harmonia familiar.

Esse tipo de dependência pode trazer várias consequências negativas, como dificuldade na tomada de decisões quando não tiver a opinião familiar, medo constante de decepcionar e uma sensação frequente de culpa ou comportamento inadequado. O dependente emocional familiar também pode ter problemas em definir os limites da sua vida, permitindo que os demais membros da família exerçam controle excessivo sobre suas escolhas e comportamentos.

Apesar da importância do tratamento em todos os casos de dependência emocional, um tipo de relação familiar em especial sempre deve ser visto com muita atenção: o dos pais ou cuidadores em relação aos filhos. Os adultos são indivíduos que, bem ou mal, já passaram pela fase de maior desenvolvimento emocional. As crianças, por outro lado, são seres em formação. A falta de espaço ou excesso de zelo na infância possivelmente levará ao desenvolvimento de indivíduos com falta de identidade própria e autonomia. E isso certamente levará à dificuldade de estabelecer relações saudáveis e independentes no futuro.

É muito importante que sejamos presentes e que participemos de cada etapa do desenvolvimento dos nossos filhos, afinal, cada uma delas é incrivelmente cheia de aprendizados e momentos lindos, mas também precisamos permitir que eles cresçam e ganhem autonomia. Os pais e/ou cuidadores precisam dominar a constante sensação de necessidade de estarem presentes e envolvidos em todos os aspectos da vida dos filhos. A influência de uma dependência emocional mal trabalhada pode gerar marcas no íntimo de uma criança, sendo muitas vezes carregadas e passadas para as próximas gerações.

Como identificar a dependência emocional transferida ao filho?

Quando o principal ou único foco de afeto dos pais é em relação aos filhos, os limites da dependência emocional já começaram a ser invadidos e os efeitos logo poderão ser sentidos. A origem dessa dependência pode estar ligada a uma repetição de ciclo, relações malsucedidas em outros momentos da vida e/ou demais fatores envolvidos no mecanismo de desenvolvimento da dependência emocional, o que levará ao medo da perda de controle e abandono por parte dos filhos, bem como a comportamentos controladores e manipuladores. Assim, os pais buscam manter os filhos próximos e dependentes deles.

Entre os comportamentos controladores e de dependência emocional transferida aos filhos, podemos notar:

- **Inversão de papéis**: a criança é sobrecarregada com a responsabilidade de atender às necessidades emocionais do adulto. Em vez de os pais serem a fonte de segurança e apoio emocional, a criança é colocada na posição de "cuidar" emocionalmente do pai ou da mãe, mesmo que de forma indireta.
- **Superproteção e controle**: controle excessivo sobre a vida dos filhos e superproteção disfarçada de cuidado. O objetivo é não deixar a criança desenvolver sua independência natural, evitando que sejam "abandonados" mais tarde.
- **Culpa e medo do afastamento**: pressão dos pais e transmissão de sentimentos de culpa aos filhos, fazendo com que eles se mantenham próximos e emocionalmente disponíveis. São aqueles momentos em que se pode escutar frases do tipo "Faço tudo por você" ou "Você é minha única razão de viver".
- **Dificuldade em permitir a independência do filho**: dificuldades de aceitação enfrentadas pelos pais e cuidadores ao perceber o desenvolvimento da autonomia por parte dos filhos. São vistas como ameaças ao vínculo e normalmente se refletem em desaprovação, tristeza ou manipulação emocional por parte desses tutores.

Quais as consequências da dependência emocional familiar na vida de uma criança?

A criança que cresce em ambiente que não reconhece suas necessidades e tem seu desenvolvimento influenciado pelas emoções e expectativa dos pais acaba apresentando dificuldade de encontrar sua própria identidade. Ela pode apresentar ansiedade por não conseguir atender à demanda emocional dos pais, culpa por querer se afastar em alguns momentos, insegurança e baixa autoestima na hora de vivenciar as experiências sociais que lhe proporcionariam importante bagagem no processo de desenvolvimento. Essa necessidade de agradar ao pai e à mãe, junto da sensação de extrema responsabilidade perante eles, leva ao que chamamos de identidade fragilizada.

Dentro desse ambiente, filhos de pais ou cuidadores emocionalmente dependentes provavelmente repetirão esse mesmo padrão junto de seus parceiros, amigos e filhos. A relação disfuncional que eles observaram e experimentaram, somada à falta de tantas outras vivências que poderiam servir de contraponto na hora de equilibrar o turbilhão de emoções que se sente em meio às relações, acaba por servir como modelo único a ser seguido. Eles aprenderam que assim se ama e cuida do outro.

Mais que isso, crianças que crescem em meio a lares disfuncionais e com forte dependência emocional podem não aprender a estabelecer limites saudáveis de relação em suas vidas. Elas cresceram em ambiente onde sua autonomia emocional não foi prezada e, portanto, não desenvolveram o senso de proteção para consigo mesmas, o que pode gerar grande dificuldade na capacidade de ditar regras e limites quando sua independência estiver em risco.

Dicas para sua saúde mental

O autoconhecimento é a chave para superar a dependência emocional. A pessoa precisa reconhecer os padrões de dependência formados ao longo do seu desenvolvimento e ressignificá-los para algo mais equilibrado. Mais que isso, a dependência emocional é sempre sobre desvios do padrão de conduta dentro de uma relação. Assim, precisamos construir a mudança de comportamento em ambas as partes da relação.

A ajuda externa, como uma terapia, em especial a terapia cognitivo-comportamental (TCC), pode levar o dependente emocional a desenvolver um novo padrão de autoestima, muito mais saudável e com limites claros do seu papel dentro das relações. Entretanto, como vimos que a origem da dependência emocional frequentemente está relacionada aos primeiros contatos da criança com seus pais e cuidadores, outra ferramenta ganha ainda mais importância: a orientação familiar.

A orientação familiar tem a poderosíssima capacidade de ressignificar a dependência emocional familiar de um status de grande perturbação para um cenário de maior leveza e autonomia emocional. Se, por um lado, a criança é incentivada a buscar independência e mostrar-se segura ao comunicar suas necessidades e desejos de forma assertiva, por outro lado temos a estimulação dos pais e/ou cuidadores para que não elevem seus sentimentos para os de dependência em relação a essa criança. Isso envolve a busca por novos interesses, atividades, amizades e o fortalecimento de outros relacionamentos, como o conjugal.

A base do trabalho dentro da orientação familiar constitui-se em trabalhar os traumas passados e construir uma base emocional mais saudável e equilibrada, rompendo o ciclo da repetição. A relação entre cuidadores, pais e filhos deve ser trabalhada para gerar individualidade na busca por novas experiências, ou seja, autonomia dos indivíduos, reconhecimento e respeito das necessidades emocionais de cada envolvido e respeito aos limites de cada pessoa sem, no entanto, sacrificar o relacionamento. É promover o desapego sem gerar perda do afeto. É permitir-se ser desnecessário(a) sem perder sua importância!

37

WORKAHOLICS E BURNOUT

QUANDO O TRABALHO É O ALVO PRINCIPAL

A combinação de pessoas viciadas em trabalho (workaholics) e burnout pode resultar em relações familiares fragilizadas, com aumento de conflitos, distanciamento e falta de suporte emocional, impactando a qualidade de vida e o bem-estar de todos os envolvidos. É essencial encontrar um equilíbrio saudável entre trabalho e vida pessoal para preservar as relações familiares.

MICHELE CRISTINA NOSSA

Michele Cristina Nossa

CRP 06/84051

Contatos
cognipsiservicospsi@gmail.com
Instagram: michelenossapsi
16 99186 0947

Psicóloga formada pela Universidade Estadual Paulista (UNESP). Especialista em Terapia Cognitivo-Comportamental e Neuropsicologia. Formações complementares em Psicopatologias, Obesidade e Emagrecimento, Parentalidade Consciente e Orientação Familiar. Atualmente, Psicóloga clínica com foco em atendimentos a crianças, adolescentes e adultos, orientação familiar, supervisão de casos para psicólogos que atuam com a TCC e com terapias contextuais.

Nas últimas décadas, pôde-se observar, na literatura científica, o aumento das discussões a respeito da relação entre adoecimento e trabalho. Especialmente após a segunda metade do século XX, no campo da Psicologia, os estudos acerca dessa temática aumentaram exponencialmente, tendo em vista a expansão da precarização do mundo do trabalho (Seligmann-Silva, 2011; Franco, Druck & Seligmann-Silva, 2010; Franco & Druck, 2010; Navarro & Padilha, 2007; Cooper, 2005; Lacaz, 2000).

Dentre as desordens associadas ao trabalho, no âmbito comportamental destaca-se o comportamento workaholic e, especificamente no âmbito da saúde mental, destacam-se os estudos sobre o estresse e as doenças comórbidas (como depressão e ansiedade) e/ou contíguas a eles, como a síndrome de Burnout (Carvalho, 2019).

O termo workaholic refere-se a pessoas que se dedicam intensamente ao trabalho, muitas vezes em detrimento de outras áreas da vida, como relacionamentos, saúde e lazer. Essa dedicação excessiva pode levar ao burnout, um estado de exaustão emocional, física e mental, resultante de estresse prolongado e pressão no ambiente de trabalho.

São sintomas comuns de um indivíduo que esteja sob essa condição: compulsão por trabalhar, dificuldade em se desligar do trabalho, sensação de culpa por não estar trabalhando. Os desencadeadores principais dessa condição comportamental são as pressões sociais, as expectativas de desempenho, a ambição pessoal ou mesmo a necessidade de validação.

Como mencionado anteriormente, essa condição pode ser fator preditor de desequilíbrio entre as demandas elevadas do exercício profissional e os baixos recursos de enfrentamento do trabalhador, gerando uma condição prolongada ao estresse, caracterizada principalmente por desgaste psíquico, fisiológico e emocional, desencadeando um estado de exaustão conhecido como síndrome de Burnout (Santos; Nascimento Sobrinho; Barbosa, 2017).

A síndrome de Burnout é compreendida como um fenômeno que abrange três dimensões. A primeira, referida como exaustão emocional, é desencadeada pelas exigências profissionais e identificada como a ausência de energia, sentimento de esgotamento dos recursos emocionais, bem como de frustração e de tensão pela percepção de incapacidade para o trabalho. A segunda dimensão, a despersonalização ou desumanização, é identificada por sentimentos negativos e baixa sensibilidade emocional dirigidos aos clientes e colegas de trabalho, com tratamento distante e impessoal. Finalmente, a baixa realização profissional corresponde à terceira dimensão e é caracterizada por uma tendência a avaliações negativas do próprio desempenho no trabalho, aliadas a sentimentos de insatisfação pessoal (Maslach & Jackson, 1981).

Profissionais que apresentam níveis muito elevados de compaixão, perfeccionismo e atribuição excessiva de responsabilidade pessoal, bem como de envolvimento exagerado no trabalho, às custas da ausência de diversão e lazer, além de dificuldades de enfrentamento e de solução de problemas, tendem a ser mais vulneráveis à síndrome de Burnout (Melo & Carlotto, 2016; Novais *et al.*, 2016). Estudos também apontam maior vulnerabilidade para o burnout em profissionais menos experientes, ou que apresentam padrões de personalidade de controle, baixa assertividade e tendência à evitação, além de neuroticismo elevado (Benevides-Pereira, 2002).

As consequências mais comuns para o indivíduo workaholic e/ou com burnout são diminuição da produtividade, aumento do absenteísmo, problemas de relacionamento e saúde mental comprometida, incluindo até abuso ou dependência de álcool e o suicídio.

Reconhecer esses padrões e buscar um equilíbrio saudável entre trabalho e vida pessoal é crucial para evitar as armadilhas de ser workaholic e do burnout.

Sugere-se, como forma de prevenção e recuperação:

- **Estabelecer limites**: definir horários claros para o trabalho e o lazer.
- **Autocuidado**: priorizar atividades que promovam o bem-estar, como exercícios físicos, hobbies e socialização.
- **Busca de apoio**: conversar com amigos, familiares ou profissionais de saúde mental pode ser essencial para lidar com a situação.

Impacto do comportamento workaholic e do burnout nas relações familiares

O comportamento workaholic e o burnout têm um impacto significativo nas relações familiares, podendo criar um ciclo de estresse e desconexão. Aqui estão alguns dos principais efeitos:

1. **Desconexão emocional**:

- **Falta de tempo**: a dedicação excessiva ao trabalho pode deixar pouco tempo para interações significativas com familiares, resultando em sentimentos de solidão e afastamento.
- **Desinteresse**: a exaustão emocional pode levar a uma diminuição do envolvimento nas atividades familiares, fazendo com que as pessoas se sintam negligenciadas.

2. **Conflitos e tensão**:

- **Expectativas irrealistas**: o workaholic pode ter expectativas elevadas sobre a família, resultando em frustração quando elas não são atendidas.

- **Comunicação deficiente**: o estresse e a irritabilidade associados ao burnout podem dificultar a comunicação aberta e saudável, aumentando a probabilidade de desentendimentos.

3. **Desafios de saúde mental**:

- **Ansiedade e depressão**: tanto o workaholic quanto os membros da família podem sofrer de ansiedade ou depressão em decorrência do estresse contínuo e da falta de apoio emocional.
- **Sentimento de solidão**: o isolamento emocional pode levar a sentimentos de solidão, mesmo quando se está fisicamente presente.

4. **Impacto para os filhos**:

- **Modelagem de comportamento**: crianças de pais workaholics podem internalizar a ideia de que o trabalho deve sempre vir em primeiro lugar, afetando suas próprias prioridades e saúde mental.
- **Sentimentos de rejeição**: a ausência emocional ou física dos pais pode levar as crianças a se sentirem indesejadas ou menos importantes.

5. **Saúde familiar**:

- **Aumento do estresse**: a tensão nas relações pode gerar um ambiente familiar estressante, afetando a saúde mental e física de todos os membros da família.
- **Abandono de atividades conjuntas**: com o tempo, o trabalho pode se tornar a prioridade, levando ao abandono de tradições familiares e de atividades que promovem a união.
- **Irritabilidade e estresse**: o estresse associado ao burnout pode aumentar a irritabilidade, levando a discussões e tensões dentro do ambiente familiar.
- **Expectativas frustradas**: quando um membro da família prioriza excessivamente o trabalho, os outros podem sentir que suas expectativas e necessidades emocionais não estão sendo atendidas.

Dicas para a saúde mental de todos os envolvidos

- **Reconhecimento e diálogo**: a conscientização sobre o impacto do comportamento workaholic e do burnout pode ser o primeiro passo para restaurar as relações familiares. O diálogo aberto e honesto é crucial.
- **Estabelecimento de prioridades**: reavaliar as prioridades e encontrar um equilíbrio entre trabalho e vida pessoal pode ajudar a fortalecer os laços familiares.
- **Comunicação aberta**: estabelecer canais de comunicação honestos para expressar sentimentos e necessidades pode ajudar a mitigar o impacto negativo.

- **Escuta ativa**: prestar atenção genuína ao que cada membro da família está dizendo, validando suas experiências e emoções.
- **Desconexão digital**: criar momentos em que todos se desconectem de dispositivos eletrônicos para se concentrarem em atividades familiares.
- **Atividades recreativas**: planejar atividades que todos apreciem, como passeios, jogos ou refeições em família, para fortalecer os laços.
- **Rituais familiares**: criar ou manter tradições familiares, como jantares semanais ou passeios mensais.
- **Incentivo ao autocuidado**: promover práticas de autocuidado entre todos os membros da família, como exercícios físicos, hobbies ou meditação.
- **Avaliação das prioridades familiares**: reavaliar o que é mais importante para a família e ajustar os compromissos e as expectativas de acordo com essas prioridades.
- **Equilíbrio trabalho-vida**: incentivar um equilíbrio saudável entre responsabilidades profissionais e pessoais.
- **Busca de apoio profissional**: terapia individual ou familiar pode ser benéfica para lidar com os efeitos do comportamento workaholic e burnout.

Reconhecer e abordar esses impactos é essencial para a saúde e a felicidade das relações familiares.

Melhorar a relação familiar em situações de comportamento workaholic e burnout envolve promover a empatia, estabelecer comunicação aberta e respeitar os limites de cada membro, criando um ambiente de apoio e compreensão.

Referências

ANDREASSEN, C. S. Workaholism: an overview and current status of the research. *Journal of Behavioral Addictions*, v. 3, n. 1, p. 1-11, 2014.

CARVALHO, A. V. (org.). *Terapia cognitivo-comportamental na síndrome de Burnout:* contextualização e intervenções. Novo Hamburgo: Sinopsys, 2019.

BENEVIDES-PEREIRA, A. M. T. *Burnout:* o processo de adoecer pelo trabalho. *In:* BENEVIDES-PEREIRA, A. M. T. (org.). *Burnout:* quando o trabalho ameaça o bem-estar do trabalhador. São Paulo: Casa do Psicólogo, 2002. p. 21-91.

COOPER, C. A natureza mutante do trabalho: o novo contrato psicológico e os estressores associados. *In:* ROSSI, A.; PERREWÉ, P.; SAUTER, S. (org.). *Stress e qualidade de vida no trabalho*. São Paulo: Atlas, 2005. p. 3-8.

FRANCO, T.; DRUCK, G. As novas relações de trabalho, o desgaste mental do trabalhador e os transtornos mentais no trabalho precarizado. *Revista Brasileira de Saúde Ocupacional*, v. 35, 2010.

FRANCO, T.; DRUCK, G.; SELIGMANN-SILVA, E. As novas relações de trabalho, o desgaste mental do trabalhador e os transtornos mentais no trabalho precarizado. *Revista Brasileira de Saúde Ocupacional*, v. 35, 2010.

LACAZ, F. Qualidade de vida no trabalho e saúde/doença. *Ciência e Saúde Coletiva*, Rio de Janeiro, v. 5, 2000.

MASCHIO, P. F.; FRANCISCON, T. E.; SCATOLIN, H. G. Os males da contemporaneidade engendrado ao sujeito workaholic. *Revista Científica Multidisciplinar Núcleo do Conhecimento*. v. 18, p. 181-202, 2020.

MASLACH, C.; JACKSON, S. E. The measurement of experienced burnout. *Journal of Organizational Behavior,* v. 2, n. 2, p. 99-113, 1981.

MELO, L. P.; CARLOTTO, M.S. Prevalência e preditores de burnout em bombeiros. *Psicologia: Ciência e Profissão,* v. 36, n. 3, p. 668-681, 2016.

NAVARRO, V.; PADILHA, V. Dilemas do trabalho no capitalismo contemporâneo. *Psicologia & Sociedade,* v. 19, p. 14-20, 2007.

NOVAIS, R. N. *et al.* Prevalência da síndrome de Burnout em cirurgiões plantonistas de um hospital de referência para trauma e sua correlação com carga horária semanal de trabalho: Estudo transversal. *Rev. Col. Bras. Cir.*, v. 43, n. 5, p. 314-319, 2016.

SANTOS, C. L. C. *et al.* Síndrome de Burnout em fisioterapeutas: uma revisão sistemática. *Revista Pesquisa em Fisioterapia,* v. 7, n. 1, p. 103-114, 2017.

SELIGMANN-SILVA, E. *Trabalho e desgaste mental:* o direito de ser dono de si. São Paulo: Cortez, 2011.

SEXUALIDADE

Nos próximos capítulos, as coautoras exploram os desafios geracionais ligados à orientação sexual, refletindo como diferentes compreensões ao longo do tempo podem afetar a comunicação e a aceitação dentro das famílias. Também será abordado o vício em masturbação e em exibicionismo, que, além de impactar o indivíduo, deixa marcas profundas. Essas questões exigem cuidado, acolhimento e empatia, pois cada pessoa tem uma trajetória única que deve ser respeitada. É essencial viver em espaços seguros onde as diferenças sejam aceitas, os "segredos"revelados e os desafios enfrentados com amor, compreensão e respeito.

38

ORIENTAÇÃO SEXUAL
UM DESAFIO GERACIONAL

Orientação sexual é um tema rodeado por desafios. Para que esses sejam minimizados, é necessário que se tenha conhecimento dos processos envolvidos na sexualidade. Neste capítulo, vamos abordar o conceito de sexualidade e orientação sexual, o envolvimento de questões políticas, religiosas e fisiológicas, os tipos de sexualidade existentes, os problemas enfrentados e como minimizá-los.

HELENA DIAS
MEZIARA NOGUEIRA

Helena Dias Meziara Nogueira

CRM 83.371

Contatos
11 2597 2331
11 96440 5597

Médica pediatra, nefrologista pediátrica, homeopata. Formação pela Escola Paulista de Medicina/ Universidade Federal de São Paulo (EPM/Unifesp). Mãe, esposa, médica e, como muitas outras mulheres, atua em várias frentes de trabalho, como consultório de pediatria geral, nefrologia e homeopatia, e neonatologista do Hospital Estadual do Ipiranga. Atuou em administração hospitalar, quando enriqueceu seus conhecimentos sobre gestão de negócios, gestão da qualidade e gestão de pessoas. Coautora dos livros *Orientação familiar* volumes 1 (capítulo "O sono na infância - aspectos práticos), 2 (capítulo "Depressão pós-parto: como conduzir") e 3 (capítulo "Doença psicossomática: dores da alma, dores do corpo"), da Literare Books. Palestrante em três congressos de Orientação Familiar abordando esses temas.

O que é sexualidade

A sexualidade é a maneira como as pessoas experimentam, expressam e vivenciam seus desejos e sentimentos relacionados ao sexo. Ela abrange questões sobre corpo, sexo, identidade, papéis e expressões de gênero, orientação sexual, erotismo, prazer, intimidade e reprodução. Portanto, refere-se ao envolvimento complexo de elementos biológicos, emocionais, psicológicos, políticos, legais, históricos, religiosos, sociais e culturais. A sexualidade é única para cada indivíduo e pode variar ao longo da vida, tornando a escolha da orientação sexual um processo desafiador.

O entendimento do assunto exige conhecimento de conceitos e termos relacionados. São dadas algumas definições a seguir, mas o dicionário mais completo de termos estará disponível via QR Code:

- Identidade sexual é a percepção de cada indivíduo.
- Expressão sexual é a manifestação da sexualidade pelo indivíduo, por meio de comportamentos, roupas, atitudes ou relacionamentos.
- Saúde sexual é a promoção do bem-estar físico, emocional e mental em relação à sexualidade, além da prevenção de doenças sexualmente transmissíveis e da prática do sexo seguro.
- Prática sexual é como as pessoas se relacionam sexualmente, ou seja, a ação de satisfazer o desejo sexual, o ato de copular, procriar e ter prazer.
- Heterocisnormatividade é um padrão social que impõe um padrão de gênero (binário, cisgênero e heterossexual).
- Sexo biológico é a classificação biológica das pessoas, como machos ou fêmeas típicos ou intersexos. São características orgânicas como cromossomos, níveis hormonais, órgãos reprodutivos e genitais.
- Identidade de gênero é a maneira como uma pessoa se identifica em relação ao gênero, que pode ou não corresponder ao sexo biológico atribuído ao nascer.

Entendendo a orientação sexual

Orientação sexual é o direcionamento interno do desejo sexual e da sexualidade. Refere-se à tendência a sentir ou não atração sexual, emocional, romântica, ter fantasias e desejos por outras pessoas. É uma parte complexa da identidade de uma pessoa e não é algo que se "decide" de forma consciente ou deliberada. Em vez disso, a orientação sexual emerge naturalmente ao longo do desenvolvimento, influenciada por uma combinação de fatores biológicos, psicológicos e sociais.

Fatores biológicos

Embriologicamente, há diferenciação genética entre macho e fêmea pelos sexos cromossômicos XY e XX, respectivamente. A partir da 6ª semana de gestação, um conjunto de processos diferencia a crista genital, precursora da gônada, em células testiculares, ovarianas ou ovotesticulares. As gônadas diferenciadas passarão por processos hormonais e ação de genes que farão a diferenciação sexual. Dessa forma, tem-se o sexo masculino, o feminino (endossexo) e o intersexo (na terminologia atual, usa-se o termo diferença do desenvolvimento sexual – DDS). Assim como o fenótipo genital, a diferenciação sexual cerebral (sexo cerebral) também sofre influências genéticas, hormonais e ambientais. Há indícios de que a orientação sexual possa ter relação com: o tamanho e a densidade celular em núcleos do hipotálamo; o núcleo leito da estria terminal (NLET); neurônios de kisspeptina; polimorfismos do receptor androgênico; exposição hormonal androgênica durante a vida fetal (nos casos de hiperplasia adrenal congênita) e com a insensibilidade androgênica. Tanto quem é endossexo ou intersexo pode desenvolver qualquer identidade de gênero e orientação sexual.

Os fatores psicológicos

No século XIX, os termos homossexualismo e desvio de gênero foram usados para designar diversidades como doenças, sendo propostas terapias para "curá-las". Na atualidade, a psicologia e a medicina têm mudado a abordagem na orientação sexual, dando ênfase para a atenção aos prejuízos e danos ao funcionamento socioafetivo ocupacional da pessoa e não considerando a diversidade como anormalidade. Na tentativa de despatologização, retira-se o sufixo "-ismo", que tem conotação de doutrina, seita, conjunto de ideias ou doença, e passa-se a falar em identidade homossexual ou homossexualidade, pois faz referência à expressão de uma ideia ou manifestação. Em 1973, o termo homossexualismo é retirado do DSM-II; o termo também deixou de ser usado em 1985 pelo Conselho Federal de Medicina, em 1990 pela Organização Mundial da Saúde e em 1992 pela Classificação Internacional de Doenças e Problemas Relacionados à Saúde (CID), mas se manteve como item no capítulo "Transtornos psicológicos e comportamentais associados ao desenvolvimento sexual e à sua orientação". Embora hoje existam comunidades terapêuticas vinculadas a entidades religiosas propagando "cura", não é esse o caminho a ser seguido.

Fatores históricos, sociais e culturais

Tais fatores envolvidos na sexualidade moldam normas, crenças e valores que podem influenciar como a orientação sexual será experienciada pelo indivíduo. As questões morais e éticas sempre foram associadas à sexualidade e a associação com religião é um obstáculo ao desenvolvimento do verdadeiro protagonismo científico neutro no assunto.

Na Antiguidade, a homossexualidade era um ato nem sempre relacionado à afetividade, mas a ritos de iniciação para transmissão de conhecimento, até que, na Idade Média, com a queda do império Romano e a ascensão do Cristianismo, os atos homossexuais passam a ser considerados crimes pela Inquisição. O Concílio de Trento, em 1563, foi o primeiro a normatizar a sexualidade, com o celibato dos padres e o papel da mulher unicamente como procriadora. No século XVIII, surge um discurso de que a regulação do ato sexual fortaleceria o controle populacional pelo Estado.

O Iluminismo, no século XIX, traz a medicina como protagonista da História em detrimento da Igreja. No entanto, Michel Foucault (1988) questiona a neutralidade científica, dando exemplo dos ensinamentos, nas escolas médicas, de termos como perversão sexual (doença) para comportamentos sexuais fora da norma padrão e a não associação de determinadas partes do corpo ao erotismo (como a região anal sendo mencionada somente como parte do sistema excretor). Com Freud, surge a proposição de a sexualidade ser uma expressão do inconsciente e de a bissexualidade ser a disposição inata do indivíduo. Em 1980, surge a Teoria Queer, contestando as normas sociossexuais – a teoria afirma que orientação e identidade sexuais e a identidade de gênero são atos performáticos construídos socialmente e não inatos ou biologicamente determinados. Já a neurociência e a genética têm questionado essa teoria, pois há estudos associando identidade de gênero a fatores hormonais.

Hoje ainda é forte o modelo do padrão ocidental, com seu aspecto religioso cristão, heteronormativo, monogâmico e patriarcal, mas existem culturas com outros padrões normativos. Esses estão sujeitos a sucumbir pela intolerância à diversidade religiosa, cultural e social.

Possibilidades de orientações sexuais

- **Heterossexualidade**: atração por pessoas do gênero oposto.
- **Homossexualidade**: atração por pessoas do mesmo gênero.
- **Bissexualidade**: atração por mais de um gênero, geralmente tanto por homens quanto por mulheres.
- **Pansexualidade**: atração por pessoas independentemente do gênero ou da identidade de gênero.
- **Assexualidade**: falta de atração sexual por qualquer gênero. Pessoas assexuais podem sentir atração romântica e formar relacionamentos, mas sem interesse sexual.
- **Demissexualidade**: atração sexual que ocorre somente após a formação de um forte vínculo emocional com alguém.
- **Androssexualidade e ginessexualidade**: atração por características masculinas (androssexualidade) ou femininas (ginessexualidade), independentemente do gênero da pessoa.

- **Polissexualidade**: atração por múltiplos, mas não por todos os gêneros, diferente da pansexualidade.
- **Sapiossexualidade**: atração pela inteligência, em que o interesse sexual ou romântico é despertado pela inteligência ou mente de uma pessoa.
- **Autossexualidade**: atração sexual por si mesmo.
- **Graysexualidade**: a pessoa muito raramente experimenta atração sexual, sob circunstâncias específicas ou atração de baixa intensidade.

Quando ocorre a orientação sexual?

A orientação sexual não é uma escolha ou decisão, surgindo de forma natural como um aspecto da personalidade e expressão de identidade.

Acredita-se que o início da expressão sexual ocorra por volta dos 10 anos de idade. Durante a infância, as crianças começam a formar vínculos emocionais e sociais, mas geralmente não experimentam a atração sexual, a qual ocorre na adolescência.

Durante a puberdade, os sentimentos de atração por outros, sejam do mesmo gênero, sejam do gênero oposto ou de ambos, começam a se manifestar com mais clareza. À medida que as pessoas amadurecem, aumenta a compreensão de si mesmas e a autoidentificação em termos de orientação sexual. Isso pode incluir a experimentação de diferentes tipos de relacionamento e a reflexão sobre suas próprias emoções e desejos. A falta de modelos positivos ou o medo de rejeição podem fazer com que algumas demorem para revelar sua orientação sexual. Para alguns, a orientação sexual pode ser mais fluida e mudar ao longo do tempo, pois a experiência de atração pode variar em diferentes períodos da vida.

Independentemente de quando ou como a orientação sexual se torne clara, o importante é que seja respeitada e aceita, tanto pela própria pessoa quanto pela sociedade. O apoio da família, dos amigos e da comunidade é fundamental para o bem-estar emocional e psicológico ao longo desse processo. Ambientes acolhedores e afirmativos ajudam na aceitação e na felicidade pessoal.

Desafios enfrentados

Os principais desafios enfrentados em relação à orientação sexual são:

- **Homofobia e bifobia**: atitudes negativas, violência e discriminação pela orientação sexual, podendo ocorrer no trabalho, na escola, na família e na comunidade.
- **Leis e política**: muitos países criminalizam a homossexualidade, colocando pessoas LGBTQIA+ em risco de prisão, tortura ou até mesmo pena de morte, ou não oferecem leis e políticas de proteção completa contra a discriminação baseada na orientação sexual.
- **Pressão social**: a pressão para seguir normas heteronormativas pode levar as pessoas a esconderem sua orientação sexual, resultando em estresse emocional e psicológico.

- **Rejeição familiar**: a rejeição ou falta de apoio familiar pode levar ao isolamento e a problemas de saúde mental.
- **Saúde mental**: em virtude do estigma e da discriminação, há maior risco de desenvolver problemas como ansiedade, depressão e transtorno do estresse pós-traumático.
- **Desassistência**: faltam profissionais de saúde capacitados para lidar com questões específicas da comunidade LGBTQIA+.
- **Falta de representação**: a ausência de representações positivas na mídia e na cultura popular pode dificultar a aceitação e a compreensão da diversidade sexual.
- **Estereótipos e mitos**: a perpetuação de estereótipos negativos e mitos sobre pessoas LGBTQIA+ pode reforçar preconceitos e as estigmatizar ainda mais.
- **Violência**: muitas pessoas LGBTQIA+ enfrentam assédio, ataques físicos, violência sexual e crimes de ódio motivados por preconceito por causa de sua orientação sexual.
- **Processo de aceitação**: o processo de autodescoberta e aceitação pode ser desafiador, especialmente em ambientes onde a diversidade sexual é reprimida.

Como minimizar os desafios

Uma das formas de minimizar os desafios da orientação sexual é começar a educação dentro de casa, pois as crianças aprendem observando o comportamento dos adultos. Promova um relacionamento saudável e respeitoso, pesquise sobre o assunto, crie um ambiente receptivo para conversar com os(as) filhos(as) sobre sexualidade desde cedo e de maneira apropriada à idade: para crianças pequenas, ensine sobre partes do corpo, consentimento e respeito pelos outros utilizando recursos como livros e vídeos educativos. É importante ouvir sem julgar, deixando-os à vontade para fazer perguntas sobre qualquer assunto.

Ensine seus filhos(as) a respeitar as diferenças com empatia, em relação a orientação sexual, identidade de gênero ou expressões de gênero dos outros. Ensine sobre o impacto negativo do bullying e da discriminação e trabalhe para criar um ambiente escolar e social seguro e inclusivo para todos.

A adolescência é marcada por descobertas, questionamentos e incertezas sobre a própria sexualidade. Adolescentes LGBTQIA+ enfrentam maior risco de problemas de saúde mental, como depressão, ansiedade e baixa autoestima, especialmente se enfrentam rejeição ou discriminação. A participação de um psicólogo ajuda na orientação e prevenção da saúde sexual e mental. Nessa fase, aborde a importância da prevenção de infecções sexualmente transmissíveis (ISTs), gravidez indesejada e o uso de contraceptivos. Ajude-os a desenvolverem uma imagem corporal positiva e a valorizarem seus corpos, independentemente dos padrões sociais.

A orientação sobre sexualidade não deve ser abordada em uma única conversa; é um processo contínuo que exige paciência e abertura. A aceitação da sexualidade de um(a) filho(a) pode ser um processo de aprendizado e crescimento para os pais. Apoiar o(a) filho(a) incondicionalmente, com amor, compreensão e vontade de aprender é o principal diferencial para vencer a barreira geracional.

O tema da orientação sexual deve ser abordado despido de preconceitos, com respeito, empatia e compreensão.

Referências

ABRAI. *Glossário da sexualidade humana.* 2021. Disponível em: https://abrai.org.br/informacoes-e-recursos/glossario/. Acesso em: 4 abr. 2025.

CIASCA, S. V.; HERCOWITZ, A.; LOPES JÚNIOR, A. *Saúde LGBTQIA+:* práticas de cuidado transdisciplinar. São Paulo, Manole, 2021.

COSTA, S. A.; KAMIMURA, A. L. M. *Ser homossexual no século XXI:* os desafios e as conquistas vivenciados pelos associados do grupo SHAMA, Uberlândia/MG 1. Disponível em: https://www.franca.unesp.br/Home/stae/eixo5_014.pdf. Acesso em: 4 abr. 2025.

CURI, P. L.; JASHAR, P. L. R. *A de Adolescentes, M de Mulheres*. PROEX / UFF Edital de Fomento à Extensão – 2022. Disponível em: https://linktr.ee/mulheriouff. Acesso em: 4 abr. 2025.

FIORINI, J. S. Educação sexual na escola: currículo e práticas [online]. Marília: Oficina Universitária; São Paulo: Cultura Acadêmica, 2020, 197 p. ISBN: 978-65-5954-006-8. Disponível em: https://books.scielo.org/id/7mdtb/pdf/fiorini-9786559540068.pdf. Acesso em: 4 abr. 2025.

FOUCAULT, M. *História da sexualidade I:* a vontade de saber. Rio de Janeiro: Graal, 1988.

LIRA, A. N.; MORAIS, N. A. Famílias constituídas por lésbicas, gays e bissexuais: revisão sistemática de literatura. *Temas Em Psicologia*, v. 24, n. 3, 2016. Disponível em: https://pepsic.bvsalud.org/scielo.php?script=sci_arttext&pid=S1413-389X2016000300014. Acesso em: 4 abr. 2025.

MAIA, A. C. B. *Sexualidade e educação sexual.* Disponível em: https://acervodigital.unesp.br/bitstream/unesp/155340/3/unesp-nead_reei1_ee_d06_s03_texto02.pdf. Acesso em: 4 abr. 2025.

MINISTÉRIO DA EDUCAÇÃO. *Orientação* sexual. Secretaria de Educação Fundamental. Disponível em: http://portal.mec.gov.br/seb/arquivos/pdf/livro102.pdf. Acesso em: 4 abr. 2025.

NASCIMENTO, G. C. M.; SCORSOLINI-COMIN, F. A revelação da homossexualidade na família: revisão integrativa da literatura científica. *Temas Em Psicologia*, v. 26, n. 3, p. 1527-1541, 2018. Disponível em: https://www.scielo.br/j/tpsy/a/M7ckhVvTmWTxRDQcFN9YYmK/. Acesso em: 4 abr. 2025.

PRAE. *Identidades de* gênero. Pró-Reitoria de Assuntos Estudantis – PRAE Universidade Federal de Minas Gerais, 2021. Disponível em: www.ufmg.br/prae/diretoria-de-acoes-afirmativas/identidades-de-genero/. Acesso em: 4 abr. 2025.

SILVEIRA, C. *et al.* (org.). *Educação em gênero e diversidade.* 2. ed. Porto Alegre: Editora da UFRGS, 2018.

VICENTE, L. S. *A educação sexual nas diferentes versões da base nacional comum curricular:* da abertura ao silenciamento em torno da temática (versão 1), 2023. Disponível em: https://doi.org/10.1590/0102-469845439. Acesso em: 4 abr. 2025.

39

COMPULSÃO SEXUAL

VÍCIO EM MASTURBAÇÃO E EXIBICIONISMO: COMO ESSE TRANSTORNO PODE AFETAR O CONTEXTO FAMILIAR, DEIXANDO MARCAS PROFUNDAS

Neste capítulo, pretende-se não só transmitir conhecimentos técnicos acerca das compulsões sexuais, mas também uma mensagem de otimismo. Mesmo em meio às adversidades, é possível ressignificar nossas histórias e fortalecer as relações que nos cercam.

SANDRA DUNDER

Sandra Dunder

CRP 06/130796

Contatos
sandrapsicodunder@gmail.com
Instagram: @psico_sandradunder

Esposa de Dagoberto, mãe de Natriellie e Rafaellie, suas razões de viver. Psicóloga clínica, atua no atendimento a adultos, adolescentes, casais e em orientações familiares. Palestrante com formação em Terapia Cognitivo-Comportamental (TCC). Pós-graduada em Terapia do Esquema pela Wainer Psicologia e em Neurociência e Neuropsicologia pela Universidade Municipal de São Caetano do Sul (USCS). Certificada pelo New Jersey Institute for Schema Therapy. Formação em Terapia Focada na Compaixão Narrativa e Psicologia Positiva pelo Instituto de Psiquiatria do Hospital das Clínicas da Faculdade de Medicina da Universidade de São Paulo (IPq-HCFMUSP) e em Sexologia e Terapia Cognitivo-Comportamental para Casais pela Advance. Coautora do livro *Orientação familiar* volumes 2 (capítulo "Desenvolvimento da adolescência, sexualidade e aceitação") e 3 (capítulo "As dores do abuso e os impactos na vida familiar").

Dedico este capítulo às minhas raízes, que me deram a oportunidade da vida. Ao meu marido e a minhas filhas, que todos os dias me ensinam o quanto é possível ressignificar, amar genuinamente e ter, além de compaixão, autocompaixão. "Perdoar não é esquecer, e sim lembrar sem dor."

Embora não possamos mudar o passado, podemos escolher como responder a ele. A ressignificação é um ato de coragem e amor-próprio, permitindo que transformemos feridas em aprendizados e construamos uma vida mais equilibrada.

Brené Brown, A coragem de ser imperfeito

Compreendendo a compulsão sexual

É importante entender que a compulsão sexual não é uma questão de fraqueza moral, mas sim um transtorno que pode ser tratado com apoio especializado. Contudo, esse transtorno reflete grande desgaste emocional pelas dificuldades persistentes em controlar impulsos sexuais, mesmo diante de consequências negativas.

Como afirma Carnes (2001): "a compulsão sexual envolve uma necessidade que se intensifica até que o impulso seja satisfeito, seguida de culpa e vergonha, criando um ciclo de repetições e sofrimento".

O DSM-5 não reconhece a compulsão sexual como um diagnóstico específico, mas como comportamentos relacionados que podem ser avaliados dentro de outros transtornos, como:

- **Transtorno obsessivo-compulsivo (TOC)**: quando o comportamento sexual é impulsionado por obsessões ou compulsões.
- **Transtornos de controle de impulsos**: quando há dificuldade em resistir a impulsos sexuais, causando sofrimento ou prejuízo.
- **Transtornos relacionados a comportamentos aditivos**: similar a um vício comportamental.

Porém, segundo a 11ª revisão da Classificação Internacional de Doenças (CID-11), a compulsão sexual está definida como 6C72 – Transtorno de comportamento sexual compulsivo. Tal classificação é utilizada para descrever dificuldades persistentes em controlar impulsos ou desejos sexuais que resultam em comportamentos repetitivos, causando sofrimento ou prejuízos significativos.

Contudo, consideram-se alguns indicadores para que o comportamento seja classificado como transtorno. Entre eles, estão:

- Perda de controle sobre o comportamento sexual.
- Preocupação excessiva com sexo, interferindo na vida cotidiana.
- Impacto negativo emocional, social ou financeiro.
- Uso do sexo para regular emoções como estresse ou ansiedade.

Vício em masturbação: o que é?

O vício em masturbação, também chamado de masturbação compulsiva, vai além de uma prática sexual saudável. Trata-se de um comportamento repetitivo e incontrolável, que muitas vezes serve como uma forma de lidar com emoções difíceis, como ansiedade, estresse ou solidão.

Exibicionismo: o que é?

O exibicionismo, diferentemente de práticas consensuais ou lúdicas, é um comportamento que envolve a exposição dos genitais a terceiros, sem consentimento, geralmente para obter excitação sexual ou uma reação de surpresa.

Segundo a CID-11, é identificado como parte dos transtornos parafílicos (6D32.2 – Transtorno parafílico de exibicionismo). Esse diagnóstico é usado quando a pessoa demonstra padrões recorrentes de comportamentos ou fantasias sexualmente excitantes relacionados ao exibicionismo, o que causa sofrimento significativo ou prejuízo no funcionamento pessoal, social ou ocupacional.

O exibicionismo pode assumir diferentes formas, como:

- **Clássico (público)**: exposição pública dos genitais, sem consentimento, com intenção de provocar choque ou surpresa.
- **Virtual**: envio de mensagens, imagens ou vídeos explícitos, sem consentimento, buscando validação ou excitação sexual.
- **Narcisista**: comportamentos sugestivos ou exposição parcial do corpo para atrair admiração, geralmente em redes sociais.

Impactos nas relações: quais marcas podem ser geradas?

A compulsão sexual, seja ela masturbação compulsiva, seja exibicionismo, afeta profundamente o contexto familiar, social e pessoal dos indivíduos envolvidos, causando problemas como:

- **Quebra de confiança**: os envolvidos muitas vezes se sentem traídos(as) e rejeitados(as), podendo levar a mágoas e baixa autoestima, trazendo sentimentos de desrespeito e vergonha.

- **Tabu e silêncio**: a dificuldade em falar abertamente sobre o problema cria barreiras emocionais, podendo levar ao isolamento de ambos os envolvidos – o famoso "elefante branco no meio da sala": é visto, incomoda, mas passa a fazer parte da decoração.
- **Impactos nos filhos ou demais envolvidos**: crianças e adolescentes expostos a esses comportamentos podem desenvolver percepções distorcidas sobre sexualidade, carregando essas confusões para a vida adulta, o que pode desencadear adoecimentos emocionais e psicológicos.

Um relato de transformação: estratégias para lidar com vulnerabilidades familiares

Ao escrever sobre a compulsão sexual, como o vício em masturbação e exibicionismo, sinto-me profundamente conectada ao tema. Minha motivação vem de vivências pessoais que marcaram minha infância, adolescência e maternidade, convivendo de perto com essas questões, já que meu pai enfrentava ambos os transtornos. Porém, associada a esses transtornos, havia também a dependência do álcool, que frequentemente desencadeia tais comportamentos. Como destaca Van der Kolk (2020), "a dependência de álcool frequentemente reduz as inibições, desregula o comportamento e exacerba impulsos, incluindo compulsões sexuais". Contudo, vivíamos uma relação adoecida de dependência e codependência, que perpetuava os ciclos de sofrimento e dificultava rompê-los.

Os impactos foram profundos, moldando minha visão sobre o mundo e sobre mim mesma. Cresci em meio à confusão, ao medo e a perguntas sem resposta. Por muitos anos, essas experiências trouxeram dores silenciosas, que ecoaram inseguranças e dificuldades emocionais.

Ao olhar para o passado com o olhar de adulta e o conhecimento adquirido, percebo que compreender essas vivências trouxe um autoacolhimento que jamais imaginei ser possível. Entender os transtornos que marcaram meu pai não foi nada confortável, mas essencial para ressignificar os impactos em minha vida.

Hoje, ao abordar o tema, tenho como objetivo não apenas compartilhar conhecimento técnico, mas também transmitir uma mensagem de esperança. Não podemos ignorar os efeitos desses transtornos sobre os indivíduos e suas famílias, mas acredito que compreensão, acolhimento e suporte são ferramentas transformadoras.

Minha vivência na maternidade trouxe uma profunda compreensão sobre o que minha filha precisava para se sentir protegida e o papel de uma mãe em assegurar essa proteção. Um dos momentos mais marcantes foi quando ela compartilhou comigo um relato doloroso: ela havia sido vítima de exibicionismo praticado por alguém muito próximo à nossa família.

Poucas semanas após o ocorrido, essa pessoa foi diagnosticada com leucemia. Diante dessa circunstância delicada, optamos por não tomar medidas legais imediatas, priorizando a estabilização de sua saúde. Essa decisão não foi fácil, mas refletiu a complexidade emocional e possível prática do momento. Foram necessários quase três anos até que o tratamento fosse concluído, mas, enquanto eu finalizava este capítulo, a pessoa faleceu ainda na flor da idade, deixando-nos não apenas com o impacto do ocorrido, mas também com a dor do luto.

Como mãe, o que eu fiz com tudo isso?

Minha reação foi agir de forma imediata. Afastei minha filha, acolhi seus sentimentos e garanti sua segurança. Essa ação foi guiada pelo entendimento de que o bem-estar dela era prioridade absoluta naquele momento. Brazelton e Greenspan (2001) destacam a importância de criar um ambiente que priorize a segurança física e emocional das crianças.

Compreender esses transtornos e agir transformou minha dor em aprendizado, destacando a importância do acolhimento que me faltou na infância. Segundo Van der Kolk (2020), "o trauma não está apenas no evento em si, mas na ausência de acolhimento e suporte após sua ocorrência". Compulsões sexuais, como exibicionismo, afetam não só o indivíduo, mas também a família. O transtorno pode ser entendido à luz de fatores psicológicos, mas isso não justifica a ausência de proteção às vítimas. Perry e Winfrey (2021) destacam: "Conhecimento é o alicerce da proteção. Entender a natureza do trauma permite intervenções eficazes".

Compreender as necessidades emocionais dos envolvidos é essencial para promover a cura.

Se você vive algo semelhante, deixo aqui uma mensagem: busque ajuda; não carregue esse peso sozinho(a). Se é o adulto responsável, lembre-se de que o amor se manifesta na ação. Proteção, acolhimento e autoacolhimento, mesmo nos momentos mais difíceis, têm o poder de criar um caminho de superação.

Dicas para saúde mental

Orientações acerca dos transtornos

Embora a compulsão sexual seja um transtorno desafiador, é possível enfrentá-lo com as ferramentas certas. O suporte profissional permite que o indivíduo lide com os impulsos e que a família reconstrua a confiança e fortaleça os laços. Encaminhamentos a médicos especializados, como psiquiatras, são fundamentais, pois se trata de uma patologia; contudo, há a necessidade de acompanhamento com equipe multidisciplinar.

São algumas possibilidades de intervenções:

- **Comunicação aberta**: romper o silêncio é o primeiro passo. Falar abertamente, com empatia, ajuda a criar um ambiente seguro, sem críticas e com maior acolhimento.
- **Autocuidado**: atividades que promovam equilíbrio emocional, como meditação, exercícios físicos ou hobbies, podem ser valiosas para aliviar a ansiedade.

- **Rede de apoio**: participar de grupos de apoio ou contar com amigos e familiares próximos é essencial para enfrentar a vergonha e o isolamento que muitas vezes acompanham essas situações. Ainda assim, muitos envolvidos permanecem em relações abusivas em razão de dependências emocionais ou financeiras, sentimentos de vergonha, medo ou crenças limitantes.

É importante compreender que não se trata apenas de "escolher" sair de uma relação, mas de reconhecer e assumir a autorresponsabilidade como um passo fundamental para romper esses ciclos. No livro *Orientação familiar* volume 3, destaquei: "Minha mãe era tão abusada quanto eu e não teve forças para se separar devido a sua condição de dependência emocional, onde estabeleceu-se ali uma enorme ferida: uma criança abusada, negligenciada e abandonada emocionalmente" (Dunder, 2024, p. 354). Essa realidade ilustra como o ambiente de abuso afeta profundamente todos os envolvidos e perpetua feridas emocionais que podem se estender por gerações.

Buscar ajuda é um ato de coragem e cuidado consigo mesmo. Reconhecer que não precisamos enfrentar a dor sozinhos é o primeiro passo para transformar feridas em caminhos de cura.

Onde pedir ajuda? O que eu faço agora?

Exibicionismo, especialmente em público, é considerado um crime, sendo passível de denúncia. Contate as autoridades locais. Proteja os direitos das vítimas e busque orientação sobre os meios de denúncia e proteção em órgãos como Conselhos Tutelares e delegacias especializadas, como a da mulher. Muitas dessas instituições possuem números de telefone de fácil acesso, como o Disque 100, um serviço nacional para denúncias de violência contra crianças e adolescentes.

Busque recursos disponíveis e serviços especializados na sua região, como clínicas de saúde mental, organizações não governamentais (ONGs) ou redes de apoio. A chave para lidar com essas situações é o equilíbrio entre buscar tratamento adequado e estabelecer medidas protetivas claras para todas as pessoas envolvidas.

Afinal, como destaca Schneider e Schneider (1996), "a cura começa quando todos têm a oportunidade de compartilhar suas dores e trabalhar juntos para reconstruir os laços de confiança".

Conclusão

Enfrentar os desafios impostos pela compulsão sexual, como o vício em masturbação e o exibicionismo, é uma jornada difícil, mas profundamente transformadora. Esses transtornos afetam não apenas o indivíduo que os vivencia, mas também todo o núcleo familiar, criando barreiras emocionais, sentimento de culpa e muitas vezes silenciando o diálogo. Contudo, como destacado ao longo deste capítulo, esses comportamentos são sinais de sofrimento emocional que podem ser compreendidos, tratados e ressignificados.

É importante reforçar que buscar ajuda não é um sinal de fraqueza, mas sim de força. O primeiro passo para a cura é a aceitação de que essas dificuldades existem e precisam ser enfrentadas com coragem e empatia. Compreender que esses comportamentos compulsivos não definem o valor ou a identidade de uma pessoa é essencial para quebrar o ciclo de culpa e vergonha.

Além disso, é fundamental que familiares e pessoas próximas entendam que, embora os impactos sejam reais e muitas vezes profundos, a compaixão e o acolhimento são ferramentas poderosas para reconstruir os laços de confiança e fortalecer a comunicação. Uma família que acolhe sem julgamento abre espaço para que todos possam se curar e crescer juntos.

Minha trajetória pessoal reforça essa perspectiva. Vivenciar os impactos desses transtornos foi desafiador, mas compreender suas raízes e trabalhar para superá-los me permitiu transformar a dor em aprendizado e construir relações mais saudáveis. Essa experiência me mostrou que a mudança é possível, mesmo diante das adversidades mais profundas.

Este capítulo buscou integrar conhecimento técnico com vivências reais, mostrando que, embora desafiadores, os transtornos de compulsão sexual podem ser compreendidos, tratados e ressignificados. Essa jornada exige coragem, acolhimento e apoio de redes especializadas.

Referências

AMERICAN PSYCHIATRIC ASSOCIATION (APA). *Manual diagnóstico e estatístico de transtornos mentais:* DSM-5. 5. ed. Porto Alegre: Artmed, 2014.

BRAZELTON, T. B.; GREENSPAN, S. I. *As necessidades essenciais das crianças:* o que toda criança precisa para crescer, aprender e se desenvolver plenamente. Porto Alegre: Artmed, 2002.

BROWN, B. *A coragem de ser imperfeito:* como aceitar a própria vulnerabilidade, vencer a vergonha e ousar ser quem você é. Rio de Janeiro: Sextante, 2013.

CARNES, P. *Out of the shadows:* understanding sexual addiction. Center City, MN: Hazelden, 1991.

CARNES, P. *Facing the shadow:* starting sexual and relationship recovery. Carefree, AZ: Gentle Path Press, 2001.

DUNDER, S. As dores do abuso e os impactos na vida familiar. *In*: RAYES, C. (coord.). *Orientação familiar*: teoria e prática. São Paulo: Literare, 2024. v. 3, p. 351.

ORGANIZAÇÃO MUNDIAL DA SAÚDE (OMS). *International Classification of Diseases 11th Revision.* Genebra: OMS, 2022. Disponível em: https://icd.who.int/. Acesso em: 4 mar. 2024.

PERRY, B. D.; WINFREY, O. *O que aconteceu com você?* Conversas sobre trauma, resiliência e cura. São Paulo: HarperCollins, 2021.

SCHNEIDER, J. P.; SCHNEIDER, M. A. Couples therapy for recovering sex addicts. *Journal of Sex and Marital Therapy*, v. 22, n. 3, p. 191-216, 1996.

VAN DER KOLK, B. *O corpo guarda as marcas:* cérebro, mente e corpo na cura do trauma. Trad. Donaldson M. Garschagen. Rio de Janeiro: Sextante, 2020.

LUTO E FINITUDE

Por fim, chegamos aos capítulos que mexem com nossos corações. O luto é um processo doloroso, mas necessário. Perder alguém ou algo importante nos convida a atravessar a dor e dar espaço às emoções, sem apressar respostas ou encurtar caminhos. Falar sobre a finitude é lembrar que a morte faz parte da vida – e é justamente ao encarar essa realidade que podemos aprender a viver com mais presença e significado. O amor e as memórias permanecem vivos, trazendo saudades, conforto e força.

40

PERDA GESTACIONAL
ACOLHENDO A DOR PARA CAMINHAR UM DIA DE CADA VEZ

Escrever sobre este tema é mais que visitar teorias, é descrever as experiências que possuo das histórias que as famílias que acompanho a mim confiam. Escrever sobre a perda gestacional é falar também da minha experiência, do meu processo de enfrentamento do luto após duas perdas gestacionais. As adversidades produzem profundas mudanças e requerem uma nova adaptação para uma nova versão do SER mulher, SER homem, SER casal, SER pais.

ANA PAULA MOREIRA

Ana Paula Moreira

CRP 06/105482

Contatos

paula.psic@hotmail.com
Instagram: @anapaulamoreira.psicologia
Facebook: anapaulamoreirapsicologainfantil
12 99231 3125

Graduada em Psicologia pelo Centro de Ensino Superior de Juiz de Fora (CES/JF). Especialista em Gestão de Competências em Recursos Humanos pela Faculdade Machado Sobrinho e em Terapia Cognitivo-Comportamental com Crianças e Adolescentes pelo Centro de Estudos em Terapia Cognitivo-Comportamental (CETCC). Docente da disciplina de Terapia Cognitivo-Comportamental com Crianças e Adolescentes. Também é supervisora clínica em consultório particular. Coautora do livro *Orientação familiar* volume 2 (Literare Books International, 2023), palestrante no 2º Congresso de Orientação Familiar da Literare Books International (2023) e autora do livro *Dia de tempestade* volume 1.

Perda gestacional

Para a Organização Mundial da Saúde (OMS), considera-se perda gestacional espontânea quando o feto pesa menos de 500 gramas e o tempo de gestação é inferior a 20 semanas. Cerca de 15 a 20% das gestações culminam na interrupção espontânea, sendo uma das complicações mais comuns da gravidez.

Causas da perda gestacional

A perda gestacional pode ser multifatorial, podendo ter causas genéticas e não genéticas relacionadas. As causas podem estar presentes tanto na mulher quanto no homem. No que diz respeito aos homens, os fatores mais comuns são alterações cromossômicas, má alimentação (gorduras, açúcares, excesso de café), ciclo de sono alterado e estresse. Nas mulheres, disbiose intestinal e uterina, doenças autoimunes, endometriose, alergia alimentar e ambiental, trombofilias, história de vida e distúrbios endócrinos são alguns dos fatores possíveis. Os tipos de perdas são: abortamento, nascido morto e óbito neonatal.

Perder

No dicionário, a palavra *perder* significa deixar de ter, ser privado de, deixar de sentir, ficar confuso. Perder um filho é ser privado de viver o que já era tão real no imaginário, de pegar o bebê no colo, de dar banho, amamentar, vê-lo andar, correr; é deixar de sentir a alegria de ter a concretização do fruto do amor do casal, é deixar de sentir medo de não dar conta de cuidar daquela pessoinha, é ficar confuso como isso foi acontecer.

O que é o luto

O luto é uma dor, uma tristeza necessária para enfrentar a perda de alguém ou de algo significativo. Cada pessoa o vivencia de uma forma. Não existe um tempo certo para acabar, porque o luto não é algo a ser superado, mas sim enfrentado. Não é uma jornada fácil, porém é possível quando se tem uma rede de apoio. É importante respeitar o tempo, o processo de luto de cada um. Tendemos a uma visão dicotômica: ou damos conta ou não damos, seguimos ou não seguimos, deixando de considerar que é possível escolher desacelerar, diminuir o ritmo para poder continuar. Parte do enfrentamento do luto é reaprender sobre si, a partir desse novo momento, dessa nova configuração de si e do casal. Parte importante desse processo é a legitimação da maternidade e da paternidade, independentemente do tempo gestacional. Acolher e validar que o casal se tornou uma família, que não são mais dois, contribui para o enfrentamento do luto. Há presença na ausência física.

Aspectos emocionais, cognitivos, comportamentais e fisiológicos decorrentes do aborto

Emocionais

É comum a mulher experimentar uma sensação de vazio, de estar oca. A impotência diante da perda e o desejo de ter um bebê leva a mulher a experimentar sentimentos de tristeza, raiva, confusão, solidão, ansiedade, desesperança e culpa. O processo de aceitar o não nomeável é duro e sofrível. Lidar com a falta de "controle" pode ser desesperador.

Cognitivos

Os aspectos cognitivos se apresentam por meio de pensamentos e avaliações de ter fracassado, de poder ter algo errado consigo, de não ser boa o suficiente para gestar, de ter feito algo errado para ter acontecido isso.

Comportamentais

Choro, isolamento, evitação de situações que estejam associadas à gravidez e a bebês, além de fadiga e agitação, são alguns dos sintomas comportamentais.

Fisiológicos

Algumas das reações fisiológicas são: coração acelerado, tensão muscular, insônia, náuseas, pesadelos, falta de energia, nó na garganta e dificuldade para respirar.

Essas reações não são vivenciadas apenas pelas mulheres, mas também pelos homens. Em virtude das expectativas sociais e culturais acerca do papel da mulher em relação ao gestar, lhe é incutido um peso maior quando não se cumpre essa "função natural de gerar um bebê saudável e perfeito".

Dor – presença e ausência do espaço para senti-la

Realizei entrevistas com alguns casais que passaram pela perda gestacional. O objetivo foi compreender como eles conseguiram seguir caminhando após passarem por essa adversidade, bem como saber se lhes foi ofertado ou não um espaço para sentir a dor.

Compartilharei alguns recortes das respostas que recebi para cada pergunta.

Como foi para você a experiência da perda gestacional?

- *"Esmagadora talvez seja a palavra adequada pra descrever. Ao mesmo tempo que doía pela perda, buscava forças pra entendê-la, me sentia saindo de escombros, tentando ver alguma luz de esperança. Um tempo muito doloroso, sofremos muito. Após a primeira, veio a segunda e depois a terceira."*
- *"Foi uma interrupção muito forte do sonho de ser pai."*
- *"Foi um impacto de dor e vazio ao mesmo tempo e teve que ser por pouco tempo, precisei anular minha dor para consolar minha esposa, ela foi minha prioridade total naquele momento."*

Quais emoções experimentou?

- *"Tristeza, medo, sensação de desmoronamento, de ficar 'sem chão'."*
- *"Confusão de sentimentos."*
- *"Tristeza, medo, raiva."*

Quais pensamentos, avaliações, teve sobre a perda e sobre como devia agir?

- *"Pensamentos e questionamentos como: por que muitos não querem e engravidam? Por que isso aconteceu comigo, que queria tanto um bebê? O que será que vai acontecer agora?"*
- *"Como se dizia, tive que engolir o choro ou dor para cuidar das emoções e da dor da minha esposa, ela ficou muito abalada. Naquele momento, como homem e provedor, eu queria e precisava ser muito forte e passar confiança para minha esposa que iríamos superar aquele momento. Eu não queria ficar abalado por muito tempo, pode parecer frio da minha parte, mas eu queria estar bem por mim e minha esposa."*

Com quem compartilhou sua dor?

- *"Com meu marido, ele foi quem mais esteve ao meu lado e soube me ouvir, hoje percebo isso muito melhor que na época, pois às vezes eu queria falar e ser confrontada nas minhas falas, mas vejo que ele foi sábio. Com minha mãe, que me ajudava em oração, me abraçava e deixava eu apenas chorar nos ombros dela."*
- *"Amigos e familiares."*

Percebeu-se acolhido(a), compreendido(a), apoiado(a)?

- *"Sim! Sempre pelo meu marido, meus pais, familiares mais próximos. Com raras exceções de pessoas mais idosas ou outras que nas suas falas não sabiam ao certo o que dizer e na boa intenção sempre tinham receitas ou dicas para uma nova gravidez."*
- *"Ainda hoje não sou. Mesmo diante da dor vivida, e após tantos anos, ainda somos julgados por termos persistido na realização do sonho. Quando não somos julgados por termos um filho somente."*

Descreva frases que ouviu e atitudes que não ajudaram.

- *"Pelo menos você já tem um filho."*
- *"Daqui a pouco você tenta de novo."*
- *"Pelo menos estava no começo, não tem tanto apego assim."*
- *"Está tudo bem, logo você terá outro. Porém o outro não é o mesmo, não é uma pura substituição."*
- *"Será que é da sua família ou vem do seu marido?"*
- *"Vocês deviam ter desistido; por que insistiram tanto? De novo? Mais uma vez? Não é melhor se contentar?"*
- *"Puxa, queria tanto ver seus pais sendo avós."*

Descreva frases e atitudes que ajudaram.

- *"Você é forte, mas pode contar comigo."*
- *"Ser ouvida."*
- *"Essa dor não vai passar, mas irá cicatrizar, você irá sempre sentir a perda, mas um dia será mais leve."*

Quanto tempo faz que passou pela perda gestacional?

- *A maioria passou entre 10 e 15 anos, dois casais passaram há pouco menos de 4 anos e outros dois, há mais de 25 anos.*

Como foi o enfrentamento do luto?

- *"Foi tranquilo, com muito apoio da nossa rede de apoio (família, amigos, igreja), com fé, descanso e identificação de novos objetivos e propósitos de vida."*
- *"Na época eu não tinha entendimento que precisava viver esse luto, pois as pessoas tendem a pensar que, porque não tinha um bebê formado dentro do ventre, não foi uma perda tão importante."*
- *"No início, no primeiro mês eu não consegui perceber o luto, trabalhei intensamente. Dois dias após a curetagem já estava trabalhando, como se nada tivesse acontecido; precisava cumprir meus prazos de apresentação e, quando os compromissos acabaram, eu desabei. Então procurei ajuda e a psicóloga me ajudou a passar por todo o período de luto e aceitar a minha perda."*

Quer acrescentar algo? Fique à vontade para escrever.

- *"O Ritual da despedida me ajudou intensamente, primeiro nós demos um nome (minha filha que escolheu), depois escrevi uma carta para ela e isso já liberou um peso enorme. Depois, ela [psicóloga] disse que ou poderia guardar a carta ou, se eu quisesse, ela recomendaria que eu queimasse e se possível jogasse as cinzas numa água corrente. Como não tinha rio, joguei na pia e abri a torneira e isso foi melhor do que escrever a carta, deu uma finalização... a cada dia dói menos...*"

Como se pode perceber, o objetivo da entrevista foi alcançado e corrobora o que foi descrito anteriormente. Quero destacar algumas falas. A primeira é sobre os comportamentos que não ajudam. Fica evidente que essas "falas consoladoras" fazem aumentar a dor, a vergonha, a culpa e a percepção de fracasso por não terem "conseguido" levar a gestação adiante ou por terem insistido demais. A segunda é que, quando se tem apoio, um espaço para falar da dor e receber validação e aceitação das várias emoções experimentadas, o enfrentamento do luto fica mais fácil. A terceira é a respeito do espaço necessário de escuta, acolhimento e validação da dor do homem. O relato de um dos participantes levanta um alerta da urgência em dar espaço aos homens para demonstrar, sentir a sua dor, deixá-los ser vulneráveis. Eles também sofrem e precisam de cuidados. A quarta é sobre como o ritual é importante no enfrentamento do luto. Escrever uma carta, dar nome, fazer um quadro. Outros três aspectos muito interessantes são: o luto realmente é vivido por cada pessoa de uma maneira e em tempos diferentes; o luto é a forma de expressar a dor da perda e não precisa estar sempre envolvido por um sofrimento intenso, como lemos neste relato: *"Foi tranquilo, com muito apoio da nossa rede de apoio (família, amigos, igreja), com fé, descanso e identificação de novos objetivos e propósitos de vida"*. Está tudo bem, não há nada de errado se para você o luto for vivido com mais leveza e por um período menor.

Dicas para saúde mental

Amigos e familiares

Compreendam que a rede de apoio nesses momentos faz toda diferença, pois são essas pessoas que, com respeito e sensibilidade, dirão a essa mulher, a esse casal, que é tempo de se aquietar, por mais difícil que seja. Assim, ofereçam esse apoio, escutem, acolham, ajudem com as atividades domésticas e, na dúvida do que dizer, apenas ofertem seus braços, ouvidos e coração.

Por mais que o luto seja vivido por cada pessoa, por cada casal de uma forma, é preciso observar se, com o passar do tempo, esse homem e essa mulher estão apresentando comportamentos de retomada da vida. Na ausência desses comportamentos e na presença de um sofrimento estagnado ou que tem aumentado e do isolamento, é necessário buscar ajuda médica e psicológica, pois pode-se estar instalando um quadro de depressão.

Equipe de saúde

É essencial ter preparo para lidar com esse tipo de demanda, porque é acalentador ser visto nesses momentos e ser convidado a sentir a dor, a tristeza e a frustração de todos os aspectos envolvidos na perda gestacional. Para os médicos, pode ser muito difícil lidar com essa realidade, pois expõe a vulnerabilidade que confronta a crença de salvar e dar vida. Vocês salvam e dão vida quando também acolhem o morrer com a mesma naturalidade que o nascer. Aos psicólogos, é importante lembrar que a técnica nesse momento é menos importante que a sua humanidade. É dela que o casal precisa nesse momento. Esse homem e essa mulher precisam de vocês inteiros, na inteireza de se fazer presente.

Casal

É comum a crença de que é preciso fazer tudo o que está ao alcance para engravidar novamente. Ao mesmo tempo que esse pensamento pode ser motivador e encorajador, também pode estar evidenciando um mecanismo de compensação, ou seja, agir na direção oposta sobre perceber-se ter fracassado para "segurar" a gestação. Nessa forma de enfrentar, o autorrespeito, o autocuidado e a autocompaixão são como a neblina, que aparece por pouco tempo e depois se dissipa.

É preciso coragem para se permitir aceitar um sonho interrompido. Cuidado para não exigir de si o que não pode se dar no momento. A dor não é quantificável; cada um tem a sua. Compare apenas o que é comparável. Sua dor com a do outro não é.

Referências

BRASIL. Ministério da Saúde. Secretaria de Atenção à Saúde. Departamento de Ações Programáticas Estratégicas. Área Técnica de Saúde da Mulher. *Atenção Humanizada ao Abortamento:* norma técnica. Brasília: Ministério da Saúde, 2005.

LEMOS, L. F. S.; CUNHA, A. C. B. Concepções sobre morte e luto: experiência feminina sobre a perda gestacional. *Psicologia: Ciência e Profissão*, v. 35, n. 4, 2015.

QUINTANS, E. T. *Eu também perdi meu filho:* luto paterno na perda gestacional/neonatal. 2018, 112 f. Dissertação (Mestrado em Psicologia Clínica) – Pontifícia Universidade Católica do Rio de Janeiro, Rio de Janeiro, RJ, 2018.

41

OS DESAFIOS DO LUTO NO TRATAMENTO PALIATIVO

A DOR DA PARTIDA E O ACOLHIMENTO FAMILIAR – QUAL HISTÓRIA EU QUERO DEIXAR?

Este capítulo traz, com delicadeza, as múltiplas facetas do luto no contexto do tratamento paliativo. A dor da partida é inegável, mas também existe uma beleza na maneira como as famílias encontram formas de lidar com essa dor, como elas se redescobrem nesse processo e, finalmente, como elas criam, mesmo na despedida, a história de uma vida que não morre completamente.

CYNTIA GODOY

Cyntia Godoy

CRP 06/119962

Contatos

psicologiamenteplena.com.br

psicologacyntiagodoy@gmail.com

Instagram: @psicologiamenteplena

Psicóloga e neuropsicóloga atuando no atendimento a adultos, adolescentes, crianças e casais. Orientadora parental, palestrante e especialista em Terapia Cognitivo-Comportamental (TCC). Pós-graduada em Terapia do Esquema (TE) pela Wainer Psicologia com certificação pelo New Jersey Institute for Schema Therapy Springfield. Formação em Terapia Focada na Compaixão, Narrativa e Psicologia Positiva pelo Instituto de Psiquiatria do Hospital das Clínicas da Faculdade de Medicina da Universidade de São Paulo (IPq-HCFMUSP). Formada em Terapia para Casais e Sexologia. Pós-graduada em Neuropsicologia e Neurociência. Coautora dos livros *Orientação Familiar* volumes 1 (capítulo Ansiedade de separação na infância), 2 (capítulo Transtorno de ansiedade generalizada [TAG]) e 3 (capítulo Síndrome do pânico - o cérebro ansioso).

Dedico este capítulo aos meus queridos pacientes Vinicius, Melissa e a minha querida sogra, Inês (in memoriam), que enfrentaram a jornada da finitude com tanta coragem. Foi um privilégio caminhar ao lado de vocês, ouvir suas palavras e compartilhar momentos tão significativos. Vocês mè ensinaram que a despedida vem carregada de amor e ressignificados e, mesmo diante da adversidade, levo comigo as memórias das suas conquistas e os sorrisos que, mesmo em meio à dor, foram um testemunho de força e resiliência. Descansem em paz, envolvidos pelo amor que sempre ofereceram ao mundo.

Agradeço a todos os familiares que estiveram presentes e confiaram em cada momento no processo psicoterapêutico até a despedida. Agradeço a minhas filhas, Isabele e Lívia, por me abraçarem e me acolherem, e ao meu marido, Rodrigo, por segurar a minha mão apoiando minhas escolhas e sendo meu porto seguro. Amo vocês.

Com carinho e eterna gratidão.

"Qual história eu quero deixar?" Essa é a pergunta que emerge com a partida de um ente querido, principalmente quando o sofrimento é visível e as palavras se tornam insuficientes para expressar tudo o que está sendo vivido. O luto nos ensina, muitas vezes à força, sobre a finitude da vida e sobre o poder transformador da presença e do amor.

A morte pode ser o fim de uma jornada física, mas o legado, as histórias que deixamos e o amor que compartilhamos continuam a ecoar em cada um dos que amamos. Este capítulo, apesar de desafiador para mim, é uma tentativa de dar voz a essas histórias, de transformar o luto em algo maior que a dor, algo que, em última análise, possa ser acolhido, compreendido e até curado.

Enfrentando a realidade: O luto como expressão do amor

O luto é, na essência, o reflexo do amor que não sabe como se despedir. Ele existe porque aquilo que sentimos é imensurável, porque as memórias que carregamos são um pedaço vivo de quem partiu. O luto nos desnuda, nos torna frágeis, mas também revela a profundidade dos nossos vínculos, a força de cada momento compartilhado.

Aqui, não vamos apenas falar sobre a perda; falaremos sobre a experiência do luto, sobre o acolhimento que se transforma e sobre minha experiência vivenciada na prática, como familiar, e na profissão, como psicóloga entendendo o sentido da presença plena.

A jornada do luto começa antes de qualquer despedida. Ela é iniciada quando o diagnóstico é dado, quando os médicos falam sobre a "falta de opções", quando o tratamento paliativo entra em cena e, com ele, o entendimento de que a luta não será mais contra a doença, mas sim contra o sofrimento. Nesse momento, muitas vezes os familiares e o paciente se veem diante de um abismo invisível. A morte parece estar à vista, mas o tempo continua a passar como se nada estivesse acontecendo. Cada respiração, cada gesto, cada visita se torna impregnada de um novo peso: a consciência de que a partida está mais próxima.

O luto antecipado é um dos maiores desafios dessa experiência. Como se preparar para algo que sabemos que virá, mas que ainda está longe o suficiente para que se torne algo impalpável? Como se permitir viver plenamente o tempo que resta, sem cair no desespero ou na negação? Como acolher o outro e a si mesmo enquanto convive com a iminência da perda?

A figura do cuidador se torna ainda mais significativa. O cuidador no contexto do tratamento paliativo não é apenas alguém que administra medicamentos ou cuida das necessidades físicas do paciente. Ele também é o responsável por criar um espaço onde o luto possa ser vivido de forma consciente, onde as emoções podem ser expressas sem medo de ferir, onde a dor pode ser compartilhada e o amor, intensificado. O cuidador não é um herói distante, mas alguém que caminha ao lado, que também sente, que também sofre, que também teme a perda. Esse lugar pode ser ao lado de um familiar, um amigo, um terapeuta que continua junto na jornada.

A doença que silencia a alma: entendendo o tratamento paliativo

O tratamento paliativo não apenas cuida do corpo, mas também acolhe a alma com mais compaixão.

Os quatro pilares dos cuidados paliativos são:

1. Controle adequado dos sintomas.
2. Comunicação eficaz, clara e adequada, entre o paciente, os profissionais de saúde, familiares e cuidadores, facilitando o processo de tomada de decisões.
3. Apoio aos familiares e cuidadores.
4. Trabalho em equipe, integrativo.

No cuidado paliativo, o alívio da dor física é a prioridade mais urgente. Um corpo que sofre não encontra espaço para a paz. É por isso que os profissionais dessa área se dedicam com tanto afinco a entender os sinais que o corpo envia: os gestos involuntários, os gemidos abafados, os olhos que pedem ajuda sem dizer uma palavra. Tratar a dor física não é apenas uma questão de medicamentos: é também um ato de presença, de cuidado, de respeito. Segurar a mão de quem sofre, olhar nos olhos com compaixão, oferecer conforto em gestos simples, tudo isso é parte do processo de aliviar a carga que o corpo carrega. Como psicóloga, é dar voz para quem não tem mais força para falar, é a compreensão por meio do olhar, é o lugar da elaboração, é acolher os familiares com orientação, direcionando cada passo que vamos vivenciar daqui para frente, os sintomas, seus medos, suas angústias, seus desejos não realizados. Não temos respostas simples, mas temos compaixão, a capacidade de oferecer um sorriso nos momentos mais difíceis, e, quando integramos outras especialidades da saúde no processo, o paciente passa a ser cuidado.

Trata-se do rompimento do medo, do rompimento da dor, de saber que, mesmo diante do fim, a dignidade será preservada de forma humanizada e que o ciclo se fechará em seu tempo. Nesse processo, há o acolhimento, o respeito, como se, ao cuidar do outro, também pudéssemos cuidar de nós mesmos e, ao aliviar a dor do outro, pudéssemos entender nossa dor.

Transformando a dor em significado: o significado da dor

Compreender a dor também é transformá-la. É reconhecer que ela é uma ponte para algo maior. A dor nos ensina sobre a vulnerabilidade, mas também sobre a resiliência. Ela nos lembra que, mesmo nos momentos mais difíceis, há espaço para o amor, para a compaixão, para a conexão. Uma paciente, ao descrever sua dor, disse: "É como uma tempestade que nunca termina. Mas, às vezes, no meio da chuva, aparece um arco-íris". Essa frase me marcou porque ilustra o que o cuidado paliativo realmente é: a busca por momentos de beleza e significado, mesmo no meio da tempestade.

A dor, por mais cruel que seja, tem um propósito. Ela nos aproxima uns dos outros, nos ensina a valorizar os pequenos momentos, a segurar as mãos que ainda podemos segurar, a dizer as palavras que ainda não foram ditas. No cuidado paliativo, compreender a dor é o primeiro passo para ressignificá-la.

O luto antecipado: Preparando-se para a perda

Por mais que se preparem para a perda, os familiares ainda se veem perdidos nas incertezas da vida. A antecipação da dor torna-se quase mais difícil de suportar do que a dor real. Há uma necessidade constante de ser forte, de segurar a mão de quem vai partir, de mostrar que, apesar de tudo, ainda há amor e esperança. E, ao mesmo tempo, há o desejo profundo de que o tempo pare, de que aquele momento não se concretize, que o fim seja apenas uma sombra distante. No entanto, mesmo no luto antecipado, há uma oportunidade de transformação e pode haver um espaço para a cura. Ele oferece a chance de viver a morte de uma forma mais plena, de se despedir de uma maneira que permita que o amor continue a florescer, mesmo diante da perda. O que importa é o que se faz com o tempo restante, o que se diz e o que se sente enquanto ainda se tem a oportunidade de estar juntos.

Em meio à dor e à tristeza, o luto antecipado também ensina a beleza do presente. Ele nos lembra de que a vida, mesmo que breve, é preciosa e que devemos aproveitar cada oportunidade de amar, de perdoar, de fazer a diferença. Isso porque, quando a partida chega de fato, ficarão o amor vivido, as memórias compartilhadas, os gestos de carinho que tocaram o coração. O luto antecipado, com sua dor e melancolia, nos prepara para a despedida de uma maneira que, ao final, é cheia de significado. E é por meio dessa preparação que encontramos, ainda que com lágrimas, a força para seguir em frente.

O papel da família: o refúgio no acolhimento e no amor

O acolhimento familiar no contexto do luto é uma prática silenciosa, mas poderosa. É o abraço apertado, a presença sem palavras, o simples estar lá quando as palavras falham. Às vezes, não há necessidade de dizer algo; o silêncio, a mão dada e o olhar cúmplice falam mais do que mil palavras. A família torna-se o lugar onde a dor pode ser sentida sem julgamento, onde a vulnerabilidade é acolhida e onde o maior consolo vem justamente da aceitação da inevitabilidade da morte. E é nesse acolhimento que se cria um espaço de cura. Não se trata de eliminar a dor, mas sim de permitir que ela seja vivida com dignidade e amor. A família ao redor de quem está prestes a partir é a última âncora, a última defesa contra o vazio que se aproxima. Cada dia vivido ao lado de um ser amado em seus últimos momentos é um dia de aprendizado, de entrega, de compreensão profunda sobre o que significa estar junto.

Às vezes, a dor do luto é suavizada por esses gestos de cuidado, por esse amor que transcende a morte. Quando o ente querido partir, a família fica com a certeza de que fez tudo o que podia, de que esteve ali, de que não faltou. E é no acolhimento da família que muitas vezes encontramos a força para seguir em frente, pois o amor que compartilhamos durante o processo de luto se torna a herança mais preciosa que deixamos.

A mensagem que fica: a continuidade do amor

Quando pensamos na história que queremos deixar, talvez percebamos que ela já está sendo escrita, dia após dia, nos pequenos gestos que passam despercebidos. Não são apenas grandes conquistas que definem uma vida, mas os detalhes: o jeito único de amar, a paciência em momentos difíceis, a generosidade que não esperava retorno.

Deixar uma história, no fundo, é viver com intenção. É abraçar as pessoas como se fosse a última vez, é perdoar sem guardar rancores, é rir com a liberdade de quem entende que o tempo é breve. A história que deixamos é o reflexo de como escolhemos existir. E, no contexto do tratamento paliativo, essa história ganha ainda mais peso. É um lembrete de que, mesmo nos momentos finais, há espaço para um significado, para a reconciliação, para o amor.

Quando a partida acontece, o amor que deixamos não se perde. Ele continua em gestos que se repetem, em lições que passam de geração em geração, em sonhos que inspiramos sem saber. O luto se transforma, então, em uma ponte entre o que foi e o que ainda será. Cada memória é um pedaço da eternidade que carregamos no coração. Cada lágrima é uma forma de honrar quem partiu. Cada sorriso, um lembrete de que a história não termina com o adeus. E, assim, no entrelaçar de dor e amor, descobrimos que a história mais importante não é sobre conquistas grandiosas, mas sobre como fizemos os outros se sentirem, sobre como vivemos com autenticidade e deixamos o mundo um pouco mais bonito.

No fim, a pergunta "Qual história eu quero deixar?" não é sobre um legado distante, mas sobre os gestos que escolhemos hoje, agora. Porque a história que deixamos é, acima de tudo, a história que vivemos, um testemunho de amor, coragem e humanidade. Foi o que presenciei e participei, estando com entes queridos e pacientes, a respeito da finitude da vida.

Registrando sua história no processo paliativo

No final da jornada resta a história. Ela é o eco de quem fomos, o rastro que deixamos no mundo e nas vidas que tocamos. No processo paliativo, registrar essa história é um ato de amor, um presente para quem fica e uma reafirmação de que, mesmo na partida, a vida vivida tem valor, sentido e significado.

Há uma beleza única em dar voz àquilo que o tempo insiste em apagar. Escrever ou contar a própria história é um processo de cura, uma maneira de olhar para trás e celebrar os momentos que moldaram quem somos. No cuidado paliativo, registrar a história é mais do que relembrar – é construir um legado, uma herança que não se mede em bens materiais, mas sim em memórias, lições e amor.

O processo de registrar

Registrar a história pode assumir muitas formas. Para alguns, é por meio da escrita, de palavras cuidadosamente escolhidas que traçam o fio de uma vida inteira. Para outros, é na oralidade, em conversas gravadas, diálogos sinceros, depoimentos espontâneos que capturam a essência de quem somos. Na escuta ativa como psicólogo, esse desafio se torna uma tarefa única e especial, fazendo parte de um fechamento.

Há também aqueles que escolhem registrar sua história por meio da arte: um desenho simples, uma música composta no silêncio da noite, um álbum de fotos comentado com detalhes íntimos. A forma não importa tanto quanto a intenção: preservar os fragmentos de vida que, juntos, formam uma engrenagem única.

Compartilhando a jornada: a importância de deixar um legado

Estive presente registrando as histórias dos meus pacientes; quando eles não tinham força para escrever, minha mão se tornava a deles e, ao sussurrar cada mensagem, minha escuta era a voz que precisava registrar. Ao registrar a própria história ou as mensagens que queremos deixar, não apenas honramos o passado, mas também construímos pontes para o futuro. Essas memórias tornam-se um guia para quem fica, um mapa emocional que ajuda a navegar pelo luto e pela saudade. Elas são um lembrete de que, mesmo na ausência, ainda estamos presentes – nos gestos, nas palavras, nas lembranças que deixamos.

Deixar um legado não significa criar algo grandioso ou eterno. Significa apenas deixar marcas de amor, palavras de encorajamento, momentos compartilhados, gestos que falam mais alto do que qualquer monumento.

O verdadeiro legado é invisível aos olhos, mas eterno no coração.

A história que quero deixar: a eternidade no registro

E você, qual história deseja deixar? Que palavras quer que ecoem no tempo, mesmo quando sua voz já não puder ser ouvida? No processo paliativo, essa é uma pergunta que precisa ser feita, não com pressa, mas com profundidade. Talvez você queira falar dos amores que viveu, das pessoas que mudaram sua vida, das lições que aprendeu no meio das dificuldades. Talvez queira registrar os sonhos que alimentaram sua alma, os momentos simples que iluminaram seus dias. Seja qual for a resposta, ela é válida, porque é sua.

Registrar sua história no processo paliativo é um ato de resistência contra o esquecimento, uma forma de dizer: "Eu estive aqui. Eu vivi. Eu amei". É um lembrete de que a vida, por mais breve que seja, tem um impacto que se espalha muito além do tempo.

Que cada palavra escrita, cada lembrança compartilhada, cada gesto registrado seja um tributo à beleza de existir. Porque, no final, a história que deixamos não é apenas sobre nós, é sobre todos que tocamos; é sobre o amor que, mesmo na ausência, continua vivo.

Dicas para saúde mental

Mensagem de esperança e resiliência

Confie no tempo, mas, acima de tudo, confie em si mesmo. Dentro de você há a capacidade de carregar a dor e, ao mesmo tempo, encontrar alegria. Há a força de honrar quem partiu vivendo plenamente, amando sem reservas e espalhando a luz que recebeu, contando sua história.

Lembre-se: você não está sozinho(a). O amor nunca o(a) deixa, mesmo na ausência. Cuide do seu emocional: procure ajuda de um psicólogo, faça psicoterapia para elaboração de seu processo e, se necessário, busque auxílio do médico psiquiatra para orientação medicamentosa para as dores físicas e emocionais. Cuide da sua dor com compaixão para que, aos poucos, a vida se torne funcional.

O luto é um capítulo doloroso, mas não é o final de sua história. E, nos dias em que a dor parecer maior que tudo, lembre-se de que o amor que permanece será sempre maior.

Com carinho e esperança, de uma voz que acredita na sua força.

Referências

AMERICAN PSYCHIATRIC ASSOCIATION (APA). *Manual diagnóstico e estatístico de distúrbios mentais:* DSM-5. Porto Alegre: Artmed, 2013.

ARANTES, A. C. Q. *A morte é um dia que vale a pena viver*. Alfragide, Portugal: Oficina do Livro, 2019.

CASTILHO, R. K.; SILVA, V. C. S.; PINTO, C. S. *Manual de cuidados paliativos da Academia Nacional de Cuidados Paliativos (ANCP)*. 3. ed. Rio de Janeiro: Atheneu, 2021.

CHOCHINOV, H. M. *Terapia da dignidade:* finitude, legado e dignidade nos cuidados paliativos. Trad. Idalina Lopes. Santana de Parnaíba: Manole, 2024.

42

O ENFRENTAMENTO DO LUTO VIA UMA HISTÓRIA DE PERDA VERÍDICA

As perdas ocorrem normalmente em nossa vida, e elaborar o luto é reorganizar as mudanças. A morte de Danila, nossa afilhada, despertou a compreensão da dor que essa despedida nos trouxe. De forma leve e simples, apresentamos os impactos do enfrentamento do luto. Uma homenagem às nossas afilhadas e uma forma de demonstrarmos o nosso amor e que, apesar da imensa dor, compreendemos que é preciso seguir.

FLÁVIA URBINI DOS SANTOS RODRIGUES E LUÍS HENRIQUE RODRIGUES

Flávia Urbini dos Santos Rodrigues

CRP 06/65830

Contato

Instagram: @cognitivo_psico/@flaviaurbini.

Psicóloga (CRP 06/65830). Certificada pela Federação Brasileira de Terapias Cognitivas (FBTC). Mestrado em Psicologia Clínica. Especialista em Terapia Cognitivo-Comportamental, com ênfase em crianças, adolescentes e adultos. Formação em Terapia do Esquema e em Orientação Familiar e Educação Parental. Certificada em Terapia Racional Emotiva Comportamental pelo Albert Ellis Institute. Atuação clínica há mais de 20 anos.

Luís Henrique Rodrigues

CRP 06/118533

Contato

Instagram: @cognitivo_psico/@psico.luishenrique

Especialista em Terapia Cognitivo-Comportamental, formado no Instituto de Psicologia e Controle do Stress Marilda Lipp (IPCS). Formação em Terapia do Esquema. Formação em Orientação Familiar e Educação Parental. Certificado em Terapia Racional Emotiva Comportamental pelo Albert Ellis Institute. Realiza atendimentos clínicos há quase uma década.

Danila nasceu em 26 de julho de 1979 e viveu intensamente até o último dia, 2 de outubro de 2023. Seu apelido carinhoso era Danilinha, que representava sua doçura e forma delicada de conviver com as pessoas.

Sempre foi intensa, dinâmica, ativa e verdadeira. Desde pequena, envolvia-se com esportes (handebol, vôlei), era aventureira, torcedora fanática do Palmeiras e muito ligada à família.

Cresceu e foi fazer faculdade de Turismo, morou na cidade de Campinas e aproveitou muito bem o curso, os amigos, as festas e os estágios.

Se formou, e então decidiu seguir para os Estados Unidos, onde permaneceu por 14 anos, fazendo amizades, esportes, trabalhando, voluntariando no grupo Hospitalhaços e conhecendo quase todo o país (amava viajar).

Apesar de estar distante fisicamente, mantinha contato com toda a família e, sempre que possível, quando alguém ia até lá, era a primeira a se organizar para estar sempre junto, com dicas, alegria e muito amor.

A vida passa e, com isso, surpresas acontecem. Com ela não foi diferente, mas dessa vez não foi uma surpresa agradável. Danila recebeu o diagnóstico de um câncer. De imediato, deixou os Estados Unidos e veio ao nosso encontro, de forma valente, procurar tratamento e quem sabe a cura.

Foram dois anos e meio de luta, de fé, de desespero, de querer continuar ao nosso lado. Foi guerreira; um exemplo, sem drama, sem vitimismo, apesar da imensa dor. O câncer venceu e ela se foi. Seguiu a jornada e deixou muita saudade, mas também muita força e muito amor.

A notícia arrebatou toda a família, mesmo não sendo uma surpresa, pelo estado de saúde em que Danila se encontrava com a gravidade do câncer.

Danila tinha uma ótima relação com toda a família, mas havia três amigas que eram muito próximas a ela. Formavam um quarteto inseparável: Danila, Gaby, Gabriela (Bibi) e Isis. Quando a notícia da morte de Danila foi anunciada, as três amigas estavam juntas e, naquele momento, a união que existia entre elas ajudou e muito no enfrentamento do luto.

Gaby é uma amiga encantadora, que adora viver desafios. Muito curiosa e disposta a enfrentar o desconhecido e ajudar os que dela precisam. Falar sobre si é uma das suas dificuldades e o choro é o comportamento usado como estratégia de enfrentamento diante de suas dores. Chorar faz com que seus sentimentos possam ser expressos, pois, quando ele aparece, surge também a verbalização de cada um deles. Seu estilo de apego é o Evitativo e, diante da perda, apresentou alguns comportamentos esperados dentro desse estilo de apego. Mal chegava próximo ao caixão, parecia estar distraída, conversando com as pessoas sobre diversos assuntos. Por vezes, saiu do local, voltando um tempo depois e, quando entrava em contato com o ocorrido novamente, chorava. Etapas do luto: Negação, Negociação e Depressão. Foram as etapas mais presentes após receber a notícia, pois todas as tentativas eram de se proteger e se desconectar do ocorrido.

Isis é aquela amiga em que o elogio está sempre presente em suas verbalizações. Procura enfrentar as dificuldades de forma saudável, trazendo aspectos realistas com leveza. Palavras que validam e respeitam o momento de dor fazem com que as pessoas a procurem diante das dificuldades. Seu estilo de apego é o Seguro e, diante do luto, Isis ficou muito triste, como era esperado, aceitou conselhos e consolou as outras pessoas, parecendo de fato ter aceitado a morte de Danila. Etapa do luto: Aceitação. Esta foi a etapa que ela apresentou logo de início, pois já havia se preparado e compreendido a grandiosidade do caso e aceitado o provável desfecho no decorrer do tratamento de quimioterapia da amiga.

Bibi, inicialmente em seus contatos, fica mais reservada, mas com o convívio vai se tornando mais íntima. Muitas vezes, mais observa do que participa das opiniões, mas está atenta e é cuidadosa com a necessidade das outras pessoas. Utiliza a arte para se expressar. Mostra-se curiosa, querendo ajudar as pessoas e, ao mesmo tempo, tem dificuldades de controlar algumas emoções que eventos difíceis lhe causam. Seu estilo de apego é o Ansioso e, portanto, Bibi precisou de cuidados dos parentes e amigos, pois chorava compulsivamente. Essa era a forma que usava para conseguir o cuidado e o carinho dos que ama e tem medo de perder. Etapas do luto: Negação e Depressão. Foram essas as etapas mais vivenciadas durante todo o processo. Imaginar perder o carinho e o contato com a amiga lhe desencadeou sensações de desconexão e abandono.

Diante dessa dura realidade, ficou evidente que diferentes aspectos influenciam no enfrentamento do luto: a causa de morte, a relação de proximidade com o falecido, cultura, religião, característica de personalidade, temperamento, estilo de apego, dentre outros que podem facilitar ou não essa vivência.

É importante ressaltar que, desde o momento de nossa concepção, muitas variáveis serão ativadas e influenciarão a nossa vida, possibilitando que enfrentemos no cotidiano desde os mais simples aos mais complexos desafios, de formas saudáveis ou não.

Um dos aspectos fundamentais no início da nossa compreensão são os estilos de apego. Os estilos de apego foram inicialmente estudados por Bowlby e outros pesquisadores que, a partir de observações empíricas, perceberam que as crianças apresentavam três fases previsíveis ao se separarem de suas mães: protesto, desespero e negação (desapego).

Na fase de protesto, a criança chora de forma insistente em busca da mãe, não aceitando nenhuma outra figura para acalmá-la.

Na fase de desespero, a criança chora, apresenta falta de esperança, dando a sensação de que esteja mais tranquila, o que não é verdade.

Se a criança não foi atendida, ela entra na fase de negação/desapego, em que novamente parece estar mais calma, aceitando o cuidado de outras pessoas, mas, ao ver a mãe, a rejeita.

Dependendo da maneira pela qual o responsável atenda ou não à necessidade básica inicial de uma criança, ela pode então contribuir para o desenvolvimento de três estilos de apego: Apego Evitativo, Apego Ansioso e Ambivalente e Apego Seguro.

Características do Apego Evitativo:

- Tendência a minimizar problemas.
- Não aceitar acolhimento.
- Falar de eventos dolorosos sem reflexão e envolvimento com o todo.
- Evitação da ansiedade.
- Senso de autossuficiência comprometido.
- Receio de pedir auxílio e ser rejeitado.

Características do Apego Ansioso e Ambivalente:

- Grande necessidade de intimidade.
- Sensibilidade excessiva e ameaça ao vínculo.
- Dificuldade de comunicar sentimentos de forma adequada.
- Hipersensibilidade à mudança de humor de quem se relaciona.
- Dramatização.
- Desabafos excessivos.
- Constante sensação de rejeição.
- Intensidade emocional.

Características do Apego Seguro:

- Capacidade de lidar com diversidades.
- Autossuficiência.
- Busca evitar a intimidade.
- Valor pessoal estimado.
- Aceitação de acolhimento e ajuda.
- Regulação emocional.
- Busca por solução de problemas.
- Visão mais realista de vida.
- Comunica suas necessidades de forma assertiva.

Outro aspecto que merece destaque na elaboração do luto é o temperamento, que é o que nos torna únicos no mundo. O temperamento explica o porquê de, apesar de sermos criados em uma mesma família, nos tornarmos diferentes uns dos outros.

Compreender o enfrentamento do luto envolve entrar em contato com as primeiras vivências infantis da criança com seus responsáveis (estilos de apego) e as características de temperamento, pois isso poderá ser um indicativo de como a pessoa enfrentará suas perdas.

A morte é algo que transforma o que era e o para sempre em nunca mais. Quando ela chega, vem e devasta, sem se preocupar com o estar ou não preparado, uma preparação que não existe, principalmente em nossa cultura (outro aspecto relevante na elaboração do luto). O ganhar sem perder nos confunde e nos invade ao tentar transformar saudade em força e coragem.

Elaborar o luto é também outra crise, e sabe por quê? Porque acreditamos que, ao elaborar o luto, vamos esquecer. Impossível esquecer toda a história de amor que foi vivida.

No luto, choramos a despedida. E nesse encontro e desencontro entre quem sou eu (temperamento), minhas vivências, os cuidados que recebi ou não (estilos de apego), é preciso seguir e enfrentar as etapas do luto.

- **Negação**: nesta etapa do luto, o indivíduo procura não entrar em contato com a dor da perda. Assim, coloca distrações ou não fala sobre o assunto, como uma alternativa de "negar" a perda.
- **Raiva**: a pessoa se sente indignada, descrente dos critérios de justiça, religiosos e científicos. Busca explicações como um critério para sair dessa insatisfação com a perda.
- **Negociação**: na tentativa de encontrar alguma alternativa que traga de volta o que perdeu, o indivíduo procura negociar com trocas, sentindo culpa e, com isso, quem sabe, recupera o que foi perdido.
- **Depressão**: a perda de energia, o sentido do que é a vida e a morte ficam em evidência. A busca de um novo direcionamento é um esforço que faz a pessoa entrar em contato com a dor da perda e isso é muito dolorido.
- **Aceitação**: finalizar o processo não significa que a dor e o esquecimento ocorram. Aceitar significa compreender o que é a perda e seus impactos, e como seguir mesmo que a saudade e a tristeza apareçam.

Compreender o impacto do luto e seu enfrentamento depende da compreensão do que é a vida e da aceitação do seu fim (a morte). Passamos por uma série de perdas significativas e inevitáveis, mas estar preparado para viver o luto significa estarmos mais conectados com a aceitação sobre a morte.

A rede de apoio pode auxiliar nesse processo, mas para isso ela também precisa estar preparada para auxiliar o enlutado, pois não existe uma única maneira para enfrentar esse momento: cada um tem uma necessidade e isso precisa ser respeitado.

Gaby, Bibi e Isis, após um ano do falecimento da amiga, buscam diariamente compreender que a vida continua, apesar de sentirem saudade, tristeza e angústia. Transformam a dor em projetos, e por isso seguem com a certeza de que precisam seguir, apesar da imensa falta que Danila deixou e deixará.

Brindamos à vida e aceitamos que a morte é mais uma etapa que vamos viver. Preparar para viver o luto representa organizar a vida e mudar a concepção de morte.

Dicas para saúde mental

- Procure o auxílio de um psicólogo para uma psicoeducação sobre o tema luto.
- A rede de apoio é fundamental, principalmente se for bem orientada por um(a) profissional da área da Psicologia.
- Faça as atividades do livro *De mãos dadas com o adeus* (um livro infantil em homenagem a Danila, Isis, Gaby e Bibi), dos autores Flávia Urbini dos Santos e Luís Henrique Rodrigues, disponíveis no QR Code ao final do livro.
- Utilize a música para auxiliar na elaboração do luto. Segue o QR Code de uma música especial:

- Respeite o seu tempo e suas necessidades.
- Compreenda que a morte não é ruim; a saudade, sim, é desagradável.
- Se desejar, nos escreva.

Referências

MENDES, M. A. *A clínica do apego:* fundamentos para uma psicoterapia afetiva, relacional e experiencial. Novo Hamburgo: Sinopsys, 2019.

SANTOS, F. A.; RODRIGUES, L. H. *De mãos dadas com o adeus*. Pelotas: Ballejo, 2024.

Escaneie o QR Code para ter acesso às atividades práticas: